桜美林大学叢書 vol.023

# 大学教育に未来はあるか
## 歴史的経緯から考察する再生への方途

武村秀雄
TAKEMURA Hideo

J. F. Oberlin University

# 大学教育に未来はあるか

歴史的経緯から考察する再生への方途

# はじめに

　本書はこれまで研究テーマにしてきた、高等教育機関の中心に位置する「大学教育・研究」に関する考察・提案などを整理したものである。したがって、重複する箇所が確認できることについては、相互に補完し合う形で紀要、専門雑誌への投稿及び提案・報告などであり、時期的に照応したものとご理解いただければ幸いである。高等教育・大学教育研究を専門とする先達研究者による調査・研究から示唆に富む見識や知見を得ることができたことは感謝に尽きる。それらの貴重な知見を土台にして大学教育・研究の考察及び精査を進めることができ、微力ながら論考として整理することができた。

　大学の歴史的変遷を時系列的に整理することで、高等教育機関としての大学教育・研究の発展過程が明確になるばかりか、温故知新という言葉が示すように過去の経緯から学ぶことが多く、現在直面している問題・課題の要因や背景が確認できる。つまり問題の本質や構造を正確に把握することが、未来へ発展につなげることができる。21世紀中葉以降に向けた本来の大学教育機関構築は、組織の改編や意識改革を通じて成熟期に達することができるが、時期を失すれば失速どころか衰退期に陥ることになる。本書の第3章では、大学の教育・研究が円熟期に入り、魅力を増すために必要な具体的な方策を提案するものである。

　本書は第1章から第3章の構成からなっており、第1章は「大学発展過程－黎明期から成長期へ」と題して、近代大学としての政策的、組織的な発展推移を旧制度期、再生期、そして新制度期の重要な展開を整理して提示している。第1節では教育は全ての原点であると判断し、1871年（明治4）年に文部省設立、翌年に学制が発布される。この学制はフランス制度を模倣し、画一化と強固な中央集権的な統一を意図している。当時の日本の国情（寡頭政治体制下）おいて、日本の高等教育機関の性格及び政・官・民内の位置付けが「伝統」という名で受け継がれていくことになる。この節は以下ように2期に分けて論考する。

　1. 近代高等教育摸索期：維新から教育勅語（1868-1890）

2. 近代高等教育設立と改善期：教育勅語から大学令（1891-1918）

第2節では、敗戦後、1945年〜1952年7年間にわたる進駐軍占領政策、特に高等教育機関への関りとして、6年の占領政策を以下のように2期に分けて考察した。

1. 現状調査と整理段階（the inventory of Japanese system〔1945-48〕）
2. 再建政策と実施（the reformation and practice〔1949-52〕）

占領下政策のもと、短時間で困難を乗り越え大学の再生を進めることで、地方分権と大学基準、設置認可、大学制度内の基本的組織の構築となる。この再生期に米国の影響の内容や程度を明らかにしたが、当然ながら日本の伝統的教育との軋轢も多々あり、現在の未解決の問題や課題の要因にもなっている。これにより、大学の拡充・拡大期に学士課程教育の再構築動向に大きな禍根を残すことになる。

第3節では、カリキュラム理念不在の学部組織、独立と保守政権下の大学教育、産業界からの要望、高度経済成長期における大学の大衆化と38答申、46答申と多様化、文部省と政府の対立の象徴としての臨時教育審議会の設置、そして再び文部省管轄下の大学審議会などについて概略的に整理し、その上で21世紀に向けた質的変化を求める動きと市場原理の導入の90年代を考察する。1991（平成3）年の大綱化以降、大学側に自由裁量権をもたらされたとはいえ、文部省も指導監督権を放棄したわけではない。その後も、その立場は継続しながら、かなり的確な指摘等、是々非々論を通して公平な判断を提案していることは確かである。長い間、討論の議題にものぼらなかった学期制について、教育・学習／修の質の向上に繋がる必要な改革であることを提案し、具体的な方途を試みたい。更に、本節は論考を通した提言として「無秩序たる履修と空洞化した単位計算」の厳格な是正、及び教授者と履修者の「契約の確立と意識改革」につなげる具体例を提示している。加えて重要なことは、学期の履修単位総数と週の授業時間及び授業外学修に対する抜本的な改革を早急に手掛ける必要があると強調している。

第4節では、2008（平成20）年の中央教育審議会からの答申「学士課程教育の構築に向けて」を新たなる出発点と位置付けて、FDの活動内容について、

更なる検討を継続する必要がある。学士力向上・質の保証を喫緊の重要な課題とすることから始めるとなると、おのずからFD内容を絞り込むことができる。その絞り込みとして、何が重要課題であり、いかように取り組むかについての提案を試みている。先ずは、学士課程教育機関としてのFDの意味と重要性、更に定義（狭義的解釈と広義的解釈の意味）を考察する。その上で、学士力向上と質保証という命題を中心に、単位制、シラバス、成績評価について可能な限り整理し、シラバス及び成績評価の具体例を提示する。成績評価の厳格化と公平化は、本来のあるべき学士課程となり得る。

第2章は「米国・英国の大学からの管理運営に関する示唆と影響」と題して、日本の大学教育にいかなる影響を与えたのか、または学ぶことができるのかを考察する。第1節では、米国の大学における理事会の役割と責任と題して、理事会は機能的かつ重要な役割を果たしており、大学の管理運営に関して合法的に大きな権限を与えられている。米国の理事会制度は何がユニークであるのか。理事会の役割と責任のあり方について歴史的変遷を通して明らかにする。特筆すべきはlaymanと呼ばれる「素人」、つまり第三者（卒業生や地元の名士などで）であり、現職の教職員は理事になれない。よって、米国の大学の理事会は「素人支配」と呼ばれることが多く、しかも無給である。しかしながら、大学全体の利益を優先し、意思決定・執行・監督機能に関して役割を持つと同時に、大学の将来を守ることが理事会の重要な役割である。特に、財政、人事面で重責を担っていることなどを紹介する。

第2節では、米国の大学は地方分権に立脚し、独特な自治制度を育み実践してきたのである。米国における高等教育機関の認可制度の変革と発展推移を、連邦政府、州政府、地方自治体の政治的及び行政的な背景から考察した。認可制度に関して、州政府に高等教育機関の監督権を委ねているとしながらも、教育と研究内容に関しては州政府が有名無実の存在として認識されている。米国における認可団体は、全土を6分轄し、個々の地区総括団体として6協会が権威あるものとなっている。独立した民間レベルの協会が、大学の学問研究業績、及び教育機関としての最低基準の教育内容と質の向上に関して、自発的または篤志的に監督と認可権を社会的に与えられている。20世紀以降の大学教育に

関して世界のリーダーシップを獲得し、日本にも影響を与えた認可制度構築過程の歴史的変遷を時代区分に区切って解説することを目的とした。

　第3節では、米国のFD活動の内容と展開を比較検証することで、両国のFDのあり方や考え方の違いなどを整理してみたい。これらの整理を分析・考察することで、今後のFD研究展開及び発展に資する内容の提示を目指したい。参考のために、欧州の大学の現状も紹介してみたい。今後、日本の大学教育におけるFD活動の更なる活性化を促すためには、米国の大学内で活発に展開しているFD活動項目を再度精査することは重要であることはいうまでもない。しかしながら、学部組織中心の教授団によるFD研修や活動には限界があることは実証済みである。そこで、カリキュラムや教授法の改善を目的として、大学内に大学教育研究所・センターを設立し、定期的に学内の教職員へのFD/SD研修の実践を提案する。

　第4節では、1997年の「デアリング報告」(21世紀の高等教育の将来)を受けて、高等教育政策において、それまで必ずしも重視されなかった「教授・学習／修」に注目した点でも画期的な勧告であった。高等教育白書「高等教育の未来」(2003年)では専門性を開発するプログラム基準の作成を促し、大学教員の専門職向上に向けた基準と具体的な指針である「2006年高等教育教授適格基準」の内容を提示する。更に、2011年に高等教育アカデミー（HEA）から訂正が加えられ、「全英高等教育専門職能の基準枠組み」の提示により広汎な分野に活用可能となる。これらの基準は各教育機関において教員評価の展開に繋がっていることから、大学内の質保証に資する教員評価の具体例を提示する。面白いことに、イングランドでは高等教育の質保証に関する考え方として、「研究評価」を質保証には含めない。つまり、大学評価と同列ではないという普遍的な共通認識がある。質保証とは教育、「教授と学習／修」に特化している。イングランドの教学に関する質保証制度として教育職員に対する基準確認と評価方法の実践を提示する。米国の合理的でドライ方式と異なり、イングランド方式は参考と成り得る。大学進学に必要な資格、GCSEの意味と意義、更にGCE・AS/A2（General Certificate of Education、Advanced Level）（大学入学資格試験）について触れる。大学への入り口から出口までの「審査基準」、「授

業料無料から受益者負担原則の確立」、「授業・単位・成績」、「学位」の流れを紹介している。

第3章では、「21世紀中葉の大学未来像—向かうのは成熟期か衰退期か—」と題して、第1節では、未来に向けた改革理念として現行教育を「学部教育課程」から「学士課程教育」へ移行させることは、教育を「リベラルアーツ教育」へとシフト可能な改革方策である。「教養教育」と「基礎専門教育」を学び学士学位を取得する。しかし、この学位は高度学術専門及び高度専門職能力を証明するものではなく、専門能力を証明するには学術系大学院またはプロフェッショナル・スクールで修士、博士学位を取得する必要がある。本来の大学教育・研究機関への構築に向けた改革が必要となる。現代の時代に即したリベラルアーツがあってもよいはずであるというのが、一つの答えになるだろうか。現代社会のリベラルアーツとは、高校までの基礎学力の修得の上に立った「高度教養人育成」のための専門教育そのものである。つまりリベラルアーツ教育を志向し、「専門性に立つ教養人育成」を理念とした教育型大学へと展開することを提唱している。

第2節では、2022（令和4）年度から高等学校の新学習指導要領に「総合的な探究の時間」、つまり「探究力」を通して「生きる力」を育成することでありりとして授業名を変更している。女子大学のトップレベルと評価の高いお茶の水女子大学について、「入学者好評、専攻は手間多く」と題して、AO入試を抜本的に改革し、2017（平成19）年から実施している「新フンボルト入試」が同紙面上に紹介されている。探究入試の成果として、「図書館の本が使い放題で、休憩も自由」であると強調している点が印象深い。今後20年で大学入試の方法が大きく変化することは確かである。求める有能な学生の確保は大学にとって死活問題であるが、入学試験の名目で中等教育機関のカリキュラム学習内容を乱さないことを最優先すべきであり、特に中等教育の「学習指導要領」に沿うことが肝要である。選抜方法も後期中等学校3年間の学習内容を重視したものであるべきで、学位プログラムの基本理念に立っていかなる学生を求めているかを重ねて明示すべきである。

第3節では、大学アドミニストレーション専攻の理念は、大学経営的戦略的

MBAを目指し、教育職／事務職の両輪走行の確立であった。新専攻の設置理由として、大学事務職員は高度専門職業人として育成されてこなかったという日本的事情が存在し、大学構造自体に問題があったとの判断からである。新年度がスタートした一か月後に「院生自治会」と銘打って、至急検討事項が列記された要望書が提出された。院生一期生はほとんどが現職の事務職員であり、彼らの意識の高さに驚くことばかりであった。FD研修会として伊豆高原桜美林クラブにおいて泊り込みで、「初年度の専攻及び各授業評価」を分析・精査の作業を通して、2年度に向けて本専攻の履修モデルを作成した。それらのFD研修内容の詳細を開示している。院生たちは専攻の運営にも積極的に意見を述べてきたこと自体が、実践的なトレイニングの場となった。これまで一番の弱点であり遠慮してきた教学面の運営に対して、事務職員としての資質向上に繋がり、まさしく新しいタイプの大学事務職員としての力量が十分に発揮し得る成長ぶりが見て取れた。学士課程、特に大学院は学生や院生と学務関係でコミュニケーションの場を設ける重要さの証左である。

　第4節では、博士後期課程に単位制と研究指導の現代化に向けた方策、及び課程博士制度の実質化を図る諸提案を試みている。指導体制の構築により教育課程の水準を堅持しつつ、課程博士授与率を高めることに留意している。具体的な方策として、先ずはカリキュラム面での改革、中間と最終試問と博士請求論文提出に関する見直し、審査委員会の見直し、満期退学者の扱いについて、更に博士課程入試のあり方の再検討を提示する。大学院後期課程の活性化に向けた方策として、GPA（QPA）制度の導入を提案する。未来に向けた大学院博士課程のあるべき体制の構築を推奨している。

　第5節では、米国大学における博士課程（コース・ワーク）の体験を共有することで、今後の博士後期課程の改善に資することを期待し、学位取得までのコースワークを紹介する。本節の展開は時系列的に以下に提示する。

1. 入学トライアルの経緯と奨学金、［第1段階の在籍許可］
2. 大学の紹介（歴史的変遷）
  ・アカデミック・カレンダー　・授業料他
3. 博士課程

・QPA制度・学位取得要件単位・履修・研究計画提出、［準正式在籍認可］［第2段階の準正式在籍許可］［第3段階の在籍許可→学位論文へMilestone 1］

4. コースワークから学位取得の過程
・講義科目履修・予備考査とQPA［第4段階の在籍許可→学位論文へのMilestone 2］
・主専攻能力適正考査（Comprehensive Exam）、［第5段階の在籍許可→学位論文へのMilestone 3］
・論文トピック決定審査委員会設定
・Overviewの論文計画、提案から学位候補生［第6段階の在籍許可→学位論文へのMilestone 4］
・論文First Draft・論文口頭試問［第7段階の許可→Milestone 5］

日米の博士後期課程の違いとして、日本の博士課程は「論文主体」、米国は「学力主体」の課程である。日本の後期課程は今後20年以内に博士前期課程・後期課程という用語もなくなり、論文博士の制度も消滅する可能性が高い。博士課程というからには、必然的にコースワーク課程構築への段階に入る。講義科目を導入しつつあるが、内容が不明確で単位分の講義科目として体をなしていない。

第6節では、入学試験は教育制度の中で、かなり重きを成しており、受験といった一連の活動を伴うことから、日本人にとって文化的な意味合いを持っている。入試という制度に対する国民性を歴史的に探ると、近代国家としての明治期初頭から社会に浸透したことが分る。大正時代の競争的受験熱拡大、社会問題化、戦後の大学序列化、受験と偏差値、統一試験の混乱などの変遷を経て、大学の入口文化主義が定着するに至った。米国、特に仏国の大学入学資格試験制度から学んだはずであるが、現在の入学試験、特に1月中旬実施の全国統一試験は国民的行事に近い社会現象になっている。見方を変えて、大学側は少子化現象を好機と捉え、入口主義文化から「出口主義文化」への変革、つまり教育の質保証へシフトすべきである。

第7節では、大学教育と学位の関係とは学問的な思考や研究能力を養う教育であり、その教育課程に応じて学士、修士、博士などの学位が授与される。学

位とは、教育課程の修了者や研究業績のある者に対して、学術上の能力や水準を認める称号と定義できる。国際社会から日本の教育評価及び学位への信頼度が低いといわれる要因を探る。前項から続いて入口主義文化の象徴としての入学試験の功罪の整理から、学士課程の単位空洞化の最たる要因の一つに至る。更に、学士プログラムの質保証への展望を探り、学内の「教・教分離」体制の構築を提案している。確かに文科省や審議会からの指導のもと、大学人は学士課程教育の点検・分析を通して改善に向けた努力をしていることは確かである。しかしながら、具体的な構造改革が進む中で、大学の「出口」に関する改革動向は見えてこない。やはり「出口主義文化」の構築こそが、「大学教育とは何か」への答えではないだろうか。今なすべき最重要課題であるにもかかわらず、なぜか議論、討論が置き去りにされてきたことは明らかである。最新の文科省や内閣府からの最新提案に関する評価と懸念内容を吟味・考察することから、未来の学位授与機関としての大学の形を提示している。

　大学教育に未来はある。本書はそのための考察を試みた書である。

**＊資　料**

【戦後審議会等変遷（大学改革）】1946（昭和21）年〜2023（令和5）年は352頁を参照。

# 目　次

はじめに……………………………………………………………………………… i

## 第1章 ◉ 大学発展過程—黎明期から成長期へ—

第1節　寡頭政治体制下における近代高等教育政策 ………………………… 2
　　　　—明治維新から第一次世界大戦まで—

第2節　日本の高等教育再生における米国の占領政策—新制大学構築— ……… 26

第3節　戦後新制大学の発展と改革動向：新世紀に向けて ………………… 63
　　　　—学部教育課程から学士課程教育へ—

第4節　学士力向上と質保証のためのFD …………………………………… 102
　　　　—単位制度・シラバス・成績評価を中心にして—

## 第2章 ◉ 米国・英国の大学からの管理運営に関する示唆と影響

第1節　米国の大学における理事会の役割：歴史的アプローチ ………… 122

第2節　米国高等教育機関に対する認可制度………………………………… 140
　　　　—民間レベルにおける発展過程の考察—

第3節　先進国のFD活動からの示唆—FD／SD活動の再定義への提案— ……… 165

第4節　英国の大学における質保証システム……………………………… 174
　　　　—教員能力基準と評価を中心に—

## 第3章 ◉ 21世紀中葉の大学未来像—向かうのは成熟期か衰退期か—

第1節　21世紀の学士課程教育を求めて—教育型大学とリベラルアーツ— …… 204

第2節　21世紀型文理融合のリベラルアーツ大学が求める学生像 ………… 220

第3節　専門知識を有する大学職員の養成：大学アドミニストレーション専攻 …… 227
　　　　—院生と創る新しい大学院像—

目　次　ix

第4節　課程制大学院としての再構築に向けて …………………………… 239
　　　　―単位制と研究指導、新たなステージへ―

第5節　大学院博士課程・後期課程の実例と改革を提案 ……………… 267
　　　　―ピッツバーグ大学大学院博士課程在学経験を通して―

第6節　大学入試の変遷からみえる国民性―入口文化主義からの脱却を― …… 287

第7節　本来の大学教育とは―学位の意味を改めて問う― ……………… 307


おわりに ………………………………………………………………………… 340

資料 ……………………………………………………………………………… 348

第1章

# 大学発展過程

―黎明期から成長期へ―

## 第1節

# 寡頭政治体制下における近代高等教育政策
### ―明治維新から第一次世界大戦まで―

## はじめに

　明治維新後の日本は西洋文明の導入と伝統文化保存という難題を抱えながら、建国事業に取り組まなければならなかった。それは日本人自身にとって未曾有の苦悶をともなう時代でもあった。近代国家建設への最初の政策は、科学、工業、商業の急速な発展を目指す国家政策に対応できる人材の養成にあった。そのため、新政府は近代高等教育機関設置の必要性を認識し、直ちに教育制度設立及び政策実施に着手したのである。

　歴史を通して培われてきた伝統的政治体制（中央集権的統一国家）を踏襲する中で、教育機関の近代化とその体制設立にあたって最も重要かつ苦慮したことは、国民の支持と協力を得ることにあった。当時の新体制下では、中央政府自身がその任を果たす以外に方法はなく、設立段階から常事及び非常事を通して高等教育機関を監督してきたのである。

　近代国家成立、しかも高度な文明社会を築き上げる事を可能ならしめた重要な要素として、高等教育機関の存在を挙げなければならない。この教育機関は文化活動で非常に大きな足跡を残し、政治経済の分野でも重要な役割を果たしてきたことは万人が認めるところであろう。

　本節では、維新直後の近代高等教育制度成立とその発展過程の初期段階を考察してみたい。その方法としては、特に高等教育の成立過程と政府公布資料との関係、及びその推移を解明したい。即ち、政府の高等教育政策を中核として捉え、如何なる思想と方策が教育行政に反映されたのかを論考する。また可能

な限り海外の教育、歴史研究者の解釈と評価等を紹介し、参考意見としてみたい。

# 1. 近代高等教育摸索期：維新から教育勅語（1868-1890）

　平安時代以降、寺院などを中心に私塾や学問所が存在し、鎌倉時代には武士への高等教育機関があり、主に仏教寺院や私塾（武家や貴族の邸宅にて）があった。江戸時代は藩校が主流となり、江戸後期には私塾や洋学所が西洋の学問や技術を取り入れる。近世から近代への移行期において、多様な学問や教育の流れが生まれる。1868年の明治維新までこの古代東洋制度は存続し、西洋的な高等教育制度を模索し始めるのは明治維新以後のことである。この維新を通して、新世代の若い少数独裁中央政府は豊国強兵政策の実施を最優先する。欧米諸国の外圧で開国した日本は、民族団結と統一国家建設を第一目標と定め、そのために西洋文明を渇望し吸収したのである。

　1868（明治元）年3月、明治天皇は新時代の夜明けに際して、五箇条の御誓文を発布。この誓文は鎖国的伝統からの脱却と西洋列強諸国からの独立を宣言したものであった。特に、第五条の「知識ヲ世界ニ求メ大ニ皇基ヲ振起スヘシ」[1]とあるように、西洋科学技術の導入と東洋精神の高揚を図り、いわゆる和魂洋才政策を打出していく。この五条が教育革命（教育史では第一次教育改革の出発点との位置付けをしている）の条項と言われる所以である。しかしながら、この条項は知恵と知識を広く世界に求めよと述べつつも、やはり王制復古、いわゆる天皇政治確立のための啓発の域を脱していなかった点を強調しておく必要がある。

　1871年（明治4）年に文部省の前身が設立され、翌年（明治5年）に学制が発布される運びとなる。この学制はフランス制度を模倣し、画一化と強固な中央集権的な統一を意図したものであった。日本の近代教育の実験的幕開けでもあり、近代教育史の大きな転換期としての第一歩となった。海外の研究者、特に米国の教育者アンダーソン（R. S. Anderson）はこの学制は驚くほど民主的（機会均等の意味において）であると指摘している。「学制」の前文を紹介してみたい[2]。

第1章　大学発展過程 —黎明期から成長期へ—　　3

「学事奨励に関する被仰出書」(明治5年8月2日)

人々自ら其身を立て其産を治め其業を昌にして以て其生を遂くゆゑんのものは他なし身を修め智を開き才芸を長ずるによるなり而て其身を修め知を開き才芸を長ずるは学にあらざれば能はず是れ学校の設あるゆゑん……学あらざるはなし人能く其才のあるところに応し勉励して之に従事ししかして後初て生を治め産を興し業を昌にするを得べしされば学問は身を立るの財産ともいふべきもの……今般文部省に於い学制を定め追々教則をも改正し布告に及ぶべきにつき自今以後一般の人民……必す邑に不学の戸なく家に不学の人なからしめん事を期す……一般の人民他事を拋ち自ら奮って必ず学に従事せしむべき様心得べき事

※(「……」は筆者による中略の意。以下同)

　前文の要点の抜粋ではあるが、当時の新政府政策と四民平等の学区制導入と、実学主義的内容を謳ったこの布告は、当時の国情から鑑みて驚異の事であったはずである。田中不二麻呂を中心にこの学制が作られたが、起案には米国人の貢献も少なくはなかった。

　当然、この学制は既述のごとく当時の日本の国情（寡頭政治体制下、封建主義から民主主義的思想への拙速な移行）からみて理解されるはずもなかった。今までの武士階級の学問の在り方を否定するものでもあり、教育観が一変したこともあって批判的な意見が大勢を占めた。結局は机上の理論に終わり、実施は不可能となった。それ以上に、この学制の失敗理由として、一に財政難、二にスイスのベスタロッチ式教育改革（方法）的な早急さ、三に東洋思想及び哲学中心の学識経験者からの強い批判の三点を挙げることができる。いわゆる当時の政府も、国民も国家的事業として実施するには機が熟していなかったと見るべきであろう。ともかく、この学制実績面に於ける評価は極めて低いが、初等教育向上に寄与した点は近代教育発展過程に於いて大きな布石になったことは否定できない。

　同時期に卓越した思想家でもあり教育家であった福沢諭吉は、慶応義塾（1858年）を創立し、「学問のすゝめ」(1872年）を著わし、実学の重要性を国民に訴えた。福沢の教育論は以前から文部省に強い影響力をもっていたこともあ

り、この学制に大きな影響を与えたことは明白であろう。

ブレイカー（C. Blacker）は福沢の研究で、彼は人権の意味を説き、それは産まれ育った境遇と社会的地位とは無縁であると主張している。しかし、人々の社会的地位は異なるべきものであって、権利はその中で同等なものであると述べている。全ての者が生命、財産、名誉を獲得する平等な権利を有するものであると述べている[3]。ドアー（R. P. Dore）も福沢の実学主義は役に立つ教育と言明しているが、それは単に政治指導者の育成のみならず、多岐にわたる管理経営上の能力と工業技術の育成を説いているに過ぎない。しかし、この主義は後の教育政策に特徴づけられていくと述べている。大変興味深い意見だが、もちろん、これらの解釈にはさらなる研究が必要である[4]。

1879（明治12）年、「教育令」が出された。これは教育及び政治的に民主主義令（自由教育令）として評価は高かったようである。理由としては、一に統制主義の緩和、二に教育管理を地方へ大幅委譲した点を挙げることができる。キタムラとカミングス（K. Kitamura & W. K. Cummings）は、日本近代化の初期段階でこのような教育令が出たことは、米国のような地方分権及び二系統型教育制度設立の機会はあったとし、その可能性として、米国人教育顧問として学校制度に功績のあったDavid MurrayとMarion Scottの存在は深甚な影響を及ぼしたことは間違いはないと言明していることを特筆したい[5]。蛇足ながら、米国にはいわゆる総合大学としての国立大学はいまだかつて存在していない。

1876年（明治9）年、札幌農学校の招聘でマサチュウセッツ農業大学学長W. S. クラーク博士は、米国式Land-Grand College（農科、工科等の設置条件で土地譲渡及び援助供与の資格を有する）方式と学校制度を紹介し発展させた。日本の官立大学設立の大きな布石になったのである。

M. Rōhyamaは、この時期の高等教育は国家統制機構に汲み込まれ、教育内容が官学を中心に国家主義的な傾向を深めたと指摘し、次のように論説している[6]。

封建時代の西欧では、高等教育は教会が中心となり人々に提供した……日本の教育は各藩が藩士養成機関として藩校というものを運営し教育した。事実上庶民の教育制度はなかったとし維新後の急を要する近代化政策は、自から国家主義的色彩を

濃くするより手立てはなかった……そのような状況の中では、政治と教育の分離政
策など議論にも上る余裕はなかった。

と分析している。

　藩校も寛政(1790年代)頃から士庶教育の機会を増大させ、また幕末期の天保
(1830年代)頃から私塾が増え、高等教育の一翼を担ったのである。特に私塾は
卓越した人材を輩出したが、国家主義思想を形成した場であったことも事実である。

　1879年の「教育令」も政府内部の保守派及び国家主義者からの攻撃を免れな
かった。結局、政府の保守勢力に押し流されて自由改革の風潮は終焉を向かえ
ることになる。アンダーソン(R. S. Anderson)は、この再度の政策転換につい
て「明治政府指導者達は、自らの権力を確固たるものにすべくより保守傾向を
深め、故に民間の熱狂的な西欧化を恐れ始めた。寡頭独裁政府は議会政治と自
由民権を要求した自由民権派運動を恐れ弾圧した。絶対独裁主義への逆行政策
を取る方法を選んだ」[7]と結論づけている。

　この政策変換は、中央集権政治体制の長い歴史を持つ日本として、さほど驚
くには値しない。ましてや、日本は封建主義社会と近代資本主義社会との中間
とも言える "Laissez-faire" 無干渉主義、いわゆる自由放任(競争)主義期間を
経験する機会はなかった。そのために、近代国家でも中央集権政治をごく自然
な形として受け入れることに不自然さはなかった。日本人のこの姿勢は伝統的
な天皇制と儒教の教理から由来しているのだろう。これはまた、地理的にも統
治し易く、更に単一民族という条件もそれを助けていたのである。反面、共通
の伝統は持ってはいるが文化的には決して単一ではない部分もあり、違った意
味での複雑さも存在していたことは重要な点である。

　1882(明治15)年の政変で野に下った大隈重信は、法律学校として早稲田に
東京専門学校を創立した。その開校にあたり、大隈の教育哲学と政府と学校の
在り方を説いている。ペンペル(T. J. Pempel)は以下のように大隈の教育思想
を紹介している[8]。

　始めから、一つの簡単明瞭な命題を持ち続けてきたことは人々の意志は政府の意見

と決して同一のものではないということである。大体に於いて、民衆の意志と政府の見解は互いにぶつかりあうものである。仮に、教育が独裁権力の傘下に存在するとしたら、教育自体その目的から大きく外れてしまうだろう。

このように政府から独立した私学の存在の重要性を説き、修業の速成を旨とし、専門教育は日本語をもって教授するといった強い信念を持った希有な逸材であった。

早稲田大学開校式典において、大隈の愛弟子であった小野梓は建学の精神として学問の独立を説いた[9]。

> 我邦(わほう)学問の独立を助くるあらんことを、顧(かえり)みて看(み)れば、一国の独立は国民の独立に基(もと)いし、国民の独立は其精神(そのせい)の独立に根さす、……而(しか)して其精神を独立せしめんと欲せば、必す先づ其学問を独立せしめざるを得ず、是れ数の天然に出づるものにして勢(せい)の必至なるものなり。

と大隈の思想を代弁している。更に、小野は第一回入学生に対して「諸君が卒業後、政党に入りたいと欲するならば、その学識によって決めればよい。……学識を本校で修得し……全ての学校が政党から独立することにより、教育機関としての使命を果たすため独立することを心より願う」と政教分離を強調したのである[10]。ペンペル（T. J. Pempel）は特に小野の演説は日本の高等教育の中で学問の自由（Academic Freedom）を提唱した最初の人物であろうと高く評価している。

これら大隈、小野の教育哲学である "学の独立、進取の精神" を高々と打出したことは高等教育史の中で称賛に値する。それ故に早稲田が民権運動の中心的存在になったことも決して不思議なことではない。

1885（明治18）年、森有礼は第一次伊藤博文内閣の初代文部大臣に任命されると、西欧自由主義の実権主義教育思想から保守的な伝統主義エリート教育に方向転換した。ドイツの思想家、ジョアン・ハルバルト（Johann F. Herbert, 1776-1841）の教育理念は、国家至上主義教育制度の確立を望んでいた政府首

脳に歓迎されたのである。

ホール（I. P. Hall）は森の国家政策としての教育制度を次のように紹介している[11]。

政府の教育管理部門としての目的を詳細に渡って述べる必要はない。政府は先ず文部省を設立することに依り教育制度を指導監督する。更に、国家財政から種々の学校を援助する。……文部省の究極の目的は国家への奉仕の一語に尽きる。例えば、帝国大学の場合学問は個人の為のものなのか、さもなくば国家の為なのかという問題が生じるであろう、もちろん、国家の為でなければならない。しかも最優先でなければならない。この事は、最も重要な点であり、心して実施するように。

森はかつて封建的な儒教思想を批判し、西洋文化の啓蒙に奔走していた人物とは思えない変わりようである。

森にとって特に憂慮していた点は、いかに国家の要望に答え得る高等教育と研究機関を設立するかにあった。"国家への奉仕" が究極の目的でなければならなかったのである。したがって、森は高等教育に対して次のような二つの基準を設けるに至る[12]。

1）高等教育機関、いかに高度なものであろうと無制限の自由はない。国家と大学の間には自然条理の優劣が明確に定めるべきである。

2）高等教育は真実の為の真実探究より、応用と実用的な知識修得をより心がけるべきである。

森の一連の教育政策を研究し、次のように一言で説明されているものを紹介しておきたい。「天皇は国家的献身、信仰の対象であり、民族統一の源であった。この倫理が森の教育改革の根本精神であった」[13]。

1886（明治19）年、教育政策転換を統制強化するため帝国大学令が発布された。ちなみに、東京大学は帝国大学と名称を変更した。第一条に、「国家の須要ニ応ズル学術技芸ヲ教授」。第二条に、「帝国大学ハ大学院及分科大学ヲ以テ構成ス大学院ハ学術技芸ノ奥ヲ研究シ分科大学ハ学術技芸ノ理論及応用ヲ教授スル所トス」[14]とあるように、国家至上主義政策を明文化することから始めた。

いわゆる官学が官僚機構の基盤として中心的存在になり、官吏養成の場となるべくより一層の強化を図っていくのである。この頃までには、大学の教授陣は大部分日本人が占めるようになった。初期の海外留学生の帰国が相次ぎ、外人教師に代わって教壇に立つようになった。大学院も正式に設置され、国内でも博士号の学位をとれる段階に到達していたのである。また、明治16年以降、講義用語も英語、ドイツ語から日本語に変わっていった。

　高等教育は、既述のごとく維新以前から存在していた幕府の教育機関を復興させることから出発したこともあって、制度的には比較的短期間で整備することができた。反面、明治政府は初等教育の立ち遅れを十分認識していたこともあり、先の教育令を廃止し、同年に小学校令を発布、更に中学校令、師範学校令を公布し、一連の教育制度修正に着手していく。

　1886（明治19）年、中学校令が発布され、同時に高等中学校（後の高等学校で高等教育の枠に入る）が設立された。中学校教育では、基礎学問と職業教育を提供するものとした。

　1894（明治27）年、高等学校令が公布され、帝国大学への予備部門の性格を更に明確にする。もちろん技術教育活性化の必要性も奨励はしたが、先の高等中学校及び高等学校に於ける実業教育は失敗に終わった。

　師範学校及び専門学校も高等教育の重要な位置を占めた。文部大臣森有礼は1880年代の師範学校の教育目標として以下の三点を設定した。一 従順、二 信頼、そして三 尊厳である。いわゆる、富国強兵政策下の軍国主義教育を担う教員養成学校として制度化する必要があったのである。

　更に、詳しく文部省に依る師範学校指導の要点を見てみたい[15]。

　1）忠君愛国精神の昂揚は教師にとって最も重要である。しかるに、生徒等にも崇高なる忠誠心と孝行心を涵養でき得る。

　2）忍耐の心と道徳の修養は教師にとって特に重要である。しかるに、生徒等の初期段階でこれらに対し特別な注意を払うことができ得る。

　3）生徒等は目上の者からの教授や命令、また言語行動に対する矯正にも極めて従順に従うよう教育されなければならない。更に指導は、必須科目、科目教授法などにも及んでいる。

1891（明治24）年までに、東京帝国大学は最初の総合大学となる。もちろん、第一の教育目標は政府高級官僚養成機関であることにはかわりはない。近代高等教育制度の先駆者として、学問研究の中心的な役割を果たしてきた。法学部、工学部、医学部、文学部、理学部、農学部の多岐にわたる一文字学部の存在を見ることができる[16]。

　学歴社会(social status derived from the standard of education which an individual receives)〔translated by the author〕の考え方は、1886年以後20年間で官僚機構定着に拍車を掛けてきた。顕著な例として帝国大学、特に法学部卒業生は高級官僚への王道であり、また、国内に於ける政治、経済界のトップの座を占めるに至る。

　政府の基本的な教育政策は一層強固な国家主義確立であった。それゆえ、この中央集権政策は、明治天皇の名のもとに1890（明治23）年10月に "教育勅語" を発布することこそ、政府の意図を最も明確に表明した範例とされる。政府の根本主義からすれば当然の帰結と言うべきである。参考として原文をから抜粋して収録する[17]。

　　　教育ニ関スル勅語
　　朕惟フニ我カ皇祖皇宗国ヲ肇ムルコト宏遠ニ徳ヲ樹ツルコト深厚ナリ……此レ我カ国体ノ精華ニシテ教育ノ淵源亦実ニ此ニ存ス……学ヲ修メ業ヲ習ヒ以テ知能ヲ啓発シ徳器ヲ成就シ進テ公益ヲ広メ世務ヲ開キ常ニ国憲ヲ重シ国法ニ遵ヒ一旦緩急アレハ義勇公ニ奉シ以テ天壌無窮ノ皇運ヲ扶翼スヘシ」

　この教育勅語は誠に儒教色の強い、国家主義を徹底させるべく現人神の名を以て明文化されたことに政府の保守政策、いわゆる国風確立への執着をこの文中に見ることができる。このことは初期の図面引きの模索時期から脱皮し、棟上げの段階に入った象徴的な意味合いを帯びてくる。憲法も制定され、議会開設の直前であったことから、教育のみならす国民全般にわたって国家主義の浸透を図ったことは疑う余地はない。

　勅語は国家主義教育政策を促進させた近代史の中で最も重要な資料の一つと

して位置付けられている。政府はこのお墨付きで1945年の太平洋戦争敗戦まで、教育制度を統制し続けていくのである。勅語は教育に於ける"聖書"的存在になっていくのも興味深い。

## 2. 近代高等教育設立と改善期：教育勅語から大学令（1891-1918）

　政府直属の公立機関とは別に、多数の学者や宗教団体が高等教育機関として小規模学校を設立していく。いわゆる専門学校と呼ばれていたものである。カミングス、アマノ、キタムラ（W. K. Cummings, I. Amano, K. Kitamura）は当時の専門学校を次のように説明している。「英語のspecial school, technical schoolでは、この種の学校の内容を鑑みるに適切ではない」「内容と役割の多様性と、競争的精神をこれらの特種学校に見ることができるので、19世紀の米国の単科大学と極めて似通った性格のものである」[18]。しかしながら、これらの私学専門学校は公立の教育機関より低い位置に甘んじざるを得なかったばかりか、教育内容自体も半認可的な要素を持たざるを得なかった。

　1903（明治36）年、専門学校令が発布されたことから、ようやく専門家養成の実務教育の学校として法的に陽の目を見ることができた。当然のごとく、特権階級の保守勢力や帝国大学から専門学校の社会的な認可昇格に強い不満の声が挙がった。この専門学校令には明確なる教育機関としての目的が明記されていなかった。多種多様にわたる特種な実務学校という所以であろう。本令に依って社会的な評価と学歴偏重の様相は既設の大学から拡大することはなかった。高等教育拡張政策はあったにせよ、察するに政府は専門学校を下部組織に組み入れて門戸を開くよう装いながら、帝国大学群の優位保護を画策したものであった。

　中等教育の拡大により、19世紀末には帝国大学だけでは需要に応えられなくなっていたため、他の4帝国大学（京都：1897年、東北：1907年、九州：1910年、北海道：1918年）を設立された。もちろん他の帝国大学も高級官僚や医者への本流に加わることになる。これらの帝国大学群は、"国家の為の大学"と

いう認識を持ちつつ特権的目的意識も共有していたのである。これらの大学は財政、人事、カリキラム等では自治権を保証されていたが、「学問の自由」との意味合いでは制約されていたのである。帝国大学はドイツの大学制度を踏襲したものであったと言えるが、ドイツの大学繁栄の源であるLehrfeiheit（教授の自由）とlernfreiheit（学問の自由）という基本的な概念は排除されていたのである。ちなみに、米国はこの概念を最も必要不可欠と認識し学び取ったのである。日米の国情が異なっていたにせよこの違いは大きく、その後の歴史が語っている。

　新世紀を前後して、大学教授と政府の間で若干の対立があった。先ず、一ッ橋の高等商業学校の学生1,500名の退学処分事件があった。商科大学への昇格が不可能と判断すると、教授も学生も大規模な陳情作戦に出たため、行政への干与と見なされた事件であった。時の文部次官、牧野伸顕は回顧録で「学校についてよくこの昇格問題が起きるのは甚だ忌むべきことであって、……大概の学校はその創立の際にそれぞれの目的に応じた規模で計画されたのであって、容易に昇格を望むべきでない」[19]と述べている。数多くの学校が昇格を望む姿勢は常にあったようである。そして、戸水事件、この事件は始めて公の場で "Academic Freedom−学問の自由" を大学の自治と関連させて世に問題を提起した。

　日露戦争終了［1905（明治38）年］時、東京帝大の戸水博士以下5人の教授は、ロシアとの講和政策に対する日本政府の弱腰外交に批判の声を挙げたのである。直ちに政府はこれらの大学教授の言語行動に反論を加え休職処分とした。マーシャル（B. K. Marshall）はこの時の政府見解を次のように著わしている。「大学は文部省の管轄権下にある、決して独立した機関ではない。教授等は……全て国家公務員である。にも拘らす、極めて不穏当な言動であり公務に対する背任である」[20]。

　マーシャルは更に中立な立場をとり、この事件に関して他の諸々の賛否両論の意見を紹介しているので抜粋してみたい。「学者とは政治的言動に関しては公明正大で超党派であるべきである。……国益の為に国民を誘導すべき役割を担っている」「戸水は立場を巧に利用して学生等を政府政策批判へと扇動せしめた言動は有罪に値する」「大学に奉職する教授等の国益への献身度は陸海軍

の将士と比較しても劣るものではない」[21]と、当時の成長過度期にある日本の風潮を見ることができる。

この戸水事件は結局のところ、教授等の勝利で終止符を打ったが、国立大学公務員としての教授の立場は教授者及び研究者としての役割に焦点を絞られ、公務員の解釈に大きな課題を残すことになった。国家主義政策からの「学問の独立」を促し、その後の運動に先達的な影響を与えた事件として教育史の重大な一頁として語り継がれている。

1913（大正2）年、京都帝国大学の沢柳政太郎総長（元文部省次官）は7名の教官を教授者として不適当と判断し解雇した事件があった。東京帝大の法学部の教授連は、大学の自治及び学問の自由を蹂躙するものとして総長に対して厳しい抗議行動を起こし、この沢柳総長の行動は「国家権力の干渉と世論への抑圧を意味し、教授の任命権は績年の経験から教授会にあることを侵害する行為である」[22]と批判した。政府から帝国大学教官は国家公務員であるとし、普通の民間人のように振舞うことが許されるのかと強い遺憾の意を表明している。更に、政府首脳陣はこのような教官の言動は人身を惑わし、特に若い世代に険悪な兆を広めつつあるとまで断定している[23]。強固な国粋主義統制を望み及び軍国主義化への教育統制を画策してきた政府としては当然の反応であろう。このような言動活動が他の大学に飛火することを最も恐れた政府は、結論として、次のような大学人を逆撫でするような法案を通した。「教授の任命につき総長が分科大学教授会と協議することは差支なく且つ妥当なり」と改めて総長の権限を暗意に拡大し、教授会権限の弱小化を目論んだのである[24]。

20世紀初頭、高等教育制度は批判の対象となった。特に私学側から厳しい批判が沸騰し、差別的入学制限の廃止の要求が続づいた。しかしながら、日本は日清戦争（1894-95年）、義和団の乱（1900年）、日露戦争（1904-05年）、朝鮮侵略と併合（1910年）、そして第一次世界大戦（1914-18年）等の一連の戦争と侵略で驚異的な工業国としての成長を経験し、国家資本も急速に脹らんだのである。教育もこの産業経済の膨張の刺激を受けると同時に、国粋主義と軍国主義化一色に染められて、異を唱えることができない状況に追い込まれていくのである。

第1章　大学発展過程 ―黎明期から成長期へ―　13

この特需景気の中、産業・経済界はホワイトーカラーと専門職の人出不足の状況となった。結果として、政府は経済界の人材要求に応えるべく、早急な高等教育制度の見直しを急務とし、高等教育を国家繁栄のための活力ある道具であるべきとの根本的な政策実施を再認識することから始めた。今まで優秀な人材を帝国大学路線（Academic Track）から供給してきたが、今後の入学者選抜を社会的、経済的背景からではなく学業成績を重視するとし、いわゆる知的能力が傑出しているならば、未来国家発展のために前途有為な精鋭として確保するとの方針を決定する。実際に、競争がより過激になったが、反面あらゆる階層から優秀な人材が輩出されたことは事実であった。人学試験選抜に見る限り平等なる競争原理が働いたようである。経済的に恵まれていなかった少年等も努力次第で "末は博士か大臣か" の希望を持つことができたのである。

　同時期、政府は社会一般の過度な西洋化の風潮を憂慮し、国家政策の啓蒙を通して改善に向けた努力をすべきだと鼓舞に努めた。ドア（R. P. Dore）は政府による国民の西洋被れからの後退を呼びかけた内容を次のように紹介している。「日本伝統の倹約と誠実に立ち戻るべきである。その伝統とは身分の高い者と低い者と、富める者と富まざる者との間にも、同情と信頼、相互の哀れみと犠牲心の関係が存在していた。そこには真の家族的国家があった」[25]。この呼びかけは儒教的精神をそのまま押し付けている感がある。当時の日本人がこれを読んだ際、どのように受け止めたのか興味深いところである。面白いことに、この精神昂揚を促す文には、政府が根本精神としている競争原理を全く読み取ることができない。

　三井、三菱、住友、安田等の財閥組織も高等教育制度の改革を迫った。これらの財閥は20世紀初頭に日本の産業の独占化に成功したのである。1904年から17年の間に、工場数は2.3倍に増加、機械設備は3.6倍に増加した[26]。財閥は高等教育機関に対して新しい経済動向に寄与できる熟練した専門家育成に一層の努力を促し、政府にも強力な圧力をかけた。この圧力は高等教育制度の設立の時期から、発展拡充の時期への引き金になっていくのである。

　1917（大正6）年、内閣に臨時教育会議が設置され、国内外の変動に対応すべく教育制度の再検討を始めた。今度は、経済動向への対応の意味で高等教育

制度が初等及び中等教育制度と比較して立ち遅れていると指摘され、その上、時代の要請に応えていないとの判断が下り、再検討を強いられることになった。結論を言えば、この臨時会議の具体的な答申を直ちに高等教育制度改善に結び付けたことは、高等教育史に類例を見ない。事実、帝国大学以外にかなりの専門学校が大学としての昇格が認められ大きな変革を経験することになる。この整備は第二次高等教育改革と位置付けても異論はないであろう。それだけ社会全般からの要望、要請が強かったと見るべきであろう。

　時の首相寺内正毅は教育見直しに際し、政府の見解として教育制度の改善のみに留まらす、国家の教育機関として確固たる精神的強化の成就を図るべきと強調している。更に寺内は、教育の目的は国家的倫理である "忠誠と孝行" "忠君愛国" に尽きるとまで述べている。この見解は中央集権と国家主義の確立を果たした国家思想の基本は崩さず、制度の形態のみの拡充を意図したものであった。政府首脳の倫理感はこの改革においても初期の新政府と何ら変化も見られない。

　1918（大正7）年6月、臨時教育会議は高等教育に関する改善案を答申したが、体制改革案としては多少なりと評価できるが、当然のごとく国家主義的の政策の色合いを強めてきたと確認できる。答申内容の抜粋を収録してみたい。


　　＊大学は総合制を原則とするけれど、単科制となすことができる。
　　＊分科大学は国家の須要なる学術を教授し、およびその蘊奥（うんのう）を研究することを目的とする。
　　＊大学の設置に関しては官立および財団法人の設立を認とし、……公共団体の設立も認める。
　　＊大学では「人格ノ陶冶（とうや）、国家思想ノ涵養（かんよう）」……の充実を望む[27]。


　同年12月、大学令が発布された。答申の大枠を取り入れ、しかも半年未満で政令化できたことは、いかにこの答申が政府寄りであったかの証左である。これは重要な意味を持つものであり、政令の重要な箇所を抜粋する[28]。

　第一条　大学ハ国家ノ須要ナル学術ノ理論及応用ヲ教授シ並其ノ蘊奥（うんおう）ヲ研究

スルヲ以テ目的トシ兼テ人格ノ陶冶及国家思想ノ涵養ニ留意スヘキモノトス

　1886（明治19）年の帝国大学令では、分科大学（この大学令では学部の名称変更）を教授の教育機関とし、大学院を学術研究の機関とし、各学部に研究科を置き大学院とした。人格形成と愛国心の涵養を一条に入れたことは、国家主義、軍国主義強化政策の意図を見ることができる。

　第二条　大学ニハ数個ノ学部ヲ置クヲ常例トス但シ特別ノ必要アル場合ニ於
　　　テハ単ニ一個ノ学部ヲ置クモノヲ以テ一大学ト為ス……学部ハ法学、医学、
　　　工学、文学、理学、農学、経済学及商学ノ各部トス

　単科大学の設置を認めたことにより、大学形態が大きく変貌をとげていくことになる。学部では経済学を付け加えた点は興味深い。

　第四条　大学ハ帝国大学其ノ他官立ノモノノ外本令ノ規定ニ依リ公立又私立
　　　ト為スコトヲ得

　この政令により、先の帝国大学令は帝国大学のみに有効となり、本大学令は一般の大学一官立、公立、私立の大学に摘要となる。ここで政府は帝国大学こそ国家の最高峰の学府であるとの立場を明確にしている。ちなみに、翌年19（大正8）年に帝国大学令を改正し、次の五条のように格別な位置付けを明文化するのである。

　第五条　公立大学ハ特別ノ必要アル場合ニ於テ北海道及府県ニ限リ之（これ）ヲ設立スルコトヲ得

　公立大学の設立は例外的という厳しい条件下で道府県のみ許可された。この政令は中央集権という国情から鑑みて当然の政策であろう。反面、次の六条に謳われているように、私学の場合は比較的広く認めることとしたのである。勿論、文部省の設置基準に合格し認可を得る必要はあったが、それでもこの条項は重要な意味を持ち、後の大学教育の発展に拍車をかけたものであった。

　第六条　私立大学ハ財団法人タルコトヲ要ス但シ特別ノ必要ニ因リ学校経営
　　　ノミヲ目的トスル財団法人カ其ノ事業トシテ之ヲ設立スル場合ハコノ限ニ
　　　在ラス

　第九条　学部ニ入学スルコトヲ得ル者ハ当該大学予科ヲ修了シタル者、高等
　　　学校高等科ヲ卒リタル者又文部大臣ノ定ムル所ニ依リ之ト同等以上ノ学力

アリト認メラレタル者トス

　第十条　学部ニ三年以上在学シ一定ノ試験ヲ受ケ之ニ合格シタル者ハ学士ト
　称スルコトヲ得

　九、十条は大学入学の資格基準を定め、学士号取得のためには学部に3年以上在学する必要があると定める。

　この大学令を要約すると、先ず中央政府は教育制度に対しても絶対的権力を行使していることは明白である。文部省は私学に対しても政府の帝国主義と国家思想の統一化教育の監督権を確立した。特に第一条では大学の教育的性格を明確に規定し、具体的な学科は設けずに学生の学問的精神の陶冶を図ることで、国民に与える大学の影響を正当化することを目的としていた[29]。大学教員採用の際、公立機関は当然ながら、第十八条に「私立大学ノ教員ノ採用ハ文部大臣ノ認可受クヘシ」[30]とあるように、全教員の採用権も握ったのである。

　臨時教育会議は同年1月に、高等教育の一翼を担う高等学校に関する答申も提出したのである。基本的な改善策は、従来の帝国大学の予科的な立場からの脱皮であり、普通教育を施す機関とする意見であった。また、官立、公立、私立の設立を認め、学科内容は文科、理科とする。高等学校の構成は通常尋常科（ordinary division）4年と高等科（upper division）3年計7年とするが、高等科3年を単独に設置できるともした。更に、5年制の中学校（7年制の尋常科と5年制の中学校は中等教育の範疇）で4年修了者の高等学校への受験資格を与えた。この改善案の重要な点は、7年制高等学校の設立と修業年限短縮の2点である[31]。

　同年12月に高等学校令が発布された。その内容は先の会議の答申を全面的に取り入れたものであり、第一条に「高等学校、男子ノ高等普通教育ヲ完成スルヲ以テ目的トシ特ニ国民道徳ノ充実ニ力ムヘキモノトス」[32]とあるように国家主義の昂揚に努めるべきと記されている。この政令発布後、新制度の高等学校の増設が相次いだ。従来の第一から第八までの官立高等学校に新潟、松本、山口、松山の官立機関の増設され、水戸、山形、佐賀と続き、1923（大正12）年までに7校に及んだ。公立学校も富山（後に官立）、浪速、府立の3校、私立は武蔵、甲南、成蹊、成城の4校を数えた[33]。

　アンダーソン（K. S. Anderson）は政令後の高等学校について、官立高等学校

はやはり帝国大学への登竜門としての性格は一層顕著になったとし、理由として「官立高等学校は極めて優秀な人材しか入学できなかった。それは帝国大学への過程であるため、極力入学者数を厳しく制限したためである」と政府のエリート養成政策の一端を紹介している。更に、米国の学校と教育水準を比較検討し、次のように興味深い見解を述べている。「高等学校のカリキュラムは米国の極めて程度の高い高校の最終学年のものと規模の大きな州立大学の前半2年のものと同等である」[34]。因に7年制の高等学校体制はドイツのギムナジウム（Gymnasium）（大学予備教育機関）、フランスのリーセイ（Lycee）（国立高等学校一大学予備学校）とイギリスのグラマースクール（Grammar School）（初等中学校）を模倣して設置したものである。

師範学校及び高等師範学校の答申も同年に出された。答申内容の大枠はやはり国家主義思想が根底にあり、その趣旨は後日検討を経て実現されていく。特に高等師範の「師範教育ヲ以テ特殊ノ任務トスル」「特殊専門ノ学科」の答申は、教員となる研究を促進させようとの意図があり、後日、東京及び広島高等師範に文理科大学の設置を可能ならしめた重要な答申となる[35]。

中学校と高等学校の教員になるには帝国大学において、教育に関する一定の教育課目を修了する必要があった。師範学校の教員になるには高等師範の免許が必要であり、初等教育の教員は師範学校の免許が必要であった。

専門学校に関しての答申は「現制ハ大体ニ於テ之ヲ改ムルヲ要セサルコト」と現状維持の考えを示した[36]。1903（明治36）年に発布された専門学校令は「高等ノ学術技芸ヲ教授スル学校ハ専門学校トス」[37]の一条から十六条からなっており、政令の重要条項を参考のために提示しておきたい[38]。

第五条　専門学校ノ入学資格ハ中学校若ハ修業年限四箇年以上ノ高等女学校ヲ卒業シタル者……又ハ之ト同等ノ学力フ有スルモノ……但シ美術、音楽ニ関スル学術技芸ヲ教授スル専門学校ニ就テハ文部大臣ハ別ニ其ノ入学資格ヲ定ムルコトヲ得

第六条　専門学校ノ修業年限ハ三箇年以上トス

第八条　公立又ハ私立ノ専門学校ノ修業年限、学科、学科目及共ノ程度並予

科、研究科及別科ニ関スル規程ハ公立学校ニ在リテハ管理者、私立学校ニ在リテハ設立者文部大臣ノ認可ヲ経テ之ヲ定ム」

　殆どの専門学校の教育は工業、商業界への人材育成を目的としていた。専門学校は基本的に一学部（学科）で構成され、職業教育中心の機関である。官立、公立、私立の機関があり、専門は医学、外国語、美術、音楽、農業、漁業、薬学、繊維、神学と体育等の多岐にわたっており、修業年数は3年から5年が一般的であった。専門学校への入学者は大学入学を経済的に断念した者や大学入試に失敗した者が多かった。しかしながら、卒業生は第一次世界大戦後の経済の急成長と社会の商業活動の中心的役割を果たし、特に近代重工業化への貢献度は大であった。

　今回の一連の改正と政令発布で専門学校については現行制度維持と判断されたが、高等教育拡張計画により医学、法律、経済、商業分野の比較的規模の小さな学校が多く誕生していく。このように実用専門学校は言うまでもなく、普通専門学校の数も驚異的に増加していくのである。

　米国の教育学者ジョン・デューイ（John Dewey）は二度程訪日し、1918年に早稲田大学で "民主主義の哲学原理（The Philosophical Basis of Democracy）"、翌年は東京帝国大学にて "手段としての哲学（Instrumental Philosophy）" と題して講演を行った[39]。デューイ博士の講演は当時の大学人にとって学問に対する姿勢と、大学教育の在り方に対して衝撃的であり、新しい息吹となって浸透していったに違いない。ここに特筆しておきたいことは、大学人の間で国家権力から「大学の自治及び学問の自由」の完全なる脱皮運動が広まったことであり、その中心となったのが帝国大学であった。

　大学令の直後、1920（大正9）年に早稲田大学、慶應義塾大学、日本大学、中央大学、法政大学、明治大学と業績のある私立普通教育専門学校は正式に大学として昇格した。高等教育の模索及び変動期で学問の独立を提唱していたのはこれら私立専門学校であったが、1918（大正7）年以降の推進者は官立教育機関に移行していったことは興味深い。これは財政的な差が直接原因とすれば説明できる。

明治維新から1918年まで、日本は近代国家と工業国への基礎造りに励んだ時期である。高等教育も近代国家建設を目指す政治、経済、社会の要望に応えるべく整備を繰り返しながら制度化が進んだ。しかしながら、近代国家として歴史の浅い日本は1920年代後半から世界経済恐慌の矢面に立たされ、更に悲劇的な結末を迎える戦争に高等教育機関をも巻き込んでいくのである。

## 3. 要　約

　日本の高等教育のルーツは7世紀に遡ることができるが、近代高等教育は1868年の徳川幕府から明治新政府に政治体制が移行した時から始まったといってよい。明治維新は政治、経済、社会制度を根底から変革し、新しく西欧型の高等教育機関を模倣し新国家建設及び発展に努力した。

　1871（明治4）年に文部省は設置され1872（明治5）年に「学制」を領布し、1877（明治10）年に東京開成学校と東京医学校を合併し最初の総合大学である東京大学を創設された。東京大学の設立目的は新国家の高級官僚育成にあった。

　1879（明治12）年に中央政府は学制を廃止し「教育令」を公布する。この民主主義的（国内外の学者から、この教育令にはそれ程民主主義的な内容を見ることができないとの立場をとる研究者も少なくない）要素を含んだ政令は、地方分権主義と複数系統の教育制度設立を意味していたことも事実である。しかし、依然と伝統的な教義を信じる保守勢力は根強く、民主主義的制度の確立は成らなかった。以後、政府は国家国粋主義政策を強く打ち出してくるのである。当然ながら急速に高等教育の国家奉仕理念が定着していく。

　1886（明治19）年の「帝国大学令」公布により、東京大学は帝国大学と改称された（6年後に東京帝国大学に再改称）。同年には「師範学校令」も公布され尋常師範と高等師範学校が設置される。同年には中学校令も公布され高等中学校の設立となるが、1894（明治27）年「高等学校令」の発布により、高等中学校は帝国大学への予備教育機関として高等学校と改称される。

　1890（明治23）年までに東京帝国大学は、近代高等教育の最高学府として6学部を有し、学問研究を大いに発展させた。1890年、政府は明治天皇の名で

教育に関する勅語を発布する。この「教育勅語」は伝統的な旧態依然の倫理に依る国家主義教育の憲章となる。1945（昭和2）年の帝政国家崩壊までこの理念は生き続けることになる。

　私立の専門学校は官公立の高等教育機関より比較的緩い政策の中で発展してきたが、同時に数段低い位置に甘んじていた。1903（明治36）年の専門学校令公布に依り正式に認可される。しかしながら、大学としての正式認可は更に15年を要するのである。ちなみに、東京専門学校は1902（明治35）年に早稲田大学と改称する。これを機に他の有数私立専門学校は大学と改称していく。

　1918（大正7）年までに東京帝大以外に4帝大が設立された。20世紀の初頭、高等教育制度は厳しい批判の的となる。特に差別的な入学選抜制度に対して私学から集中的な批判が起こる。最たる理由として、当時の選抜方式では下級学校の学業実績は正しく評価されていないと批判したものであった。

　更に、1892（明治25）年、帝大の久米邦武教授の神道に関する論文問題で休職処分を契機、1902（明35）年の哲学館事件、1905（明38）年の東京帝大の戸水教授休職処分に対する東京、京都帝大教授らの抗議運動、そして1913（大正2）年の京都帝大の沢柳総長により教授会に諮る事なく7名の教授を解雇した。これら一連の事件に対する大学人による抗議運動は、未熟ながら日本の「大学の自治及び学問の自由」への意識改革への良心と見るべきである。

　日本にとっては初めての清国、露国との国運をかけた戦争体験から、産業国として飛躍的な発展を遂げ、著しい国家資本増加をみることができた。同時に経済的発展に伴い軍事力増強、国家主義精神も益々昂揚していく。このような急速な国力の膨張は、頭脳労働者と専門的な技術者の大規模な養成を必要とするようになる。そのため、政府も高等教育の変革の必要性を認識し、国家の産業経済を左右する資本家等もその改革を強く要請したのである。

　1917（大正6）年、総理大臣の諮問機関として臨時教育会議が設置された（教育調査会を廃止）。この諮問会議の答申に基づいて翌年、「大学令」と「高等学校令」が公布された。この政令でいくつかの私立大学及び官公立の大学は正式に認可される。単科大学も大学として認可されることになる。しかし、この1918（大正7）年の一連の改革は国家主義政策と多様化教育路線（官立と私立大

第1章　大学発展過程 ―黎明期から成長期へ―　　21

学、師範、専門と実業学校等の明確なる教育差別化及び男女差別）に対しては何の修正も加えられていない。中央政府及び文部省の権力は高等教育に対して国粋及び愛国主義への思想統一への政策を一層推進していくこととなる。

　高等教育拡張路線は、より多くの若者等の国家政策への加担することを急速に可能にした。各専門分野の研究科は大学院として学部に設置され、官公立と私立大学は国家政策路線に奉仕する教育の責任を共有していくが、多くの学生は高等教育の新しい目標、いわゆる産業界への人材輩出のために科学的な教育を受ける機会も増大した。

　高等学校令も再び大学教育への伝統的予備教育（もちろん、実業教育も含んではいるが）の色彩を濃くしていくのである。この政令は官公立と私立の高等学校の設立とその拡張を意味しており、結果として、官立高等学校の帝国大学への登竜門としての認識がより一層確固たるものになっていくのである。

　師範学校及び高等師範学校も国家政策の枠組みに直接組み込まれていく。1918年以降、小規模の専門学校が急速に増設され、特に、医学、経済、商業分野の拡張が顕著であった。

## おわりに　寡頭政治体制下の近代高等教育への歩み

　156年前、近代高等教育への歩みは脱封建的な国情の中で始まったと言える。この1868年から1918年（明治元年−大正7年）の歴史的考察により、高等教育政策の変革とその性格を部分的ではあるが確認することができた。

　先ず、日本の早急な社会近代化政策は西欧諸国からの圧力、いわゆる強力な外圧の結果であると断言できる。維新後の政府は西欧の進んだ科学技術（technologies）導入の必要性を認識すると同時に、新しい技術（arts）と科学（sciences）を教育する高等教育機関設立を急ぐ必要に迫られたのである。

　しかしながら、封建主義体制下での政治的教育機関の存在しか歴史的経験のない日本人にとって、西欧式の教育制度設立に対して大いなる不安は隠せなかったのである。ゆえに中央政府がこのような新制度を創るにあたり、寡頭政権的に指導権を握ったことは当然の流れであり驚くに値しない。結果として、

高度な中央集権の名のもとで監督される高等教育制度が確立していくのである。大正、昭和期を通じて教育制度は文部省を通して政府の監督下にあり続けた。更に、政権を取った政党の政策、いわゆる国策として高等教育を監督指導してきた歴史がある。この風潮は明治期の根本主義及び制度をそのまま踏襲したものであり、天皇制下の国家高揚思想は温存されたのである。

　大学の完全自治を主張する大学人と、押さえ込もうとする政府との葛藤は、既に明治期にその下地ができ始めていたのであろう。しかしながら特筆すべきことは、これだけ私立大学が存在したにも関わらず、政府の強行政策の標的になった事実は殆ど見ることができない。驚異的な経済成長は中央政府と経済界との強い協力関係の結果であり、ある意味において、日本は完全なる自由競争を実践する資本主義社会には成り得なかったのではないかと愚考するに至る。なぜなら、全ての分野に政府干渉は存在するからである。また、高等教育も経済近代化への協力者として期待され、その動向に応える努力をしてきたのである。

　明治期の高等教育史を考察した結果、次のような結論に達することができた。確かに国家としての思想統一を優先しているかのように見えるが、制度の変革動向は実際のところ経済的発展と同調してきたように思われる。具体的に言えば、高等教育への大きな影響力は経済界の指導者等にあったと言えるのではないだろうか。

　明治期に於ける高等教育の特徴として、政府の近代化政策（帝国主義政策とも言える）と業界からの圧力により自由な学問研究の場としての大学創建は極めて困難であったことが確認できる。特に、官公立教育機関に顕著に見られる。この時期に、日本の高等教育機関の性格及び政・官・民内の位置付けが伝統という名で受け継がれていくことになる。

## 【引用（参考）文献】

1）　文部省（1980［昭和55］）『学制百年史—資料編』ぎょうせい, 7頁.

2）　前掲書　11頁.

3) Blaker, C. *The Japanese Enlightenment : A Study of the Writing of Fukuzawa Yukichi*. London : The Syndics of the Cambridge University Press. 1964.

4) Dore, R. P. Education : Japan. In R. E. Ward, D. A. Rustow（Eds.）, *Political Modernization in Japan and Turkey*. Princeton, Connecticut : Princeton University Press, 1964.

5) Kitamura, K., & Cummings, W. K. The 'Big Bang' Theory and Japanese University Reform. *Comparative Education Review*, June, 1972, 16, pp303-25.

6) Rōyama, M. *Politics and Education. Journal of Social and Political Ideas in Japan*. December, 1963, 1（3）. pp 37-9.

7) Anderson, R. S. *Education in Japan : A Century of Modern Development*.（U.S. Department of Health, Education. and Welfare, Stock No. 017-080-01339-8）. Washington, D. C. : U. S. Government Printing Office, 1975, pp26-7.

8) Pempel, T. J. *Patterns of Japanese Policy Making : Experiences from Higher Education*. Boulder, Colorado : Westview Press, 1970. p30.

9) 宮原誠一, 丸木政臣, 伊ヶ崎暁生, 藤岡貞彦（1974）『資料日本現代教育史―4戦前』三省堂, 99頁.

10) 榛葉英治（1985）『大隈重信進取の精神 学の独立』下巻新潮社, 27頁.

11) Hall, I. P. *Mori Arinori*. Cambridge, Massachusetts : Harvard University Press, 1973, p397.

12) 永井道雄（1969）『近代化と教育』東京大学出版会.

13) Shimahara, N. K. *Adaptation and Education in Japan*. New York : Praeger Publisher, 1979, p61.

14) 前掲『資料日本現代教育史―4戦前』123頁.

15) Kikuchi, D. *Japanese Education : Lectures Delivered in the University of London*. London : John Murray, Alerarle ST, W, 1909, p286.

16) Department of *Education, Japan, Education in Japan : Prepared for the Panama-Pacific International Exposition*, Tokyo : Author, 1915, p78.

17) 前掲書 4-5頁.

18) Cummings, W. K. Amano, I., Kitamura, K.（Ed.）. *Changes in the Japanese University*.

New York：Praeger Publishers, 1979.

19）牧野伸顕（1977）『回顧録』上巻中央公論, 194頁.

20）Marshall, B. K. The Tradition of Conflict in the Governance of Japan's Imperial. *History of Education Quarterly*, Winter, 1977, p392.

21）前掲書　394頁.

22）前掲書　396頁.

23）前掲書　396頁.

24）海後宗臣, 寺﨑昌男（1969）『大学教育』第9巻　東京大学出版会, 565頁.

25）前掲　Dore, R. P. p194.

26）Halliday, J. A. *A Political History of Japanese Capitalism*. New York：Pantheon Books, 1975.

27）文部省（1972［昭和47］）『学制百年史―記述編』ぎょうせい, 482-84頁.

28）前掲『学制百年史―資料編』155頁.

29）前掲『学制百年史―記述編』484頁.

30）前掲『学制百年史―資料編』156頁.

31）前掲『学制百年史―記述編』485-86頁.

32）前掲『学制百年史―資料編』156頁.

33）前掲『学制百年史―記述編』494頁.

34）Anderson, R. S. *Education in Japan：A Century of Modern Development*. p49.

35）前掲『学制百年史―記述編』498-99頁.

36）前掲書　154頁.

37）前掲『学制百年史―資料編』154頁.

38）前掲書　154-55頁.

39）Anderson, R. S. *Japan：Three Epochs of Modern Education*.（Office of Education. Bulletin 1959, 11. OE-14076）. Washington, D.C.：U. S. Government Printing Office, 1962.（ERIC Document Reproduction Service No. ED 045 543）.

## 第 2 節

# 日本の高等教育再生における米国の占領政策
## —新制大学構築—

## はじめに

　第二次世界大戦における日本の敗戦により、米国の占領軍によって民主的な価値観が日本に導入された。日本で起こった多くの変化の中で、学校制度をこの新しい目的に合わせること以上に重要なものはなかった。日本政府は連合国軍最高司令官から、日本の高等教育制度を再検討するよう要請された。占領軍は、「学問の自由」という概念を導入することから、日本の高等教育の改革に着手した。人間の尊厳と個人の価値に関わる再編成が行われたのである。

　米国占領下の6年間は2つの時期に分けられる。第1期は日本の制度の棚卸し（1945-48年）、第2期はこれらの政策が純粋に実践された改革期（1949-52年）である。第1期では、新たに推奨された制度の方向性を検討する。1946（昭和21）年、第1次米国教育使節団が結成され多くの提言を行った。日本側教育家委員会を結成し、1947（昭和22）年に教育基本法と学校法の制定を勧告した。

　第2期には、日本の教育制度全体を改革する動きがあった。この動きでは、地方分権と大学基準、大学設置認可、大学制度内の基本的な組織が扱われた。大きな変化は、国民に平等な機会を提供する制度の民主化であった。しかし、新しい勧告とそれを実行に移そうとする試みは、多くの混乱を引き起こした。新制度は旧制度とは形式も概念もまったく異なっており、明確な説明と構築が必要であった。

　占領期間中、70の国立、18の公立、92の私立の高等教育機関が新たに発足し、これらのほとんどが1949年に開学した。

第2期改革期には第2次米国教育使節団が到着し、米国占領の真の方針が明らかになる。総司令部市民情報教育課は、高等教育の改革に関する32か条を提示した。この調査報告書の第3章は、占領政策が日本の高等教育制度の発展に与えた影響を扱っている。この章では、大学の管理運営、カリキュラム、学部、大学院教育、短期大学、女子教育、夜間学校、通信教育などの発展をたどっている。

　講和条約調印後、日本政府は新しい高等教育制度の確立を主張し、高等教育機関の中央集権化、政府による統制の動きが見られた。日本の教育関係者は、教職経験のない官僚であることが多く、省庁レベルでは、東京帝国大学法学部出身者が多かったことから、そのほとんどは新しい教育制度について知識がなかったり、関心がなかったりした。

　日本の高等教育は、ますます重要な社会的・政治的課題となってきた。占領下における高等教育の改革をめぐっては、占領当時から現在に至るまで、日本の学者たちの間で多くの議論が交わされている。多くの学者は、当時の日本人は高等教育制度の発展にほとんど関与しておらず、この制度は米国の教育使節団によって強制されたものだとしており、ヨーロッパ型の教育を米国型に変えただけだと認識している。

　この研究の目的は、日本の高等教育の改革における米国の影響の程度を明らかにすることである。

# I.　連合国占領下：日本の高等教育改革の始まり

## 1.　総司令部による強制的措置（1945年9月〜1946年3月）

　1945年、連合国軍の占領は、連合国軍最高司令官（SCAP）として活動したマッカーサー元帥によって指揮された。彼の指揮の下、日本の教育の基本方針は民主的再教育となり、民主化された学校が復興を成し遂げるための重要な手段となった。日本にとって幸運だったのは、占領が当時のドイツのような複数の権力ではなく、単一の権力によって指揮されたことである。

　マッカーサー元帥は、東京の総司令部（GHQ）に市民情報教育課（CI＆E）という特別な幕僚課を設置した。これは1945（昭和20）年9月22日のことであっ

た。CI＆Eは米国からの経験豊かな教育学者と教師で構成されていた。占領の
ための米軍政府の指揮系統は、東京のGHQ-SCAP、横浜の第8軍司令部、地
方司令部、46都道府県の軍政チームの4団体あった。すべての地区には、一般
に民間人教授であるCI＆E担当官がおり、日本の教育者を視察し、改革手続き
を支援する責任を負っていた。二つの組織が存在し、指示を出す米国軍政府と、
それを実行する日本の文民政府である。

　第二次世界大戦直後、米国陸軍の日本人であった松本剛は、日本の高等教育
のための計画を提示した。それは次のようなものである[1]。

①日本の実績あるリベラルで進歩的な教育を任命する新しい文部省の設立。
②十分な数の新しい大学を建設し、古い大学を改築する。各都道府県に少なくと
　も1つの国立教育機関を設置する。帝国高等学校の一部を国立大学に改組する。
③学問の自由を保障する。
④日本歴史研究所の設立。戦争の破壊科学に浪費された頭脳を、自由な社会で
　新たな責任を与える。
⑤国公立・私立の高等教育機関が、学校以外の場で社会人に有用な職業訓練を
　行い、善良な市民としての実践的な教育を行う。
⑥人々の生きた言葉を使う。
⑦マスメディアによる民主的思想の全国的キャンペーンと、報道の自由と表現
　の自由の保障。

　もちろん、これらはすべて「相対的」条件であり用語であることから、絶
対的なものではない。日本の高等教育の実践における学問の自由の動きは、
GHQによって、また高等教育機関の内部でも実行された。

　教育基本計画と呼ばれる4つの主要な政策指令は1945年にCI＆Eによって出
された。それは次の4指令である：（1）軍国主義的・超国家主義的イデオロギー
の伝播の禁止、「日本人の権利章典」と呼ばれた軍事教育と軍事教練の廃止、
（2）スクリーニング指令によるスクリーニングテストの実施。選考試験委員会
は高等教育のすべての学部に設置され、スクリーニングテストは教育機関内の

教授に適用。(3) 学校における神道の禁止。(4) 学校制度における道徳の授業を停止する「図書検閲指令」の制定。第3と第4の指令は、民族主義的イデオロギーの道具を思いとどまらせるために用いられた。これらの指令は「自由」の名の下に出された[2]。

占領が進むにつれて、これらの指令や改革は建前上、日本政府から出されたものになっていた。日本の学者の大半は、旧帝国大学の学者でさえも極めて協力的であったことが特筆できる。戦時中に追放された学者の多くは後に大学に戻り、学問の権利の擁護者となった。

1945年秋に出された4つの指令は、短期間で劇的な成果をあげ、急速な進展により実際の改革を進めることが可能になったのである。占領軍の当初の目的は、米国の強い影響下にあった教育に関して、主にイデオロギー的、社会的なものであった。軍の指揮による占領は、主として専門的指導者によって実践された。

占領の最初の2年間の政策指令・実施計画はマッカーサー記念図書館・公文書館に収納されており、次のような重要内容を報告している[3]。1) 戦前の高等教育機関の約3分の1が破壊された環境、2) 政治的影響、3) SCAPのCI＆Eによる研究と指令、4) 第1次米国教育使節団の報告と勧告、5) 指令政策を実行しようとする日本の努力である。

## 2. 政策実施に向けた準備期間 (1946年3月〜 1948年)

### 第1次米国教育使節団

占領が始まって以来、GHQのCI＆Eセクションは精力的に情報を集積・整理し、政策実施計画を詳細に構築していた。第1次米国教育使節団のメンバーであったW. C. トロウ教授は、「日本へ向かう途中、ホノルルで学識経験者と会合を持ち、日本についての知識や経験を我々に与えてくれた」と述べている[4]。

1946年3月8日、安倍能成文部大臣が米国教育使節団を前に演説を行った。日本が世界の書物や知識に自由にアクセスできるようにすることを主張し、また使節団に対し、単に米国の視点から日本人を扱わないよう求めた。そして以下のように述べている[5]。

第1章　大学発展過程 —黎明期から成長期へ—　　29

私たちは広く目を開き、自分たちの至らなさを真摯に反省し、あなた方の助言に耳を傾け、必要と思われる改革を果敢に実行していく決意です。あなた方の知恵と経験を頼りに、私たちは冷静かつ客観的な方法で、自国の教育機関、その実体、そしてその運営の実際的な方法を研究し、再教育の実質的な改革への道を切り開く一助となるよう努めたい。

　医学教育や工学教育など、米国から専門コンサルタントとして来日した主要な教育使節団は全部で9回あった。彼らは皆、初等教育、中等教育、高等教育、教育心理学、比較教育、教育哲学、黒人教育、全国カトリック福祉協議会、労働教育、女性教育など、あらゆるカテゴリーと教育分野の代表者であった[6]。

## 1) 主な勧告

　使節団は1946（昭和21）年3月に来日し、日本の代表的な教育関係者からなる委員会およびCI＆Eとともに、教育再建の問題点を検討した。使節団の報告書は勧告という形でマッカーサー元帥に手渡された。シングルスペースのタイプライター 46頁のコンパクトな文書であった。6つの章から成っていた[7]。

　（1）日本の教育の目的と内容　（2）言語改革（カリキュラム）　（3）初等・中等教育行政　（4）教授法と教師教育　（5）成人教育　（6）高等教育（教育課程）

　日本の高等教育改革の重要な提言第一点目は、高等教育機関における「研究と教育の自由」を確立し、旧国立（帝国）大学の特権意識と公務員格付け制度から解放することであった。第二点目の提言は、高等教育機関が「学問の自由」という点で自律性を持つべきだというものであった。これらの提言の意味は、19世紀後半からのキリスト教とダーウィニズムの対立、理事会権力批判など、米国の長い学問的対立を通じた成果と経験からであった[8]。

　こうした新しいミッションの理想は、数年後にSCAPによって裏切られたが、当時は日本の高等教育にも受け入れられていた。日本の高等教育に関心を持つ人々は皆、まるで自分たちの長年の夢を実現したかのように、熱意をもってこれに取り組んだのである。第三点目の提言は、日本の文部省の統制力を弱め、

行政の分権化を図ることであった。第四点目の提言は、私立学校の保護と、淘汰を避けながらも競争と指導を維持するための昇格制度であった[9]。これらに加えて、言語改革についても検討し、異なる分野で活躍する多くの日本人を調査・研究し、高等教育における日本語の抜本的改革を提言した。

　米国使節団は、これまでの改革の基礎を踏まえて高水準の高等教育機関新設に関して、次のような機関設置を提案してきたのである[10]。(1) 各新設教育機関の目的、財源、教授陣、施設の必要性などを検討する有能な教育者による政府機関、(2) 知識と人材の交流によって教育研究活動を向上させる高等教育機関の協会。

　米国使節団は、高等教育におけるカリキュラム改革も提案している。日本の高等教育機関の大部分は、一般教養を学ぶ機会が少なく、専門化が早すぎ、狭すぎ、職業や専門性に重点を置きすぎている。自由な思想の背景として、幅広い人文主義的態度が提供されるべきであり、職業訓練のためのより広い基盤が必要である[11]。

　報告書の高等教育の章の最後のセクションは、「国際関係の奨励とミッションの目的の要約」について述べている。大学その他の高等教育機関は、日本国民が世界の他の諸国民と有益な協力関係を築けるようにするための一翼を担っている[12]。

　米国使節団は、日本の新しい高等教育機関が、世界史、国際連合機構、国際関係に関する学習や講義をすべての学生が受けられるようにすべきだと主張している。したがって、日本の学者、教師、その他の専門職は、あらゆる分野の研究、調査、視察のために海外に出るよう組織されるべきであると述べていることは注目に値する。

　マッカーサー元帥の進駐軍の感想として、日本人は服従するように訓練された国民でありながら、政治教育も政治への民主的参加の伝統もない国民に直面しているが、日本人は今、平和と世界協調を目標に、新たな戦いに向かっている。ＣＩ＆Ｅセクションは、有能で献身的な官僚機構を受け継いだ日本の文部省の援助を受けて、高等教育の改革に着手している。実際、文部省はＣＩ＆Ｅが設立される前に、すでに独自のプログラムを改革していたのであると、日本側の

第 1 章　大学発展過程 ―黎明期から成長期へ―　　31

姿勢を評価し、改革が順調であることを示唆している。

　GHQから評価された官僚機構は当時としては非常に効率的であったが、占領軍と日本の学者たちは、文部省の教育改革システムに対する統制を無力化する意図があった。もちろん文部省は、日本の教育制度の地方分権に明確に反対していた。現在、多くの学者が、日本における「学問の自由」という純粋な要求は、1945年から1947年にかけてなされ、支持されたものであったが、残念ながらこの数年後に占領政策の転換が本格的に始まったと述懐している。

　米国教育使節団の報告書が最高司令官に提出されており、そこには教育過程への理解、民主的な学校制度と民主的な生活様式を作り上げる日本国民自身の能力への信頼、そして征服者の面影をすべてそぎ落とした大らかな精神が込められていた[13]。

　米国使節団とCI＆Eによる日本における成人教育プロジェクトは、地域の指導者と成人教育機関の開発を目的としていた。各都道府県の担当官は、日本人と直接接触可能な占領軍の重要な位置付けであった。京都の元市民教育担当官、ロナルド・S・アンダーソンは「各チームには、法律・行政、経済・労働、公衆衛生、公共福祉、市民情報、市民教育の6つの専門セクションがあった。これらの会合や講座目的は、国民に改革の利点を示すことであった[14]」と述べている。

　講座開催の場所は通常、仏教寺院、市民公会堂、地元の小中学校が選ばれた。講座の反応の一例を紹介する[15]。滋賀県の農村に集まった165人の受講者たちのアンケートの回答内容は興味深い。

1. Q. 現在の成人教育講座をどう評価しますか？
   A. 良い－152人、悪い－5人、どちらともいえない－8人
2. Q. この講座を続けたいと思いますか？
   A. はい－128人、いいえ－20人、無回答－17人
3. Q. 講座の内容についてどう思いますか？
   A. 理解できた－103人、難しかった－32人、中程度－30人

1947（昭和22）年から、2〜4日間の成人教育講座が約100地域で開催された。

これには婦人会、青少年団体、PTA、宗教団体、労働組合の代表者など10万人以上の指導者が参加した。1947年にはCI＆E役員も参加したが、1948年には日本人により多くの責任が与えられるようになり、1949（昭和24）年には文部省と地方教育委員会が全責任を負うようになった。1949年6月には社会教育法が公布され、社会教育局が成人教育の民主的プログラムを担当することになる。日本の高等教育機関はエクステンション・コースを開講し、15,210人の学校外の若者や成人が受講した。東京大学が社会教育講座を開設している[16]。

## 2) 新しい教育の目的

　1946年8月に教育刷新委員会（49年から審議会）は文部省の管轄を超えた内閣直属の諮問機関となる。大規模な教育制度の改革を目指し、日本の教育改革政策の主要な情報源となった。CI＆E、日本教育改革会議、文部省は法律を起草し、国会に提出した。1946年11月、憲法第23条「学問の自由」が保障された。憲法の教育保障が取り上げられたため、1947年3月31日に教育基本法が制定された。その第2条から教育の理念の文章を引用する[17]。

　　　教育の目的は、あらゆる機会に、あらゆる場所において実現されなければならない。この目的を達成するためには、学問の自由を尊重し、実際生活に即し、自発的精神を養い、自他の敬愛と協力によって、文化の創造と発展に貢献するように努めなければならない。

　この教育理念は、帝国法とは対照的に、民主主義的な理念を強く打ち出した注目すべき文書である。学校教育法も1947年3月に成立した。6-3-3-4制の学校制度が確立され、基本的に米国の多くの地域の制度と類似していた。

　新しい高等教育制度は、すべての高等教育機関を4年制大学とし、高等学校の直上に設置した。唯一の例外は、2年制の新しい高等教育機関である短期大学であった。この新教育制度は占領中に計画され、米国側の推薦を受けたものである。しかし、重要なことは、それが日本側によって実際に実用化されたことである。新しい大学制度は1949（昭和24）年にスタートした。各都道府県は

少なくとも1国立大学を持たなければならなかった。旧制の師範学校は、教員養成学部として大学に組み込まれた[18]。

### 3) 文部省の地方分権

文部省が発表した新教育制度は、学校行政の分権化であった。米国教育使節団は中央集権体制の危険性を指摘していたが、実は日本もその経験を持っていた。高度に中央集権化された教育制度は、たとえ超国家主義や軍国主義の網に引っかからなくても、凝り固まった官僚主義に伴う弊害によって危険にさらされる。地方分権が必要なのは、教師が指導のもとで統制されることなく、専門的に成長できるようにするためである[19]。

文部省の新提案では、「教育委員会」を設置し、その委員は市民によって選出され、市民に直接責任を負うべきである。そして1948年に教育委員会法が制定され、さらに1949年には文部省設置法が制定された。実のところ、文部省の役人たちは典型的な官僚であり、遅延、カモフラージュ、牽制など、あらゆる場面で権力を行使することを認識していた。官僚たちは、中央集権的な権威を失いたくはなかったようだが、残念ながら当時は信頼されていなかったと推察できる。彼らはさらに、連合国間で政策を決定する際に多くの対立があることも熟知していたが、最大限に利用し協力することで広報上の信用を得る方法を選択した。日本の教育者を含むリベラルな日本人は、永続的で根本的な改革を心から望んでいたことから、この教育改革が民主化につながると期待し、産業界や政府の利益を無視した。

日本の歴史上、この改革以前に2つの大きな教育改革があった。一つは1890（明治23）年の明治時代、もう一つは連合国による占領下で、第1次米国教育使節団の勧告に基づいて行われたものである。

## II. 大学基準の制定

### 1) 米国教育使節団の基準

1946年2月に日本側の教育再検討委員会が組織され、米国教育使節団の来日

に先立ち、高等教育制度を検討し、改革計画を立てるよう要請されていた。再検討委員会は「中学校以上のレベルには、4年制または5年制の大学を設置することができる。すべての大学は、高等中学校を卒業した志願者すべてに開放されるべきである」[20]と提言している。

旧制度の高等学校と高等専門学校が廃止され、大学制度に吸収されたことである。第1次米国教育使節団の報告書は、旧制高等学校の教育内容を高く評価したことから、使節団は高等教育の再編成の原則を次のように整理している[21]。「1.日本の高等教育の過去の限界　2.公立と私立　3.高等教育の構造　4.水準の向上　5.個人（教員と学生）の地位　6.機会の多様性　7.大学のカリキュラム　8.研究　9.技術・専門教育　10.大学図書館　11.エクステンション教育　12.国際教育」

米国使節団は、高等教育は社会の最も重要な制度として形成されるべきであり、平等な関心、高等教育の発展、国民の機会均等、地方分権、これらすべてが高等教育の原則であると主張している。しかし、帝国大学、公立大学、私立大学、旧制高等学校、専門学校、大学院といった旧制高等教育の改革方法については、使節団報告は明確に示していない。興味深い点は、1946年9月の訪独団報告が、学問の自由についての理想や提案には一切触れず、むしろドイツの高等教育の再生とカリキュラムの改革を主要な提案として求めていることである。もう一つの興味深い点は、米国使節団報告書も日本国憲法も、教員の自由については言及しているが、「学生の自由」についてはまったく言及していないことである。

## 2) 大学憲章

次の大きなステップは、大学の基準と設置手続きに関するものであった。1946年11月、代表的な国公私立大学10校からなる「大学設置基準制定審議会」が設置された。その後、1947年に大学設置基準が正式に制定された。大学基準協会が正式に設立され、旧制大学46校、国立17校、公立2校、私立27校の4年制大学が加盟し、日本アクレディテーション協会が組織された[22]。

同協会は、次のような目的・目標を掲げた[23]。

1. 最高学府としての大学の役割の重要性に鑑み、その施設及び課程が十分に機能するための一定の基準を定め、これをその設置及び改善の基準とすることが重要である。
2. 教育機関の測定と評価は、その教育機関が掲げる目的、その教育機関が果たすべき目的、および高等教育機関としての完全性という観点から行われなければならない。

また、CI＆Eと米国は、文部省から独立した大学アクレディテーション協会の設立を提案し、1947年7月に設立総会が開かれた[24]。大学基準協会には大きく分けて2つあり、1）4年制の大学基準協会（国立大学基準協会、公立大学基準協会、私立大学基準協会、通信制大学基準協会）、2）2年制の大学基準協会（公立2年制大学認証評価協会、私立2年制大学認証評価協会等の2年制大学認証評価。

大学の設置認可は、文部省に申請し、大学基準認可協会に諮問され、大学設置基準に基づいて審査・評価される。この協会では、委員45名のうち2分の1程度を大学基準協会が推薦するものとされた[25]。しかし、大学基準認可協会は、1956（昭和31）年の文部省令第28号により、暫定措置としての権限を失った。

実際に高等教育機関を認可する文部省と、決定を下す大学設置審議会は意見が衝突する関係であった。米国政府代表部やCI＆Eは、高等教育機関に対するいかなる統制も避けるべきだと述べた。しかし、文部省は大学設置審議会の決定に従って認可するのが通例であった。

学校教育法は1947年に制定されたが、最も難しかったのは大学設置基準の制定であった。基本的に、大学、高等学校、専門学校の旧制度のため、新しい高等教育制度を開始する際に大きな混乱は避けられなかった。

## 3）国立大学の組織

1948（昭和23）年、12大学が4月に新制教育機関としてスタートする準備ができたと発表した。文部省と大学基準協会（U. A. A.）は、1949（昭和24）年に新しい高等教育制度を開始する予定であった。その12大学はすべて私立で、うち6校はキリスト教の学校、5校は女子校だった。この行動は、CI＆Eの改

革活動がミッション系や女子教育機関に好意的であったことを示す典型的な証左であった[26]。

　大学組織における第二の困難は、教員養成制度であった。教育刷新委員会はすでに、かつての師範学校は4年制の教育機関で行うべきだと提案していた。最終的な結論は、教員は単科大学または複数学部の大学で養成されるべきであるというものであった。国立大学における教養教育は、大都市と各都道府県に設置され、その多くは旧制師範学校や青年師範学校であった。

　また、CI＆Eは、新しい高等教育システムのためのその他の原則を次のように提示した。人文科学、社会科学、文学、自然科学は、「リベラルアーツ」という1学科にまとめられるべきであるとし、医学、法学、工学、歯学、教育学、薬学などの特殊な学科は独自の学科を持つべきである。この方針によれば、CI＆Eは大学を統合機関として設立するつもりはなく、複合機関として設立するつもりであった。CI＆Eがいつこの方針を打ち出したのか、記録はない。しかし、日本の文部省は1948年6月、高等教育機関の新制度に関する原則を発表した。この国立大学の原則は、GHQの内部統制本部が要求した全体計画を設計したものであった[27]。

1. 各都道府県に1つの国立大学（いくつかの例外あり）。
2. 学部（学科）または分校は他府県に及ばない。
3. 各都道府県に教養・教育の学部・学科を設置する。
4. 国立大学は、当分の間、現に存するものを基礎として組織するが、その充実を図るものとする。
5. 国立女子大学は、東日本と西日本にそれぞれ設置する。
6. 義務教育（小・中学校）の教員養成のために、2年または3年のカリキュラムを編成してもよい。
7. 公立学校は国立大学の一部となるべきである。（議論を要する）
8. 国立大学の名称は、原則として都道府県の名称とするが、他の名称を用いることもできる。
9. 国立大学の学部は、各学校から推薦されたものの中から、大学設置委員会の調査を経て決定する。

10. 国立大学は、第1学年からスタートする。

　1949年5月に発足した新制国立大学は69校であった。短期大学の設置については、教育刷新審議会（委員会から名称変更）およびCI＆Eの勧告がなされていた。この懸念に関するもう一つの困難な問題は、旧制高等教育機関のほとんどが新制大学になることを申請したことであった。しかしながら、1949年以前にCI＆Eによって新制大学への移行が承認されたのは12校であった。

### 4) 短期大学

　1950（昭和25）年4月、短期大学制度が発足した。これらの短期大学は、家庭科、音楽、看護、文学などのコースを女性に提供した。この種の教育は、かつての女子専門学校と同様であった。ウォルター・C・イールズはCI＆Eの顧問であり、米国の短期大学の研究者としてキャリアを築いていた。 "Why junior colleges terminal education？"（なぜ短期大学は終身教育なのか？）米国短期大学協会（American Association of Junior College）から発表されたこの論文は、以下のようにまとめられている[28]。

　1）コミュニティのための教育機関である、

　2）青少年のための終身教育、

　3）完全な一般教育と準専門教育、

　4）米国の民主主義を継承し、その建設に貢献する。

　イールズは日本の短期大学の設立に大きな影響を与え、1949年当時、600近くあった中等教育機関の中には、戦前の弱小高等専門学校であり、日本大学基準協会の4年制大学の最低基準を満たしていないものもあった。

## Ⅲ. 新制高等教育の開始

　1949（昭和24）年、前年に開学していた12校を含む180校の高等教育機関が新制高等教育機関として開学した。国立大学は、高等学校、専門学校、師範学校を統合し、「タコ足大学」と呼ばれた。この制度では、それぞれの学校は異なる性格、伝統、目的を持っており、新制度の教育機関の学部や学科として設

置された。すべての都道府県の旧制師範学校と青年師範学校は、教養学部か教育学部に昇格した。旧制大学のほとんどは女子の入学を認めていなかったが、新制国立大学は教育基本法に従って男女共学となった。

CI＆Eは当初、高等教育の地方分権を強調するつもりであったが、この方針はいくつかの理由で変更された。1）高等教育制度は国益のために設立されたものであるため、地方公共団体とは無関係であり、教育委員会の管轄下にはない。2）国立の高等教育機関が政治的利益の支配下に置かれる可能性がある。3）地方自治体が必要な教育資金を提供できない。

旧制高等学校、専門学校、師範学校の教員は新制大学で教える資格と能力を備えているか否かがチェックされた。大学設置委員会は水準を維持する目的で、教授志願者の資格確認に努めた。1949年に日本で初めて教育職員免許法が制定され、国公立学校および各種中等教育学校の教員を認定する権限は文部省にあったが、国公立学校の教育職員は都道府県教育委員会、私立学校の教育職員は都道府県知事が認定することになる。この法律では、認可された70の国立大学のうち51の大学で教員養成が行われ、各都道府県に少なくとも1つの国立大学があり、この51の大学で4年制の教員養成課程が行われることになる。第一のタイプは、25の複数学部を擁する大学で、特に教育人材の育成と向上に重要な役割を果たしてきた旧帝国大学であった[29]。

第二のタイプの教員養成機関は、教養学部と教育学部を持つ19の大学に見られた。また、旧制の師範学校や旧制の高等学校も統合され、学部として共有されていた[30]。

いくつかの私立機関や公的機関が教育学部や教育学科を設立し、資格取得のための訓練を行っていた。これらは文部省によって認可され、最終的には大学基準協会によって認定されることが期待されていた[31]。

## 1. 第2次米国教育使節団改革期（1945-51年）

1950（昭和25）年8月27日、第2次米国教育使節団が来日した。1946年の第1次使節団に参加した5人のメンバーで構成された。ウィラード・E・グライブネス議長がマッカーサー元帥に提出した報告書は、日本の民主的教育改革が過去

5年間に達成されたことを述べている。また、1946年の第1次米国教育使節団以降、高等教育においてどのような変化があったかに留意している[32]。その報告書は、日本の高等教育の現状について以下のように4つの問題を提起している[33]。

1. 日本にはどれだけの教育が必要か。
2. 日本にはどのような高等教育が必要か。
3. 日本で最も効率的に組織され、指導される高等教育の数は。
4. 日本に必要な高等教育を提供する余裕はあるのか。

日本側は米国教育使節団とこれらの問題について議論し、日本側からの意見として、「現在までに220の高等教育機関が設立されているが、有能な教員と適切な施設がまだ圧倒的に不足している」というものであった。米国教育使節団は、日本の経済、社会、政治、さらには精神的な向上という新しいシステムのためには、日本にはもっと多くの教育機関が必要だと述べている[34]。惜しむらくは、この使節団は研究、一般教育、職業教育、学問の自由に関する重要な問題には触れていない。この報告書の文体は修辞的で平凡なものであり、改革の提案は基本的に米国的なものであった。

1951（昭和26）年9月、CI＆Eスタッフの専門家たちは、日本の高等教育改革のための勧告を発表した。32の勧告が採択され、高等教育機関および日本の高等教育関係機関に配布された。しかし、これらの勧告は、日本の教育当局に対する指令として与えられたものではなかった。これらの提言は、CI＆EのW. C. イールズ博士によって書かれた8つの部分から構成されていた[35]。

「1.大学の組織と管理　2.一般的な管理責任　3.教育上の必要性　4.大学の建物と敷地　5.人的要因　6.学生支援　7.図書館の利用　8.教育方法と組織」

大学の組織と管理に関しては、日本人はあらゆる方法で促進するため、次のように奨励された[36]。「一般市民と専門家の両方による高等教育の最大限の地域的管理の関連で、英国の大学助成委員会（University Grants Commission of Great Britain）の機能と英国教育省（Ministry of Education）との関係を検討することは有益であろう。」

教育ニーズのセクションでは、以下のような提言がなされた[37]。

1）日本のすべての主要な専門職および準専門職分野における卒業生の年間需要見込みについて、全国的および地域的な継続的調査を実施または促進する。2）小学校教員の緊急需要を満たすこと、公立学校教員養成のための2年制コースを設置すること、3）準専門職コース（通常2年間）を設置し、普及させること、4）若い女性による高等教育施設の利用を奨励すること、であった。

　一般的な管理責任の第9条には、「大学の自由と自治に関する一般に受け入れられている概念に合致するあらゆる方法によって、共産主義その他の全体主義的な影響を大学職員および学生団体から排除するよう奨励すること」とあった。これらの勧告は、日本の教育改革に関するCI＆Eの基本方針の集大成であった。翌1952（昭和27）年に占領は終了した。

## 2.　占領政策の転換とレッド・パージ

　ロシアと米国の敵対関係が強まるにつれて、SCAPの職員は、かつての敵国としてではなく、同盟国として日本とより緊密に協力するようになった。1949年の共産党による中国占領と1950年の朝鮮戦争の成功を通じて、この変化による政治的立場は、日本の高等教育の分野、特に大学の管理と権限の分野に強い影響を残した。社会主義や共産主義に対する米国の反発の高まりは、日本の高等教育を急激に逆転させた。

　最も明白な変化の兆候は、SCAPの高等教育顧問であったウォーター・C・イールズのスピーチに現れている。彼の最初の演説は、1949年7月14日の新潟大学の開学式で行われた。イールズ博士は、「共産党員である学部は党に統制されており、自由であるはずがないと主張した。自由の権利を維持するために、それらの教授たちはその地位を剥奪されるべきだ」と主張した[38]。

　反共産主義運動は、第2次米国教育使節団の来日によっても明らかになった。「この第2次使節団の唯一の目的は、最初の報告書の進歩的な推進力を弱め、高等教育で主張されつつあるますます保守的な政策に正当性を与えることであったようだ」[39]。

1950年7月から11月にかけて（米国のマッカーシー時代）、いわゆるレッド・パージが実施され、日本社会全般、さらには高等教育の分野にまで影響が及んだ。多くの教授会は、保守的な政府と文部省、そして米国の左翼反対派に公然と敵意を示していた[40]。

　マルクス主義の学生で構成された全日本学生自治会総連合（全学連）は、米国の立場に激しい抵抗運（活）動に入る。学問の自由の擁護は、1948年の設立当初の目的の一つであったことから、学生や教職員の政治的権利に関する学友会（学生による学内自治組織）の具体的な見解は以下の通りである[41]。

- ・キャンパス内での学生の政治活動や政党組織に対する政府の制限に反対。
- ・政治活動を行う学生団体が政府に登録しなければならないという義務に反対。
- ・全学連の政治的分類に反対。
- ・ストライキやデモに参加した学生の逮捕や懲戒処分に反対。
- ・共産主義者の教授や教師の粛清に反対し、大学や学校が共産主義の温床であると主張した米国代表（ウォルター・イールズ博士）に反対。
- ・キャンパスでの警察のスパイ活動に反対。

　占領軍当局は明らかにこのような動きに警鐘を鳴らし、この高まりつつある反米運動に対抗するための措置を講じた。1950年7月、米国と日本の当局は共同で、国内の大学から共産主義者と教師を「レッド・パージ」を開始する。高等教育における民主主義の原則と学問の自由の憲法上の保障を支持する多くの教授会が開かれた。この粛清の最中、全学連は1950年9月、大学における「レッド・パージ」運動に対する激しい抗議を開始し、10月には東京大学で大規模なデモが行われ、戦後の教育史上初めて警察が学内の秩序を回復するために出動した。

　この「レッド・パージ」の期間中（1949～50年）、日本の学者、研究者、学生の多くは、この反共政策を高等教育における学問の自由に対する脅威とみなした。憲法の保障が占領軍から高等教育への最も貴重な贈り物であることを認識していたことから、それがもはや維持できないことに恐怖を抱いた。この粛清は、戦後日本の高等教育機関における学問の自由に対する最初の深刻な脅威と

なり、占領終了後も大きな影響を与え続けた。米国によって行われた「学問の自由」に対する「逆コース」と見なされ、この動向は明らかに学問の自由を侵害するものであり、多くの教育者にとって憂慮すべき課題となった。1951（昭和26）年9月8日、サンフランシスコで日米講和条約が調印された。

## 3. 高等教育の発展

　第二次世界大戦前、日本の大学制度はエリート主義で、ドイツの影響を受けた学問・研究・専門化の伝統を誇る非常に強いヒエラルキーを持っていた。一般教育は旧制高等学校において学習／修すべきであると考えられていた。第二次世界大戦後の新制高等教育制度は、管理運営、教授陣、カリキュラム、大学院教育、短期大学、女子教育、夜間学校、通信教育などを発展的に再編成する。

### 1) 大学の管理運営

　大学の管理運営に関する法的規制はなく、各高等教育機関は独自の慣習や慣行を実践していた。第1次米国教育使節団から民主化の原則以外、新しい高等教育システムをいかように組織し、管理するかについての具体的記述はなかった。CI＆Eは早い時期に行政法を推奨し、高等教育機関のガバナンスの主要なポイントは、地方分権と理事会制度確立であった。文部省、教育改革委員会、国立大学長会議は、国立大学の設置、組織、職員、中央審議会、行政官、財政計画に関する暫定案を作成し、1949年に大学行政法案を起草した。CI＆EのA. K. ルーミスは、1949年3月21日に「国立大学法に盛り込むべき事項」を執筆し、以下ように提言している[42]。

　　1）国立大学は国民と学部の代表によって管理されるべきである。
　　2）国立高等教育委員会を設置する。
　　3）直属の統治機関として教授会または評議員会とする。

　この草案は国公立大学の運営に関する2法案にまとめられ、1951年に国会に提出されたが、国会承認を得ることはできなかった。これらの法案は実に高い評価に値するものであったが。大学関係者や学者の支持は次第に縮小してしまう。1953（昭和28）年、これらの大学運営法案は、国立大学協会の要求もあっ

て、国立大学の評議員会の役割に関する暫定的な措置を設けることになった[43]。

　私立学校法は1949年に制定され、私立高等教育機関の自治を尊重している。この法律の画期的な特徴の一つは寄附金制度を廃止し、大学が営利を目的とする教育機関を営むことを認めたことである。ただし、重要事項を行使する場合には、私立大学審議会に諮ることとされた。私立学校法の原案では、中央政府は違法な施設やカリキュラムの変更を管理する権利を持っていたが、これは私立学校と占領当局の指示によるものであった[44]。

　新法は、設立者を司法関係者とし、評議員会をより公的な組織とするなど、民間法人よりも公的な権限を与えることで私立学校の公共性を促進した。これにより、教授や卒業生などの意見が反映されるようになった。私立学校の秩序維持と発展は、社会的良識のみに委ねられることになる。例えば、授業料の値上げや学生の過剰入学などに関しては、中央政府の手に負えない部分が多い。しかし、1955（昭和30）年、中央教育審議会（1952年に教育刷新審議会の後継審議会として設置された）は文部省から諮問されていた「私立学校教育の振興に関する答申」を提出した。

　1952年当時、私立学校は校舎の修繕や建て替えに多額の費用がかかるため、教職員の給与は国公立の教育機関に比べて2～3割程度低かった。私立学校振興会が設立され、長期・低利の融資が行われるようになった。また、1953年には私立学校教職員共済組合法が成立した。これらの私学にとって重要な新法は、財政難にあえぐ多くの私立大学や短期大学に新たな息吹を与えた[45]。

## 2）高等教育（大学）のカリキュラム

　日本の高等教育は、19世紀半ばからドイツの大学の影響を受けてきた。太平洋戦争終結後、新しい高等教育制度として一般教養教育が登場した。コース制に代わって単位制が導入され、学生はより自由に科目を選択できるようになった。授業は、講義、演習、セミナー、実験、演習、実習などの形式で行われる。1コースの1単位は、授業内外で45時間の学習が必要であると規定された[46]。

　大学設置基準では、一般教養で40単位、専門科目で80単位、体育で4単位、合計124単位を取得することになった。理系の学生も同じで、一般教養36単位、

専門科目84単位であった[47]。

1950年には、全学生の卒業要件が統一され、一般教養36単位以上（3つのカテゴリーから各4単位ずつ3科目）、外国語8単位以上、体育4単位以上、専門84単位以上（後に76単位に変更）となった。卒業論文の要件は、後に原則として廃止された[48]。理系における学科制の伝統を受け継ぐ多くの学者や教授は、この提案に異議を唱え、これらの単位を学生の学問的専門性に適用することを望んだのである。さらに、一般教育におけるプログラム内容は、教授陣の未熟さが暴露されたため、期待通りに発展することは困難であった。また、ドイツの伝統から、専門的な職業研究を始めることを急ぐ学生にも極めて不評であった。

一般教養科目は、1945年まで旧制高等学校や準備教育機関（大学予科）にて教授されていたことから、第1次米国教育使節団が提案するまでは一般教養を大学レベルで学ばせようという考えはなかった。専門分野の教授たちの多くは、不幸にも一般教養を教える準備ができていなかったどころか、その目的さえも理解できなかった。日本の文化や人文主義教育とは何かという基本的な問題に対する解答は提示されなかったことが、以後のカリキュラム編成や教育職の職域・職場内における混乱の要因であったことは確かである。

人文科学、社会科学、自然科学の3部門にそれぞれ1つずつ、米国人コンサルタントの指導のもと、3つの小委員会を持つ一般教育委員会が大学基準協会によって設置された。一般教養の概念は、日本全国に広く知られるようになり、大学は最低基準を実施することになる[49]。コース科目は以下のように設置された[50]。

- 人文科学：哲学、倫理学、心理学、社会学、宗教学、教育学、歴史学、地理学、人類学、文学、外国語.
- 社会科学：法学、政治学、経済学、心理学、人類学、教育学、歴史学、社会学、統計学、家政学.
- 自然科学：数学、統計学、物理学、天文学、化学、地質学、生物学、心理学、人類学.

どの大学も、その専門が何であれ、一般教養として15以上の科目提供が義務化された。しかしながら、1956（昭和31）年、文部省は、大学は一般教養科

目の中から、専門分野に関連する必要な基礎科目の一部を提供することができるとした。一部の大学では、一般教養の最低科目数が15科目から12科目に引き下げられた。

## 3) 学部

　日本で最も影響力のある専門教育団体は、1946年9月に組織された日本大学教授協会である。この団体の目的は、"会員相互の協力によって学問と教育の水準を高め、大学教授の自治を保障し、その地位と思想を高めること" であった。この組織は、米国大学教授協会（AAUP、1915年）の影響を受けていた。同協会は1949年10月22日、教授の学問の自由と地位について以下の声明を発表した[51]。

> 研究の自由と研究成果の発表は、いかなる状況においても、あらゆる政党のイデオロギーから完全に独立している。それがこの協会の本質的な目的である。それはまた、真の学問の自由である世界の大学の伝統でもある。私たちはこの伝統に従い、それが私たちの基本的使命であると信じています。新憲法は、すべての教授に理論、イデオロギー、信念を保持する権利を保障している。合法化されつつある政党に参加する市民としての教授たちは、そのような単純な理由で辞職を余儀なくされる。

　1947年の会員数は2,300人を超え、1952年には国公私立92大学から5,200人が加盟した。協会には7つの支部があった。1951年、協会は国際大学教授連盟に加盟した。しかしながら、日本の国立高等教育機関の多くは、教授1名、助教授1名、助手1名以上からなる講座制をとっていた。これは教員組織の単位であるだけでなく、予算編成などにおいても重要な要素であった。講座の持ち主は、自分のスタッフ単位をほぼ完全に支配していた。このような状況は、学問の自由、勉学、研究にとって好ましくないものであった。チェア制度（講座制）は、日本の伝統的な権力ピラミッドの原型であった。ドナルド・キーン（DonaldKeene）は、政府系教育機関の学長制度について次のように述べている[52]。

大学レベルの若い教師は、主任教授（講座の持ち主）の「弟子」にならなければならない。任命や昇進はその教授のおかげであり、教授の機嫌をとるために多くの時間を費やさなければならない。大学での活動だけでなく、私生活も教授に合うように調整し、規制するよう教授に依頼することをお勧めする。

　東京と京都の名門大学は、自分たちの卒業生を教員として採用した。他大学との教授交換は前代未聞であり、東京大学は今でも外国人教授を常勤（終身在職）で雇用することに反対している。戦後の新しい国立大学では、助教授の40〜50パーセントが各大学の卒業生だった。東京と京都は私立大学出身の教授を採用しなかった。ちなみに、大学教授というクラスは、日本の職業集団の中で3番目に権威がある[53]。

## 4）大学院教育

　大学院教育は、第一次世界大戦前にはあまり発達していなかった。名目上は存在したが、決まったプログラムがあるわけではなく、学位候補者の在籍期間もなかった。戦前の大学院生数は、1920（大正9）年が525人、1930（昭和5）年が1,851人、1940（昭和15）年が1,292人であった[54]。しかし、駐日米国専門コンサルタントの報告書は、日本の旧制大学院には次のような特徴があると指摘している[55]。

　1.ドイツ型大学院―高い専門性　2.一人の教授で構成される―閉鎖的な機関である　3.他の機関との交流がない　4.カリキュラムの基準がない　5.実践的な研究がない

　これらの批評は、特に19世紀後半の米国の大学院教育機関のイメージや、米国の大学院教育運動から提起されたものである。大学院の基準は、1949年に大学認証評価協会によって策定された。この新制度では、修士課程に進む学生は2年間在学し、専門分野で30単位以上を修得することが求められた。博士課程の学生は、少なくとも3年間在学し、50単位以上を取得しなければならなかった。しかしながら、50単位の課程内容が曖昧で、特にコースワークも明確な規定がなく、文系の博士学位の取得に大いなる混乱と禍根を残すこと

第1章　大学発展過程 ―黎明期から成長期へ―　47

になる。医学部と歯学部には修士課程はなく、博士課程は4年以上必要であった。新制度が始まった1950年当時の在学者数は、私立4校（立命館大学、関西大学、同志社大学、関西学院大学）での大学院修士課程183人、博士課程6人のみであった。1952年には、23の私立大学院の修士課程に2,610人、博士課程に116人と在籍者が増加する[56] [57]。

## 5) 短期大学

　1949年10月、短期大学として認可を申請した186校のうち、149校が独立校または大学付属校であった（私立132校、公立17校）。これらの教育機関は、1950年4月の学年度開始と同時にプログラムを開始することができた。1951年には、国立4校、公立7校、私立19校の合計30校が認可された。解決しなければならない問題（管理面、物理面、カリキュラム面、財政面）は非常に多かった。

　当初、短期大学の枠組みにおける地位は、いくつかの理由から微妙なものであった。1）占領軍が、短期大学を旧来の狭い高等専門学校の復活として不認可とし、当初の改革体制に含めなかったこと、2）短期大学を認可する法律は、高等教育機関として「一時的」な地位しか認めなかったこと、3）短期大学という名称は権威が低かったこと、などである。[58]

　CI＆Eの勧告では、第14条で「大学が、農業、商業、主婦業、技術、および類似の分野における確立された4年制のコースに加えて、セミプロフェッショナルコース（通常2年間）を設置し、普及させるよう奨励すること」、第15条で「大学または短期大学にかかわらず、セミプロフェッショナルレベルの2年制コースの十分な修了を、適切な学歴の認定と普及によって承認し、名声を与えること」を勧告している。

　産業界や実業界が、学生をその企業で働くための実践的な訓練を受けさせたいと考えたことが、短期大学の発展を大きく促した。新しい短期大学の貢献は、やがて日本経済とりわけ社会一般に実感されるようになる一方で、高等教育における短期大学の位置付けは、当初は非常に微妙なものであった。認可法が短期大学に「臨時」の地位を与えただけであり、「短期大学」という名称の威信も低かったからである。また、短期大学教育における終身教育か編入教育か、一

般教育か専門教育か、準専門教育か予備教育かといった長年の懸案が、日本の学界を二分し続けることになる。学校教育法では4年制大学への編入が認められていたが、2年制大学のカリキュラムは大学とは異なるため、学生は厳しい編入試験を受けなければならなかった。大半の学生は、当然のことながら、これは大変な障害であり、進学をあきらめざるを得なかった。

1950（昭和25）年には13,839人だった入学者数は、1952（昭和27）年には51,463人と、2年間で4倍に増えた。この間、女子は5,617人から23,464人に、男子は8,222人から27,999人に急増した。男子学生の90％以上が、理学、工学、農学、法学、商学、経済学の分野の国立短期大学に在籍していた。私立大学では、学生の75パーセントが女性で、そのうち43.2パーセントが家政学部であった。文学部の学生は全体の21％だった。カリキュラムは、学生に62単位の履修を義務付けており、そのうち20単位は一般教養であった。占領末期までに205の短期大学が設立され、短期大学を再検討する運動が起こった[59]。

## 6) 女子教育

日本の女子高等教育の歴史は、1890（明治23）年に女子師範学校の教員を養成する国立女子高等師範学校が設立されたことに始まる。1908（明治41）年には奈良女子高等師範学校が設立された。その後、戦前には私立や公立の女子専門学校が次々と設立された。初期の女子高等教育は、西洋の新しい理想とキリスト教の影響を受けた私立の教育機関で大きく発展した。これらの私立専門学校は、専門的・技術的な教育を施すことによって、女性が社会の一員として活躍できるよう育成することを目的としていた。

戦後、教育改革における最も大きな変化の一つは、男女共学の確立であった。1947年教育基本法第5条で「男女は、互いに敬愛し、協力しなければならない。従って、教育においては、男女共学を認めなければならない」[60]。特に短期大学制度は、女性の高等教育に重要な役割を果たした。

1946年には、国立大学に約4,000人（全体の9％）が入学し、高等教育機関全体では8,000人（全体の6％以上）が入学した。この割合は、日本の大学や短大で増加し続けた。大学では、全女子学生の中で教育学を選択した学生の割合が

第1章　大学発展過程 —黎明期から成長期へ—　　49

最も高く、次いで人文科学、家政学の順であった。短大では、家庭科が女子学生の大半を占め、人文科学がそれに続いた。これらの科目は専門学校時代から伝統的に女性に人気があった。ちなみに、この数字は占領期が終わった後も変わらなかった。

1946年10月、日本女子大学協会が設立された。大学基準委員会は、1）宿舎は女子学生に適したものでなければならない、2）女子学生の教育的、個人的、職業的指導のための規定がなければならないと定めた[61]。

同協会は、女性の大学進学を奨励しようとしていた。1949年、同協会は女性のための奨学金を支給した。また、同協会の全米奨学金委員会は、米国女子大学協会（American Association of University Women）の国際研究助成賞の候補者の推薦を担当していた。

## 7）夜間学校と通信教育

1947年学校教育法第5章第54条は、「大学は、夜間に教授する教員を置くことができる」とある。大学の夜間コースは、勤労青少年に民主主義の重要な機会を提供した。自然科学（医学、歯学、薬学、農学、商船学、水産学、体育学）については適切な施設を提供できなかったため、ほとんどの夜間学校課程は、文学、経済学、商業科学、法学などの社会科学や人文科学に限られていた。学校は一般に大都市にあり、夜間学校教育には多くの問題があった。以下のような問題があった[62]。

1. 単位制は勤労学生には重すぎ、授業への出席を維持することさえ難しかった。
2. 教授陣の役割の重さ。
3. 夜間部卒業生の就職差別。日本では伝統的に独自の理念と制度があった。社員は社会人経験のない者を採用したがった。ほとんどの雇用主は、夜間学校の卒業生が一般学生より優秀であり、不利な条件下で成果を上げるという点で、一般の学生より優れていることに気づいていなかった。
4. 非労働者学生は増加した。

大学通信教育は1949年2月、法政大学通信教育協会によって設立され、同年

に法政大学が最初に通信教育を始めた。その後、中央大学、日本女子大学、日本大学、玉川大学の4校の私立大学が通信教育課程を開設した。1950年3月、通信教育は学校教育法により大学教育として認可された。卒業資格を得るためには、一定期間、実際に学校に通い、学内で授業を受けなければならなかった。この学内での学習（スクーリング）は1年間で、少なくとも30単位を取得し、夜間学校や夏期講習に出席しなければならなかった。

　ほとんどの学生は4年間、毎年6週間出席し、残りの単位は、教科書、評論、シラバス、テスト、郵送によるガイダンスなどで学士号を取得した。

## 4. 占領の終結

　1951（昭和26）年9月8日、サンフランシスコで日米講和条約が調印された。また同日、日米安全保障条約も調印された。両条約は1952年4月28日に発効し占領終了となる。この日本占領が、人類史上最も人間的で建設的な軍事力であったことは間違いない。講和条約調印後、日本の文部省は社会主義者から教育政策の見直しはあるのかと質問されたが、岡野清豪文部大臣は「新体制の基本路線は変更しないが、日本の実情に合わない偶発的な点の是正は改革しなければならない」[63]と述べている。この発言は今日の教育界の諸々の論議に通じるものがある。

　政令改正諮問委員会は、1951年11月に「教育制度改革に関する答申」を提出した。この答申は、その後の日本の教育政策の展開に大きな影響を与え、占領軍のもとで教育制度の見直しを望む最初の表明であった。

　日米両政府関係者の合意と理解は常に完全なものであったが、相互の提案を確立することに大きな困難はなかった。民主化という点では、単線型学校体系、新学年制、新制総合大学、短期大学、カリキュラムの変更、女子教育など、占領下の6年間に非常に多くの改革が完了した。教育の民主化の過程で最も顕著な成果は、高度に中央集権的なシステムの濫用を防ぐために、文部省がその権限のほとんどを切り離されたことである。その権限の大半は、都道府県または地方の教育委員会に移譲された。政令改正諮問委員会は、改革の見直しを「わが国の潜在的な国力と国情に適した合理的な教育制度の確立」と提言した[64]。

報告書は、総合大学を3年制の専門職大学と4年制以上の一般大学に大別することを提言した。第一のタイプの大学には、3種類の専門教育機関（農業、工学、経営）と教員養成学校を置くことができる。第二のタイプの教育機関には、学術研究、専門的な科学教育、高等教育教員に重点を置く教育機関が含まれる[65]。

　報告書はまた、学区の廃止、教育委員会の都道府県レベルへの制限、投票による選出の代わりに知事による教育委員会委員の任命、私立教育機関の公立教育委員会の管轄下への配置、教科書の標準化を提唱した[66]。

　これらの勧告は、中央集権化と上からの統制強化となると、新体制理念から大きな後退を意味していた。報告書は、職業訓練か学問か、個人の発達か社会的連帯か、一般教育か専門教育かという教育問題に直面していた。当然ながら、多くの学者や研究者は、この報告書を恐ろしいものだと苦言を呈している。このように、米国占領下の後期、高等教育の民主化を目指した努力の結果、日本の大学における目的と実践は重要な変化を遂げた。しかし、米国軍の撤退が間近に迫る中、日本がこの米国主導の改革運動を継続するのか、それとも、より慣れ親しんだ高等教育へのアプローチに回帰するのかという疑問が生じ始める。新たな教育問題として定期したことは、後のユニバーサル・ステージに向かって議論が継続的に展開されていくことになる。

## 要　約

　米国占領軍の対日目標は、1945（昭和20）年7月26日のポツダム宣言に基づくもので、米国、英国、ソビエト連邦、中国によって宣言された。米国の対日降伏後の初期方針は、1945年9月6日に米国大統領によって承認され、占領軍司令官に伝えられた。連合国軍最高司令官（SCAP）としてのマッカーサー元帥が、占領の全責任を担った。基本的な改革政策の一つは日本の教育であり、高等教育の民主化は復興達成のための重要な手段であった。SCAPの民間情報教育部教育課は、日本の文部省の各主要局が教育課に対応するように組織された。

　教育部門の米国人は、日本政府の担当者に政策を「提案」することで改革に

着手した。

　実際の改革方針の実行は、できるだけ日本人の手に委ねられ、現地では第8軍の民政班が支援した。ほとんどのCI＆E将校は米国の文民教授であり、日本の教育者を視察し、援助する責任を負っていた。これらの指令は、非武装化、教育者の選別、民族主義的イデオロギーの禁止を扱っていた。この改革は、少なくとも公式には日本政府が行ったものであった。ほとんどの日本人学者は「学問の自由」の確立に協力的であった。基本的な指令は、短期間で劇的な成功を収めた。要因として、日本人は民主的な日本の構築に純粋な関心を持っていたことを挙げることができる。更に、文部省の日本側教育家委員会は改革に積極的な教育者たちから構成されていたことも、高等教育の改革を迅速に進めることを可能にした。

　日本の教育政策を開始するための重要な工夫は、米国教育使節団と呼ばれた専門コンサルタントの活用であった。最初の使節団は1946年3月初旬に到着し、9つの主要な教育分野における27人の著名な米国人教育者で構成されていた。米国使節団は日本の旧制度などの伝統的特徴がまだ人々の価値観になっていることを認識すべきで、単に米国の視点から日本人を扱わないようにと主張している。結果的に、使節団は日本の教育のほぼすべての教育レベルに触れた報告書を作成している。

　報告書の最も明確で簡潔な表現の一つは「民主的教育」であり、目的、管理、カリキュラム、教師教育、高等教育の6章から成っていた。第6章の最も重要な点は、高等教育における「学問の自由」の確立であった。研究・教育の自由、自治、地方分権、私立教育機関や女子教育の保護、入学試験の実施など教育制度に関するものであった。米国教育使節団の報告書は勧告の形をとっており、それはおおむね受け入れられ、日米の教育関係者が協力することになった。この提言における成人教育の意味は、地域の指導者を育成することであった。これは1947年にCI＆E担当官によって始められた。1948年までには、日本人教育者により多くの責任が与えられるようになった。そして1949年には、文部省と地方教育委員会が全責任を負うようになった。

　政策は国会で制定された国の法律という形で示されたが、その中で最も重要

なものは、教育基本法（1947年）と学校教育法（1947年）であった。日本国憲法第23条には「学問の自由は、これを保障する」と記されている。これらの新しい法律は、旧帝国憲法とは対照的に、強い民主主義の原則を表明した注目すべき文書であった。文部省が発表した日本の高等教育の新制度には、学校運営の分権化が含まれていた。1948（昭和23）年、市民によって選出された教育委員会は発足し、地域市民に直接責任を持つべきであるとした。実際、文部省は中央集権的な権力を失うことを嫌がっていたようだが、当時、信頼度は高くなかった。

　高等教育の新制度の開始には混乱があった。にもかかわらず、新制度は1949年に正式にスタートした。最大の頭痛の種の一つは、教員養成制度の分野における高等教育の組織化であった。文部省直属諮問委員会である教育刷新委員会は、かつての普通教育機関は4年制大学内に設置されるべきだと主張した。この問題の最終的な結論は、教員は単科大学または複数学部の大学で養成されるべきだというものであった。地方都市の旧制師範学校と青年師範学校は、各都道府県の教養教育機関になるべきであるとも主張している。CI＆Eはまた、人文科学、社会科学、文学、自然科学をリベラルアーツと呼ばれる一つの学部にまとめ、医学、法学、工学、歯学、教育学、薬学はそれぞれの学部を持つべきだと勧告した。最終的に、文部省はCI＆Eの勧告と日本の教育刷新委員会の計画を受け入れた。

　1948年6月、新制高等教育機関の組織に関する原則が承認された。国立教育機関の原則は、以下のとおりである。

1. 少なくとも各都道府県に1校の国立大学を設置する。
2. 学部や分校は他県に進出できない。
3. 各都道府県に一般教育及び教育の学部または学科を設置する。
4. 国立大学は、当分の間、現存するものを基礎として組織するものとするが、改善されるべきである。
5. 国立女子大学は、東日本と西日本にそれぞれ設置する。
6. 国立大学の学部は、大学設置委員会の調査を経て、各学校から推薦された学部から選定する。

1949年5月に発足した新制国立大学は70校であった。新しい高等教育機関にとって解決すべきもう一つの困難な問題は、旧制高等教育機関のほとんどが新制大学になることを希望したことであった。CI＆Eは短期大学制度の設立を勧告していた。1949年当時、約600の高等教育機関が存在していた。戦前の専門学校は小規模で、大学としての最低基準を満たしていなかった。CI＆Eの前顧問であったW.C.イールズ博士は、1950年に日本の短期大学設立に影響を与え、尽力した。この年、149の教育機関が短期大学として認可された。

1949年には、国立70校、公立18校、私立92校の計180校が新制大学として誕生し、これらの大学に学部または学科が設置され、男女共学の方針でスタートとした。

新しい高等教育制度の中で、教員養成機関は教育全体の発展にとって最も重要な改革分野の一つであった。日本で初めて教育職員免許法が制定され、各都道府県の教育委員会は、国公立学校と私立学校のすべての教育職員に証明書を発行する責任を負った。教員養成機関としては、第一に複数学部を擁する大学、第二に文系学部と教育学部を擁する大学があった。第三のタイプは教養学部単科大学である。

1950年8月、第2次米国教育使節団が来日し、調査後の短い報告書はSCAPに提出され、この5年間で著しく民主主義の進歩が達成されたと評価している。第2次使節団は基本的にSCAPの政策と教育原則を再確認し、カリキュラムを絶えず見直す必要があること、民主的な教育制度は必然的にダイナミックであることを強調している。

日本の政治分野に日本共産党（JCP）が再び登場し、学生自治組織は1948年に結成され、日本教職員組合も1947年に設立された。占領軍と日本政府関係者は、教育と政治は切り離して考えることを望んでいた。教育に民主主義の理想を植え付けようと熱心に働いていた初期の米国人の多くは帰国の途につき始める。日本国内の生活などの急速な民主化の可能性は楽観的ではないことも懸念されていた。

1948年までにSCAPとCI＆Eは共産主義と闘う必要性、日本の健全なナショナリズムを育成する必要性、政治的・経済的安定を促進する必要性を感じてい

第1章　大学発展過程 —黎明期から成長期へ—　　55

た。CI＆Eのイールズ博士は、多くの大学のキャンパスライフを支配し、民主主義制度の構築を破壊していると思われた共産主義運動を攻撃することに労力を費やした。1951年、CI＆Eスタッフは日本の高等教育に対する32の提言をまとめた。社会主義や共産主義に対するアメリカの反発の高まりと、この変化によって生まれた政治的立場は、特に大学の管理運営と自治の分野において、日本の高等教育に強い影響を残した。1949年に共産主義中国が誕生し、1950年には朝鮮戦争が勃発したことから、1950年7月から11月にかけて、高等教育機関でレッド・パージが強行された。1950年から1951年にかけて、SCAPの政策としてこのレッド・パージや反共運動に反対して、日本中の多くの教職員や学生が立ち上がった。

　戦前の日本の高等教育は、伝統的なドイツ型の学問−研究−専門性を備えたエリート主義的で強い階層主義的なものであった。第二次世界大戦後、高等教育のガバナンスの主要な改革は、民主的で分権的なシステムであった。1949年、国立の統一ある大学を形成するために、何らかの組織による管理運営の法的根拠が必要であるとし、大学管理法案を起草された。この法案は、国立大学の自治を尊重しつつ、行政に民意を反映させて適正な管理を図ることを目的としている。文部省に国立大学審議会を設立し、各大学学長の諮問機関としての学部長等からなる評議会および教授会による大学管理組織が予定されていた。しかし、1951年国会に国立大学管理法案が提出されたものの、審議未了となり成立をみなかった。その後、法案の一部は、1953年制定の国立大学の評議会に関する暫定措置を定める規則に受け継がれ、1953年にこの法案が国会を通過した。

　私立高等教育は常に自主独立を主張してきたが、戦後は政府の援助なしにはなかなか立ち直れなかった。1946年、教育刷新委員会は私立学校制度の改革を可決し、1947年、私立学校を援助する国家的措置の必要性を満たす計画を立てた。1948年、委員会は公立・私立の地方教育委員会制度の確立を提案した。その中には、管理、法人、非課税に関する記述も含まれていた。1949年、私立学校法が国会を通過し、この法律は私立学校の自主性を尊重するものであった。新法は、設立者を法人とし、評議員会などの民間法人よりも公的責任を負

わせることで、私立学校の公共性を促進した。しかし、1955年、中央教育審議会は、私立学校教育の振興は文部省を通じて行うという規則を定めた。

　高等教育におけるカリキュラムの変更は、一般教育と同様に、高等教育機関の新しい制度に現れた。単位制は、学生に科目選択の自由を与えることになったが、このシステムは完全に米国のシステムであった。一般教養科目は、1945年まで旧制高等学校や大学予科で教えられていた。第1次米国教育使節団の提案以前から、CI＆Eは一般科目を大学レベルに設置する意図はあった。

　また、新しい高等教育制度のもとで教授会の運動も起こり、1946年に日本大学教授協会が組織された。この組織は米国の大学教授協会に倣ったものであった。1947年の会員数は2,300人を超え、1952年には5,200人となった。1951年には国際大学教授連盟に加盟した。日本協会の目的は、学問の自由の維持、相互協力、高等教育機関の地位と理念の向上にあった。しかし、ほとんどの国立機関には講座制（現在でも多くの国立大学法人は維持している）があり、旧帝大を中心とする「講座制」と、戦後に設置された「学科目制」の2種類があった。講座制には学士、修士、博士課程があり、学科目制には学士課程しかなかった。大学院基準は1949年に大学協会によって制定された。新制大学院では、博士課程だけでなく修士課程も設置され、単位制も導入された。最初の新制大学院は1950年に開校した。

　米国の短期大学研究者としてキャリアを積んだCI＆Eのイールズ博士は、日本の2年制短期大学設立の指針となる原則を策定した。日本の短期大学構築への提言は1）地域社会のため、2）末端教育のため、3）一般教育と半専門教育のため、であった。1950年には149の短期大学が設立された。1950年以降、短期大学教育は目覚しい発展を遂げ、高等教育、特に女子教育の拡大に重要な役割を果たした。しかし、学校教育法では、短期大学卒業者の4年制大学への編入学が認められていた。日本の新制度教育以前は、このような編入学はほとんど不可能であった。本来の設置意図として、短期大学は職業教育であるべきで、4年制大学の準備教育機関であってはならない。短期大学の機能はコミュニティ・カレッジの形態であるべきである。短期大学教育についてのCI＆Eの提言は、農業、商業、家政学、技術に関するセミプロの2年制教育機関を設立

し、普及させることであった。

　また、準専門職レベルの2年制課程で適切な学術的（学力）が十分に認められて修了した場合に、正式認定名称を与えることも推奨している。これらの勧告は日本の短期大学設立に最も重要な影響を与えた。

　第二次世界大戦後、高等教育における最も大きな変化の一つは、男女共学の確立であり、高等教育機関への女性入学数が継続的に増加する。もう一つの重要な改善は、夜間コースと通信コースの設置である。

　平和条約は1951（昭和26）年9月8日にサンフランシスコで調印され、占領は1952年4月28日に正式に終了する。早速、岡野文部大臣の声明として、新制教育体制などについて「日本の実情に合わない偶発的な点を是正して改革する必要がある」と占領終了後の課題を提起している。更に、1951年11月、政令改正諮問委員会は「日本の教育制度改革に関する報告書」をまとめた。この答申は、その後の日本の教育政策の展開に影響を与えることになる。この委員会は、改革の見直しを "我が国の国民的潜在力と国情にふさわしい合理的な教育制度の確立" と提言している。

　占領政策が終了して以来、カリキュラムには多くの重要な変更が加えられてきた。新制度が基本的に米国的な性格を持つものであったため、こうした変更の一部は日本の高等教育において必要な傾向であった。しかし、これらの変更が民主主義教育の理想に沿ったものであったかどうかは「疑問」である。道徳教育や精神教育は、占領下の改革全体において暗たんたる思いがあったことも否定できない。しかし、民主的高等教育の基本原則が占領中に現れ、発展したことに疑問の余地はない。占領軍の最重要政策は政治と教育の面で民主化・自由化の改革であり、結果的に日本を独立した民主的な国家に再構築を果たしたことの意味は極めて大きい。


## BIBLIOGRAPHY【引用（参考）文献】

1)　Matsumoto, T. "An address to the U.S. education mission" *School and Society*, August

1946, 64, 73-5.

2）The MacArthur Memorial Library and Archives. *The occupation of Japan：The Proceedings of a seminar on the occupation of Japan and its legacy to the Postwar world*. Norfolk, Virginia：Author, 1975, p118.

3）同前書　pp118-20.

4）Trow, W.C. "The education mission to Japan" Michigan Education Journal, May 1946, 23, 494-97.

5）Abe, Y."An address to the U.S. education mission" *School and Society*, August 1946, 64, 73-5.

6）Beauchamp, E. R. *Learning to be Japanese*. Connecticut：Linnet Books, 1978, p. 186.

7）Fraizer, A. "The report of the U.S. education mission to Japan" *School and Society*, June 1946, 63, 388.

8）海後宗臣, 寺﨑昌男（1969）『大学教育《戦後の本の教育改革》第9巻』東京大学出版会.

9）The MacArthur Memorial Library and Archives. *The occupation of Japan：The Proceedings of a seminar on the occupation of Japan and its legacy to the Postwar world*. p55.

10）Benjamin, H. "Higher education in Japan" *Higher Education*, September 1946, 3, 6.

11）U.S.（First）Education Mission to Japan. *Report of the U. S. education mission to Japan submitted to the supreme commander for the allied Powers*, Tokyo, March 30, 1946.（U. S. Department of State Publication No. 2,579. Far Eastern Series No. 11）. Washington, D. C.：U.S. Government Printing Office, 1946, p52.

12）同前書　55頁.

13）Anderson, H. A. "New education for a Japan" *The School Review*, September 1946, 54, 385.

14）Anderson, R. S. "An adult-education project in Japan" *School and Society*, June 1950, 71, 338- 39.

15）"Post-war development in Japanese education" *Education in Japan*：1945-1952,（Vol. I）, Tokyo：GHQ, SCAP, CI＆E Section, April 1952.

16）Narita, K. *System of higher education：Japan*. Tokyo：International Council for

Educational Development, 1978.

17) Anderson, R. S. *Education in Japan : A century of modern development* (U. S. Department of HEW, Stock No. 017-080-01339-8). Washington, D.C. : U. S. Government Printing Office, 1975, p349.

18) Blewtt, J. E.(Ed. and trans.). *Higher education in Post-war Japan*. The Ministry of Education's 1964 White Paper. Tokyo : Sophia University Press, 1965, pp30-44.

19) 前掲　U. S.(First) Education Mission to Japan. p57.

20) 前　掲　"Post-war development in Japanese education" *Education in Japan* : 1945-1952, (Vol. I).

21) 前掲　U.S.(First) Education Mission to Japan. pp47-56.

22) 前掲　海後, 寺﨑『大学教育』518頁.

23) The Japanese University Accreditation Association. *Japanese Universities and Colleges* : 1966-57. Tokyo : Author, 1967, p211.

24) 前掲　海後, 寺﨑『大学教育』535-40頁.

25) General Headquarters (GHQ), Supreme Commander for the Allied Powers (SCAP), Civil Information and Education Section (CI & E), and Education Division. *Education in the new Japan* (vol. 1.) . Tokyo : Author, 1948, p269.

26) 前掲　海後, 寺﨑『大学教育』535-40頁.

27) 前掲　海後, 寺﨑『大学教育』100-01頁.
　　前掲　Blewtt, J. E. higher education in post-war Japan., pp30-44.

28) Eells, W. C. "Improvement of higher education in Japan" *Higher Education*, December 1951, 8, 127-28.

29) 前掲　"Post-war development in Japanese education" *Education in Japan* : 1945-1952, (vol. I.)

30) 同前書

31) 同前書

32) Beauchamp, E. R. *Learning to be Japanese*. p1.

33) U.S.(Second) Education Mission to Japan. *Report of the second U.S. education mission to Japan submitted to the supreme commander for the allied Powers*, Tokyo,

September, 19501. Washington, D. C. : U. S. Government Printing Office, 1950, pp8-10.

34） 同前書　pp8-10.

35） 前掲　海後, 寺﨑『大学教育』121-22頁.

36） Eells, W. C. "Improvement of higher education in Japan", p127.

37） 同前書　p128.

38） 前掲　海後, 寺﨑『大学教育』50-5頁.

39） Pempel, T. J. *Patterns of Japanese policy making : Experiences from higher education*. Boulder, Colorado : Westview Press, 1978, pp52-3.

40） 同前書　p53.

41） Bakke, E. W. & Bakke, M. S. *Campus challenge : Student activism in Perspective*. Hamden, Connecticut : Archon books, 1971, p315.

42） 前掲　海後, 寺﨑『大学教育』618-19頁.

43） 国立教育研究所編（1966）『日本近代教育百年史　第1巻』東京

44） Ninomiya, A. Private universities in Japan. Tokyo : *Private University's Union of Japan*, 1975.（ERIC Document Reproduction Service No. ED 139 366）, pp9-10.

45） 同前書　p402.

46） 前掲　海後, 寺﨑『大学教育』399-400 & 480頁.

47） 同前書　402頁.

48） 同前書　402頁.

49） 前掲　"Post-war development in Japanese education" *Education in Japan* : 1945-1952, （vol. I.）

50） 前掲　海後, 寺﨑『大学教育』401.482頁.

51） 同前書　56頁.

52） 前掲　Anderson, R. S. *Education in Japan : A Century of modern development*. p186.

53） 同前書　p186.

54） 前掲　海後, 寺﨑『大学教育』279頁.

55） 同前書　284-85頁.

56） 同前書　313頁.

57) Ministry of Education. *The role of education in the social and economic development of Japan*. Tokyo：Author, 1966.

58) 前掲　Blewett, J. E. *Higher education in Postwar Japan*. pp30-40.

前掲　Anderson, R. S. *Education in Japan：a century of modern development*. P349.

59) 同前書　Blewett, J. E. *Higher education in Postwar Japan*. p156.

60) 同前書　Anderson, R. S. *Education in Japan：a century of modern development*. p350.

61) 前　掲　"Post-war development in Japanese education" *Education in Japan*：1945-1952,（vol. I）.

62) 前掲　Blewett, J. E. *Higher education in Postwar Japan*. pp49-51.

63) Luhmer, N. "Revision of the postwar educational reform in Japan?" *School and society*, May 1952, 75, 337.

64) 同前書　p338.

65) 同前書　p338.

66) 同前書　p338.

## 第3節

# 戦後新制大学の発展と改革動向：新世紀に向けて
## ―学部教育課程から学士課程教育へ―

## はじめに

　日本は敗戦、占領という特殊な状況下で米国型の新制大学として1949（昭和24）年に出発させたが、その後、文部省の諮問機関、内閣直属の諮問機関、審議会等からの数々の提案・答申には、国内外の動向に関連する政治・経済・文化的な背景のもと、大学設置基準も数回改正されてきた。

　大学設置基準の大綱化［1991（平成3）年)］以降、大学は先ず、"カリキュラムの見直し" と "自己点検・評価" を積極的に取り組んできた。大綱化の意味は日本の大学教育にとって時代の変化と捉えて、第3次の教育改革（中等教育にも与える影響は大である）に入ったものと認識すべきである。天城勲は「アメリカの大学の理念と制度の誤訳に始まった新制大学の理念と制度の不整合に終止符を打った……大学設置基準の改正[1]」とまで言わしめている。しかしながら、各大学が改革に取り組んだこの90年代は、産みの苦しみを味わっている割に先が見えてこないばかりか、その努力に対する社会的認知度も低く、評価も低い。産業界などから、形の上だけで実質的に何ら変わっていないとの評価か主流を占めている。

　大学は冬の時代を向かえたといわれて久しい。その潮流に流されるように一般教育と専門教育の枠を外したうえに、入試改革も断行した。これは目に見える大きな改革の一つであろう。大学人は社会の要求・期待に応えるべく大きな改革であると自負したが、社会はそれを抜本的な改革ではないとの厳しい評価であった。他に目を見張るべき改革は無くとも、懸命に模索し改革に取り組ん

できており、それなりに実績も挙げているのだが大学人の自己満足の様に見えてしまう。このことは、社会全体及び下部教育機関が、いわゆる目に見える形の大学変革を切に望んでいることを改めて認識する必要がある。

新制大学は、大学教育機関としての最低の基準を定めた大学設置基準に基づき審査し、文部大臣が認可する。そして、大学のハード、ソフトの質の水準の評価判定は大学基準協会が実施することで出発した。しかしながら、基準協会の役割は適切に稼働しなかったどころか、過去の審議会の一連の答申にも一切触れられていない。誠に摩訶不思議な現象である。結局、大学の裁量、いわゆる自主的努力という安易な方法で棚上げしてきた。その結果、抜本的改革が必要な学期制の問題、単位の空洞化、一歩進んだ教育・学習／修意識の確立がなおざりにされてきたのである。

国際的には日本の大学評価は極めて低い。主たる理由は教育に関する学習／修姿勢と質の問題から生じていることは明らかである。いわゆる優秀性を目指した競争の欠如といえる。目先の問題、例えば受験生確保と受験生におもねる入試方法だけに振り回され、肝心の教育課程の優秀性、卓越性を模索する方向から大きく逸れてしまっている。

第3節では、何かとタブー視されてきた、また討議の議題にもならなかった学期制について、更にもっとも基本的な改革の必要な教育・学習／修について早急なる改革の必要性と、その方途についての整理を試みたい。よって、本節は論考を通した提言として記述したものであることを断っておきたい。

やはり、本節の大綱化以降の改革動向に入る前に、文部省の諮問機関である「中央教育審議会」（以下、「中教審」という。）からの二答申と、文部省と政府の対立が浮き彫りになった内閣直属の諮問機関として1984（昭和59）年に設置された「臨時教育審議会」（以下、「臨教審」という。）からの提言、及び1987（昭和62）年に文部省諮問機関として設置された大学審議会などを1991年の「大綱化」への導線として整理しておく必要がる。

1971（昭和46）年に「今後の学校教育の総合的な拡充整備のための基本的施策について」（46答申）で第三の教育改革（大学教育の歴史的改革変遷において、第四との位置付けも可能な重要な答申）である。その前段として、1963（昭和

38）年の答申「大学教育の改善について」（38答申）をも挙げなければならない。しかしながら、このような変革・再編経緯の中で残念ながら大学人の反応や認識は高いものであったと言い難く、当時の中曽根内閣は過去の占領期のような旧態依然の教育理念・制度から脱却できずにいる中教審対して、現実味をおびた新路線への改革と構築に期待できないと判断し、1984（昭和59）年に私的諮問機関として臨教審を設置したのである。しかしながら、臨教審の答申は文部省ではなく内閣への提出であったため、行政に関する協力体制など望むべくもなかった。従って、その後の具体的な大学改革への審議は文部省諮問機関として大学審議会が設置されたことで、この新審議会からの答申を待つことになる。

# 1. 高度経済成長期における大学設置基準の改革動向

## 1）大学の大衆化と38答申

　1960年中に経済同友会から「産学共同について」と題する提案、関西経済連合会の「大学制度改革について」と題する要求、日経連技術教育委員会の「専科大学制度創設に関する要望意見」があった。更に、科学技術会議の「10年後を目標とする科学技術振興方策」答申があり、経済審議会の「国民所得倍増計画」答申と続いた。1961（昭和36）年には東京商工会議所から「学校における科学技術産業教育の振興に関する意見」があり、経団連・日経連から「技術教育の画期的振興策の確立推進に関する要望」など経済成長促進、人的能力向上、人的資源開発のための大学教育改革と拡充に関して立て続けに大学教育課程の改革を促した。

　その間、1961年、日本学術会議は「大学制度の改善について」と題して、教育課程に関する勧告を行い、これはまさしく2系列型一般教育推進の立場を取った基礎教育確立と専門教育との関連性の強化を意図したものである。

　1962（昭和37）年、国立大学協会からは「大学における一般教育について」と題する意見書が提出された。この意見書で特筆すべき事項は、一般教育3領域分野は個々に確立しており、自由選択の方式であるため専門教育への入門・概論扱いになっている現状を捉え、解決策として教育課程構成を一般教育・基

礎教育・専門教育の3要素から成り立つものと解釈すべきであると指摘している点である。また基礎教育を教養課程の一般教育から分離し、それぞれの特質を明確にすることが可能であるとし、基礎教育科目は直接専門教育（基礎専門的科目）に関連するものをfundamental subjects、人間の思考・表現力に関連するものを基礎教育的科目（国語,外国語,保健体育等）basic subjectsと提案している。更に、一般教育では人文・社会・自然に共通する「総合科目・コース」の設置を提示し、後出の中教審ばかりでなく広く教育課程論・一般教育論に影響を与えていくことになるとしている。

　1963（昭和38）年1月に答申となる。いわゆる、「38答申」である。ここでも、教育課程に関して国大協の意見を尊重し、「一般教育と基礎教育とが概念的にも実践の上でも混同されている……ともにその効果があがっていない……したがって、一般教育と基礎教育との分界と関連を明らかにすることが望ましい。……総合コース等の新たな方法について検討が必要[2]」だと教養科目と基礎コースに明確な一線を引くべきだと提言している。しかし、構図上明確なる区分が科目の性格上困難であることは明白なはずである。

　この答申を受けて、大学基準等研究協議会が具体化案として、1965（昭和40）年「大学設置基準等改善要綱」と題して答申している。この学士課程教育改善要綱の要約を試みる[3]。

①学士教育カリキュラムを教養課程（一般教育,外国語,保健体育,基礎）と専門課程の5課程に分ける。

②基礎コースは専門科目に密接に関連するものとする。

③原則として基礎科目は2単位する。

④12単位（6科目）の基礎コース履修義務づける。（一般教育とは別枠としたが、basicとfundamentalの関係は不明確、その上、一般教育、外国語、専門科目等での単位で代えることもできる）

⑤一般教育等の履修最低単位を36から24単位に減少する。

　この改革案には一般教育の3系列の均等選択履修原則は削除されている点に注目したい。

　1970（昭和45）年、前述の改善要綱を踏まえ（一般教育と基礎教育は分離し

ていない）、文部省令「大学設置基準の一部改正」が行われた。これにより、一般教育の3系列均等の考え方は削除され、一般教育を総合的な科目と基礎教育に重点を置いた構成が可能となった。いわゆる、一般教育の多様化を示唆したものであった。反面、大学の主体性を問われることでもあった[4]。

## 2）中教審の46答申と多様化

　この答申は「今後の学校教育の総合的な拡充整備のための基本的施策について」と題しており、教育史における第3の教育改革（第1：明治維新期、第2：太平洋戦争終戦期）を促す内容となっている。高等教育史では第一次大戦終戦期の大学の組織構造規定した1918［大正7］年を第2次改革と位置付けることも可能である。前文で「生涯教育の観点から全教育体系を総合的に整備する」「高等教育の新しい課程の類型を作りだすこと」など、生涯教育理念と教育機関体系の再編、いわゆる戦後新制大学の検討・改革を提示している[5]。

　第1編『改革の基本構想』では、「生涯教育の立場から、教育体系を総合的に再検討する動きがある」「一生を通ずる人間形成の基礎として必要なものを共通に習得させるとともに、個人の特性の分科に応じて豊かな個性と社会性の発達を助長する。もっとも組織的・計画的な教育の制度である[6]」と前置きし、更に第3章『高等教育の改革に関する基本構想』のなかで、教育と研究に関する養成に応じた適当な役割の分担と機能が必要である」「大学教育では、一般教育と専門教育とを積み重ねる方法をとってきたが、……両者が遊離して専門化にも総合化にも十分の効果を収めていない……多様な進路に応じた新しい教育課程を設計することが、……重要な課題である[7]」であると提示している。教育と研究のための管理体制として横浜国立大学も「閉鎖的な独善に陥る傾向がみられる。……開かれた大学として、教育・研究活動が内部から衰退しないような制度上の工夫が必要[7]」と強調している。

　多様化を前提にした具体的な改革基本構想として、第1種の大学（学士）教育から第5種の研究院までを提示した。各種の詳細は文部省編纂の学制百年史、資料編を参照されたい。学士教育機関を要約すると

　＊第1種の高等教育機関（仮称「大学」）

A. 総合的な教育課程の総合型（comprehensive type）：公務、産業、文化、家庭生活等の実践活動に従事するための幅広い基礎の上に専門的な教養を与える。

B. 専攻分野の教育課程の専門体系型（academic disciplinary type）：基礎的な学術や専門技術を生かす仕事に従事するための専攻分野の系統的な学習。

C. 専門的職業教育課程の目的専修型。（professional occupational type）[8]

　教育課程の改善として、「一般教育と専門教育という形式的な区分を廃止、同時に既成の学部・学科の区分にとらわれず、それぞれの教育目的に即して必要な科目を組織した総合的な教育課程を考える[9]」と述べ、専攻分野主体の一般教育3領域の総合案を提示している。これはさらなる日本型教育課程の改組充実を図る必要があることを意図するものであった。いわゆる、一般教育の縮小ではなく、専門教育変革も含む教育課程全体の総合的教育課程を示唆したものと理解できる。しかし、多くの大学人には一般教育消滅提示と映り猜疑心を増長させてしまった。

　第2編「今後における基本的施策のあり方」の第1章4で「高等教育の改革と計画的な整備充実の推進」と題して、政府は「高等教育の多様化を促進するために必要な法令を改正し、各大学の創意と工夫による新しい教育課程の試行を認めるよう設置基準の運用を強力化すること[10]」と要請している。しかし、第1編の具体的なシナリオ提示と比較すると、第2編は施策提示の性格上、やはり具体性に欠け」、かなりトーンダウンしてしまっていることが読み取れる。

　「46答申」に対する評価は決して高いものではなかった（当然ながら、産業・経済界からは評価を得ている）が、戦後教育に対する唯一の包括的な改革案であったことも事実である。ここで確認しておくべきことは、審議会の会長、森戸辰男自身が、現行制度は占領下に拙速に作られたものであり、学校制度の単純化であり科学技術教育発展、人的投資、国家的計画性の不在との認識から出発していることを確認しておくべきであると述べていることである。

　最も注目された6-3-3-4制の改革につながる「先行的試行」の提案であり,大学人の政府・審議会への不信と反感から改革阻止の動きさえ生じた。当然、大学全体の意識改革まで言及することなく挫折に至る。これはさまざまな要因が

あろうが、大学人が旧態依然の学部依存から抜け切れなかったばかりか、学位授与構図の破壊としか映りえなかったようである。しかしながら、多くの重要な改革は実施されたとの意見（既述の筑波大が創設、設置基準の数回の改訂、私学振興設置助成法等）もあり、現在でもこの答申は大学教育改革の大きなターニング・ポイントであったが、誠に残念な結果に終わってしまったと述懐する大学人も少なくなかったことも事実である。

1972（昭和47）年、単位の互換制度創設のための大学設置基準を改正された。この改正により、他学部の専門教育科目や基礎教育科目を一般教育科目として互換することが認められた。その逆も可能になった。扇谷尚は「授業科目が一般教育か専門教育か決定するものは、学生側に焦点をおいて決定する仕方、教授側の学問を教える目的や方法を軽視することになるならば問題である[11]」と一般教育の本質から逸脱してしまうのではと警告している。

## 3）臨時教育審議会の設置と改革提言―文部省と内閣の対立―

1984（昭和59）年、中曽根内閣直属の諮問審議会として「臨時教育審議会」（以下、「臨教審」という。）が設置された。結果的に、教育改革審議は第14期中教審の手を離れることになる。当時の教育改革動向、加えて法改正や財政に関して、もはや文部省だけでは心もとないとの判断から臨教審設置に踏み切ったという。しかし、「教育の理念」の修正を意図するものではないかとの懸念も強かった[12]。実際には、行政改革を目指した第2次臨時行政調査会（80年設置）からの圧力もあったことは否定できない。寺﨑昌男は「なぜ教育基本法を変えてはならないのか」と題して「大きな教育改革をするには、理念の変革が欠かせない、……理念の変更を伴う教育改革がいま必要だとはとても思えない[13]」と戦後教育理念の変更不要論を唱えた。

1985年、臨教審は教育改革に関する第1次答申で基本法の枠内、いわゆる教育基本法の精神に則って進めることを言明し、個性重視の教育提唱した。この提唱を原則として、画一性・硬直性・閉鎖性・非国際性を排除し、教育の高度化、多様化の上で選択機会の拡大を図るとした。第4部会の専門員であった黒羽亮一は、重要審議内容を次のように集約している[14]。（ア）個別大学に対して

は、臨教審の自由化論に沿って大学設置基準を緩和し、自らその責務を自覚し、社会との交流を深めるなど、多くの自主点検と自己改革を促そうとした。（イ）文部省に対しては、高等教育行政や学術行政が初等中等教育行政とは異なった特色をもっているため、同じ教育政策といっても、それと一体的に展開できないことを確認させようとした。あわせて専門的職業人や研究者養成と学術研究の推進の視点から、積極的に展開することを求めた。

1986年、第2次答申で教育体系を再編成して、生涯学習体系の確立を提唱し、諸規制の弾力化と自由化が急務であるとされた。（ア）の大学教育に関しては、「大学設置基準―大綱化、簡素化、単位制重視で修業年限の弾力化、単位の累積加算で卒業認定検討」を提言している。いわゆる個々の大学は特色のある教育を実現させるべきだとしている。その学士課程教育に関する総合的改革提案を要約すると以下の通りである[15]。

1）一般教育と専門教育の内容や在り方を検討し、教育方法の多様化を促進。
2）原則として2学期制を採用し、秋学期の入学可能な道を拡大し、編入、転学、転学部の可能性を拡大。
3）生涯教育体系への移行の観点から、他の高等教育都の単位互換、累積加算制度確立、及び学位授与機関の創設検討。

（イ）に関連して、答申第2部第4章第3節で「高等教育の在り方を基本的に審議し、大学に必要な助言や援助を行う場としてユニバーシティ・カウンシル（大学審議会＝仮称）を創設する」「大学制度の基本に関する事項ならびに大学の計画的整備と見直し、専門分野に応じた人材育成、大学教育の内容、方法の検討、大学評価システムの開発等の事項を扱う[15]」と提言している点に注目したい。黒羽亮一はこの大学審議会構想に関して、「これは中教審46年答申の精神であり、高等教育政策全般の総合的・計画的な政策策定、既設大学の教育研究上の組織の見直し、評価の基準設定などにも及ぼそうという構想であった[16]」と考察している。

1987年、最終答申が出されたが、答申全体を通して、大学改革の論点及び21世紀に備えて的を射ている提案は確認できるものの、惜しむらくは具体的な方途としての提案が不十分であったことは明白である。やはり、現実の学

士課程教育体系確立への具体的な審議は後続の大学審議会に下駄を預けた格好となったのである。

## 4) 大学審議会の創設と規制緩和
### ―大綱化による学士課程教育改革はなるか―

1987（昭和62）年、大学審議会は文部省諮問機関として発足した。創設の趣旨として「近年,学問研究は高度化・専門化し、学際的な領域への展開も急速に進みつつあり、科学技術の進歩、国際化、情報化の進展など社会・経済も急激に変化している。……時代の進展に対応しつつ大学改革を行う……各大学が自主的に取り組むべき課題である[17]」とし、高等教育の個性化、多様化を目指し、大学設置基準の大綱化・簡素化を図る必要性があり、教養部、一般教育、外国語教育、更に学部の専門教育の在り方等の検討も重要な課題であった。

1988年、大学教育部会発足し、学部教育に関する審議要請を踏まえ検討事項を次のように決定した[18]。①一般教育の改善、②柔軟かつ多様な教育課程・教員組織の設計、③学生の学習・修の充実、更に重要な検討を要する事項として以下のように明示している。

＊生涯学習の場としての大学、国際化や情報化への対応という視点からの大学設置基準の見直し。

＊大学設置基準の運用及び大学評価の在り方。

審議会は一般教育の現状を指摘し、改革案の概要を次のように提示し、広く大学人の理解を得ようとした[19]。①科目の開設と区分は大学に依存する、②一般・専門別の単位数や必修にするかどうかも、大学側の判断をゆだねる、③一般教育を担当する教養部（全大学の4割が持つ）の改組転換の見直しを実施。

この改革案提示に対して、学識経験者は次のように論説している[20]。「一般教育は、専門教育と切り離して組み込まれていたことが問題であった。……一般教育とは何かを先ず考え、専門の前でも後でも同時に関連させて組んでいってこそ、自由な教育課程の編成といえる」「今回の報告は、評価できる。……戦後大学改革の原点に戻ったわけだ。……大学が明確な教育の理念を持たないと立ちいかなくなるであろう。教養部の改廃は一般教育の廃止ではない。……

一般教育と専門教育の有機的な結合が可能になる。」「大学もいろいろなものが出てきていい。……しかし、これが大学のサバイバルのために、学生募集の手段として使われるようだと困る。」「重要なのは、大学での学問の在り方と、学生の教育という観点から、一般教育をどう位置付けるかだ、……大学の研究は専門家自体の意味を問うような、より原理的・基礎的な性格が求められており、その際、一般教育的な学問が大変重要な意味をもっている。……専門も意味を再検討するためにも、一般教育の場は不可欠だ」。

その後、高等教育部会、高等教育計画部会（1989年10月発足：1993（平成5）年以降高等教育機関の計画の策定が課題）で審議や報告が行われ、1991（平成3）年2月に「大学教育改善について」等の答申が大学審議会としてなされた。ここでの主たる提言は、大学設置基準の大綱化と大学への自己点検・自己評価の導入である。当然ここでも、学士課程教育での一般教育の理念、目標の重要性を強調しつつ、「一般教育科目と専門教育科目等の科目区分や必要専任教員数についての授業科目による区分などを廃止する[21]」と提言した。授業科目の枠組み（3分野領域）にこだわることなく、大学人の見識をもって努力、工夫を期待すると謳っている。高等教育計画部会の「平成5年以降の高等教育の計画的整備について」（1991年5月大学審議会答申）でも、2月の答申に追従するかたちで、画一的なカリキュラム観を取り去り、個性的なものをつくる。いわゆる、各大学の自由裁量権を認めるべきだと提言している。

1991年6月、「大学設置基準等及び学位規則の改正について」の答申を井上裕文部大臣に提出された。その中で、大学設置基準改正要綱、教育課程の編成方針において「教育課程の編成に当たっては、大学は学部等専攻に係る専門の学芸を教授するとともに、幅広く深い教養及び総合的な判断力を培い豊かな人間性を涵養するよう適切に配慮しなければならない[22]」と提言し、同年7月1日に施工された「改正設置基準」でも第6章「教育課程」第19条第2項に上記のことを規定している。ここで一般教育いう用語は法令上消滅する。これが大学設置基準の規制緩和もしくは大綱化として、各大学の学士課程教育改革動向の積極性を促している。戦後45年、設置基準にただ準じていれば、いわゆる学士課程におけるカリキュラム論は不要であったと言えるが、大綱化以降は大学自体の

研究・検討、そして努力改善が必須となったのである。

　この改革動向のなかで、1995（平成7）年に大学審議会は大学教育部会の審議概要（高等教育の一層の改善について）を次のように報告している。[23]

　　大学教員の意識は、従来の大学教育の概念から必ずしも抜けきれていない。特に、学部教育の位置付けや今後の在り方についての議論が必ずしも十分でない。学部教育は、幅広い教養や学問習得の方法を身に付けることを目的とする。いわば基礎教育と考え、高度の専門教育は大学院で行うこととするのか、いわゆる大衆化が進む中で、学士の学位を授与する学士課程教育として、また大学院や他の高等教育機関との関連において、学部教育の質やその確保をどう考えるのか。

と大学人の基本的なコンセンサスの欠如を指摘している。

　更に、カリキュラム改革上での提言を要約すると、学部・学科の教育理念・目的の明確化と学生の視点に立った改革を、全学的に組織的な体制を確立することが先決であると言及している。現在、教養教育と専門教育との有機的な連携に配慮した一貫教育に向け改革が進められているが、教養教育軽視の危惧がある。人間性を培うという教養教育の理念・目的が、教育全体のなかで実質的に達成されるよう配慮すべきと指摘している。教養教育は高等教育全体の大きな柱であり、全教員の責任において担うべきものである。教養教育の重視、旧来の学問分野にとらわれない教育・研究の進展と成果を期待するとの一歩踏み込んだ提言をしていることに注目したい。更に、学期制導入理念の認識不足、単位互換や編入学制度の一層の活性化も促している[24]。いわゆる大学の大衆化のなかで全人教育の必要性とアンダーグラデュエート（undergraduate）教育、つまりリベラルアーツ、カレッジ・オブ・アーツ・アンド・サイエンス（liberal arts, college of arts and sciences）への改革、そして高度な専門教育及びプロフェッショナル教育は大学院教育での図式を模索していると言えるのではないだろうか。まさしく、マーチン・トロウのいうマスプロ（mass production）教育からユニバーサル（universal）教育への移行である。

第1章　大学発展過程 —黎明期から成長期へ—　　73

## 2. 砂上の楼閣

### 1）象牙の塔崩壊

　過去、大学は学問の府、象牙の塔であり、聖域のごとく傍若無人にふるまってきた。社会全体も最高学府として認知してきた。それは「学問」、「研究」という大義名分のもとで大学も大学人も甘えてきたのである。そこには何の疑問もなく、ましてや反省など言語道断と言わんばかりの姿勢であった。大学としての特別の権勢の堅持を揚言<sup>ようげん</sup>してはばからなかった。50年代末には4年生大学進学率は8％前後であり "エリート教育" の段階であったため許されていた。教育職員は研究者であると自他ともに認めてきた。

　しかし、60年、70年代は一挙に拡大し30％近くに達した。それでも画一性"マスプロ教育" で大いにその権勢を謳歌できたが、大衆化が進むにつれて、大学の質が落ち象牙の塔としての知的権威も地に落ちはじめ、学生のみならず教員の質も問われることになった。天野郁夫もこの画一性について、「日本の教育はきわめて効率的であると同時に、大変画一的になっていて、個性と創造性を持った人間が育ちにくい」と述べ、国際競争に勝ち抜く人材を育成できないばかりか、「大学教育のシステムは、いわば平均的な人間をつくるようになっているのではないか[25]」と国際競争に対して警鐘を発していたのである。

　80年代後半、そして90年代に入ると、その権勢は一方的に社会に通用しなくなってきた。研究の府たらんとして教育を軽んじてきた付けが回ってきたのである。その上、高等教育の大衆化により社会が大学教育を特別視しなくなってきたからである。社会から大学は惰性と日和見主義の蔓延化の巣窟とまで酷評し始める。更に少子化現象（1992年以降）の加速化で、教育機関としてその存立自体に新たな問題が顕著化してきてしまう。完全に大学の売り手市場から学生優位の買い手市場になってきている。喜多村一之も「金の卵をめぐって学生獲得競争が激化するだろう。学生をひきつけることのできない大学・短大の中には、淘汰されていくものも出るかもしれない[26]」と警鐘を発している。

　他の予測調査によると、2000年には、大学・短大に全入学可能となり、

2008年には12万人の定員割れがでるとみている[27]。それらの社会変化を先取りするかのように、中教審（38、46答申等）、臨教審（1984-87年、四次にわたる答申）、大学審議会（1990年、大綱化の答申）からの提言を通して、設置基準の一部が改正され、特に基準の大綱化により個々の大学は自主的な裁量駆使を要求されたことから、大学は改めて自らの手による改革の必要性を認識し始めたのである。

それまで通底していた「大学権力主義」と決別し、新たな教育機関及び国際化の意識改革をするために、先ず地盤を固める作業から着手し始める。

## 2）後ろ盾が無くなった自主的裁量という不安

大綱化以降、先ず地盤を固めるために、各大学は教育機関としての中枢であるカリキュラム改革及び教育研究活動等の状況について自己点検・評価の実施など、大学教育の改革を進めたことは高く評価できる。大学自身が自分たちの手で改革する意識をここまで高めたのは初めての経験と言っても過言ではないであろう。当然ながら、手探りの状態であり、道筋も定かではなく、他の大学の動向を意識しながらであることは否定できない。

しかしながら、今回の変革動向は各大学がそれぞれの裁量で改革すべしとの条件付きで多様化、個性化を求める大学教育の建て直しを要求されても、大学人にとって見当もつかないばかりか不安そのものであっても不思議ではない。自由裁量権をもたされたといえども、文部省も指導監督権を放棄したわけではない。それは、砂上の建造物の支えを外したことだと言ったほうが当を得ているが、その後も具体的な指導的立場は継続しながら、かなり的確な指摘等、是々非々論を通して公平な判断を提示してくれたことは確かである。

大学側は早急に改革可能なところから着手するが、今までの大学教育は画一化路線の典型であり、その統一企画のマニュアルに沿っていれば大きな問題はなかった。今まで大学コミュニティーでは、彼らが社会をリードしてきたという自負があり、突如社会のニーズに応えるべく多様化、個性化を確立せよとの要求に対して、大学にとって、そのような伝統的蓄積は皆無であったために方途など見えるわけがない。よって、大多数の大学は改革動向が主流となりつつ

第1章　大学発展過程—黎明期から成長期へ—　　75

ある中、とりあえず教育課程（教育内容の系列）の革新からの活動姿勢を示すことから始めた。結果的には、教養部の廃止、専門教育を軸とした共通科目を設置したが、当然ながら、一般教育の軽視にもつながってしまう。しかも、極めて安易な方法で、そこには学士課程教育としての有機的関連など見るべくもないものになってしまったのではないだろうか。カリキュラムの改革は加速度的に進んだが、あまりにも狭義的な思考による対応であったと言えないだろうか。しかしながら、学生による授業評価、シラバス作成、教授法の見直し、FD研修活動など積極的に取り組んでいる大学も増えてきていることも事実である。これらの作業は日進月歩とはいえ評価できる。後は、パプリシティーの問題であるが、企業と異なり華やかな宣伝は難しいが、教育機関として改革動向と内容を社会へ知らしめる広報活動の研究をすべきである。つまり、説明責任の重要性を認識し方途の確立を目指すべきである。

## 3）大学審議会の中間報告：絵に描いた餅!?

　過去の数えきれない諮問委員会の答申は、改革の進展に大きく寄与してきたこと自体否定するものではない。しかし、98年6月末に提出された大学審議会の中間報告（21世紀の大学象と今後の改革方策にいて−競争的環境の中で個性か輝く大学−）を見ると、重要な提言であることは確かだが、盛りだくさんであるばかりか具体性、方策性に欠けている。つまり基本的な改革意識の欠落と「本質的欠陥」に違和感が強まる。特に、学士課程教育の箇所に露呈しているが、大綱化以降の改革動向の集大成であり、さらなる奮起努力を期待するとの意味あいで提言されたものであるので、やもえなかったのであろう。各新聞でもこの報告は「盛りだくさん」と批評している。

　寺崎昌男はこの報告書に対する意見を次のように述べている。「確かに注文は盛りだくさんだ……ピントがはずれた審議である」と、更に以下のように批評しており、厳しい表現で結んでいる[28]。

　　第一に、ここで提言されていることは、既に多くの大学で苦しみながら実行されている。大学は出口をしっかりしろとも言う。成績評価を厳格化し学生が滞留して定

員オーバーになってもペナルティーは帰さないということは受け入れられるが、単位不足であふれ返った3、4年生の面倒を見る教員の余裕はない。先ず企業側の受け入れ体勢を、大学の教育が保証されるよう改めることを先議すべきだ。対高等教育費政府支出を増やすべきとの提言が先ではないか。第二に、設置基準の大綱化以来、認められてきた「裁量権利」を使って努力を払っている大学に対して敬意が足りないのではないか。第三に、21世紀を目指して行われる審議なら、もっとおおきな筆づかいで、大事なことを描き切ってほしかった。そして、こういう提言を出されてしまう弱さが日本の大学にはある。それは素直に認めなければならない。

　学際的・総合的視野に立って一般教育、教養教育の重視、更に学部教育の再構築を促すことを強調していることは評価したい。はたまた残念ながら具体性に欠けることは惜しむべきことであるが、「出口主義の重点化」への意識改革の気運を高める展開は真摯に受け止めるべきである。

　本節の中で焦点を合わせたい箇所及び上述に関する提言をみると、学部教育と学士教育を同等に使用しているがこれには異議を唱えたい。内容が根本的に異なるからである。更に「セメスター制等の導人を促進し、学期の区分ごとに授業科目を完結させる」とある。学期ごとに完結させる提言は評価できるが、国際的な通用性・共通性か一層高いものとなっていく必要があると強調しながら、なぜ学年歴の見直し、夏学期、更には、1月学期を組み込んだクウォーター制導人については触れていないのだろうか。履修科目数や単位に関しては、特に単位については大学設置基準に従って計算されており、授業時間以外の準備学習等が確保されていないと述べているが、この基準では不可能なことは明白である。

　厳格な成績評価の実施を強く提言しているなら、それを確実に実行するには教育職員と学生の契約意識の確立が必須であろう。授業内容、評価等の相互理解に立った契約が結ばれることにより、教育職員も学生もそこに責任が明確になるはずである。これらのことは、後の3項と4項の中で提言として具体案の提示を試みたい。

## 4) 学部教育課程と学士課程教育

　学部成立の歴史を見てみよう。学部の概念はもちろん戦前期の旧制に成立したものである。学部の概念は欧州の大陸型概念（ドイツ型—専門的分裂）と技術系高等教育（フランス型）の概念の複合的産物である。いわゆる、19世紀末の概念といえる。ちなみに、19世紀の前半はフランスが世界の学術の中心であり、後半は近代大学の祖としてドイツ学術の中心となる。日本の大学制度はフランス式、教育課程はドイツ式だといわれる理由は、実はこうした背景があってのことである。米国も、多くの留学生をドイツに派遣し米国独自の大学院制度を確立したのである。そして、20世紀に入ると米国が学術の中心になる。

　戦後の新制度の誕生について、関正夫は次のように述懐している[29]。要約すると、旧制大学においては学部、学科、講座制に基づく非常に視野の狭い専門教育しか実施しなかった反省のもとに、一般教育の導入を考えたのである。アンダーグラデュエイトの教育は一般教育と専門教育を有機的に関連づけた教育を行う必要がある。

　1950（昭和25）年前後に米ソ冷戦及び共産主義対策などで、占領対日政策の変更、いわゆる逆行政策を採らざるを得ない状況になったことである。国内の政治的至上命題により教育制度の具体的検討・調整・修正へのタイミングをそらされることになる。結局、大綱化（1991［平成3］年）まで半世紀を要してしまい、やっと足下は岩盤ではなく砂であることに気がついたのである。

　学部の存在は余りにも弊害がある。学生は入学時点から専門領域の決定を強要され、在学中に学部を変えることも許可されないばかりか、教員との交流も乏しく、学際的学問の確立など望めない。当然、大学の入り口、つまり入試が学生の専攻を決定する登竜門となる。時流に乗った看板学部の選抜が厳しくなり、高等学校のカリキュラムにも悪影響を与えてしまう。17、8歳の年齢で自分の専門分野など本当に決定できるだろうか。

　近年、学部教育からアンダーグラデュエイト教育への必要性をとく大学人が増えてきた。その一人である、佐藤東洋士は「アンダーグラデュエイト教育の主流がリベラルアーツなのだから、『学士課程教育』とよんでもよい」とし、学

部の垣根を越え、リベラルアーツ・カレッジの設立と主専攻、副専攻による専門教育分野の選択への変革を説いている。更に佐藤は、アンダーグラデュエイト教育では、専門、非専門は有り得ないとし、桜美林大学ではカリキュラムについては1/3を基礎学習、1/3を専攻分野、1/3は自由学習というカテゴリーに区分している[30]。学士課程教育の模範的なカリキュラム理念である。今後他の大学にも影響を与えるだろう。

　ここで、教養科目と専門科目の配置の問題が生じるが、クサビ型と横割型がよく取りざたされるが、全科目をナンバリングしてクサビ型にしてバランスよく履修させることが上策である。カリキュラムの改革を試みるとき、扇谷尚の一般教育と専門教育との内面的関連にとらえ、四つの発展段階があるとし、そのカリキュラムの理論的モデルとして「役割葛藤モデル[31]」が提示されている。再度検証してみる価値は十分あるはずである。

　米国のアンダーグラデュエイト教育は、リベラルアーツの教育が基本課程であり、いわゆる文理課程（Liberal Arts & Sciences）であるといえる。学生は広く教養教育と接しながら、各学問分野の専門科目を主専攻・副専攻として履修する。よって卒業時の学位はBachelor of Arts, B. A.（文学士）とBachelor of Science, B. S.（理学士）が与えられ、医学、経営学、法学、神学などの専門分野は大学院へ行くことになる。当然ながら、大学院の量的拡充・拡大が重要であり、特に院生への社会的評価向上が先決な課題である。80年代に変革気運は多少なりと高まった。

　蛇足になるが、日本の大学人はドイツ型大学教育に郷愁を覚えるだろうが、大事な点としてドイツ人の大学教育に対する概念は異なる。先ず、職業意識が異なり、職業には資格が必要でプロとしての社会的評価が高い。それがアカデミズムとは異なった次元で評価されている。伝統的な特殊な専門的職業のための養成機能をもっている。更に大事なことはドイツの大学教育はほとんど公立でマスプロ化しないばかりか、大学間格差も存在しなかったのである。社会がその必要性を認めていなかったようである。つまり、日本が経験している大衆化、教育の質の低下等はとりざされていなかったのである。

　しかしながら、授業料は無料なので国家及び州政府は財政の破綻を危惧して、

1998年に大学生の在学年数の上限を決定した。その他の理由として、国際競争に打ち勝つ大学の再建を図るために、競争原理か導入され、優秀な学生を入学試験で選別できることとなった。同時に長期在学者は退学させる大学法が可決された[32]。ともかく、ドイツの大学もユニバーサル・ステージの入り口にあるようで、日本の大学改革には参考にはならないといえる。

## 5) 変化している教育と学習／修の価値観

　過去、17、8世紀にかけて、欧州の著名な大学で教育機能が著しく低下し、安易な学位授与機構となったことがある。一方、日本の場合、旧制の大学は旧制高等学校で幅広い教養教育を身につけ、目的意識をもちキャリア指向が明確であったため、教育職員と学生の利害関係も一致していたことから教育機能は円滑に働いたといえる。それは、まさしくエリート教育ステージで成せる技であった。しかし、現在の日本の大学はマスプロ段階からユニバーサル段階の入り口にあり、教育機能が空洞化しつつある。

　潮木守一は大学の機能低下の現象を次のように分析している。大学はいつの時代でも「遊び文化」と「勉強文化」の微妙なバランスの上に成り立っている。どちらに動いたとしても問題は生じる。勉強文化が支配した例として、19世紀のドイツの大学と明治期の帝国大学があげられる。前者は特殊な国家の中枢に参加できる資格試験の独占的な予備校であり、後者は高級官僚養成機関で資格試験のための受験勉強の場となっていた[33]。

　日本の大学教師は研究活動に重点を置いてきた。例えば、採用時と昇進時は研究業績を基準として評価されてきたのである。評価の対象にならない教育活動は、極端にいえば雑用にまで成り下がっていた。これは慣習であり、また大学文化として定着している。エリート集団であった学生もこれを容認した上で、個々で勉強文化をつくることができた。しかし、大衆化された大学教育において、この文化はもはや意味を持たなくなった。もちろん、この文化は一朝一夕では変えられないことから、大学人の意識改革を促すしかない。

　潮木は更にいう、要約すると、現在の指向性の多様化、更に社会構造が複雑化し価値が多元化された中で、学生にとって、大学とは自己発見の場となって

いる。キャリア指向文化に対する違和感、現代の大学の悲劇は、教師の価値観と学生が求めている価値観、ライフスタイルが別の方向に向いていることである。教師がアイデンティティを求めようとしている研究は「すべてを疑え」という規範の上に成り立っているが、学生が求めているものは「信じるに足る何かが欲しい」という信念体型もしくは「救済知」である。基本的に相対立し合うことになる[34]。

　米国も19世紀は大学内に「遊びの文化」体勢を占めたといわれる。ドイツから学び米国独自の大学院の充実及び学生に対する厳しい評価、更に職業準備教育の充実により現在は学術の中心たる存在に成長している。学習／修の面で日米学生の比較を提示したい。古屋安雄は両国の学生の生活実態と意識に関する調査を実施し、米国の学生に比べると日本の学生は驚くほど勉強していないと結論付けて、平日の生活行動として以下のように報告している[35]。

・大学での授業や実験に費やす時間を7時間以上当てている学生：米国の学生が36.1%に対して日本の学生は9.8%
・自宅や図書館で7時間以上の勉強について：米29.3%、日0.4%
・全然勉強していない：米0.55%、日35.7%
・1時間のみ勉強している：米7.4%、日34.4%
・大学生活で最も重要なものは何かという質問に対して：講義、ゼミ、実験と答えた比率米50.3%、日 10.8%

ちなみに、日本では友人とのつき合いが重要と答えた比率は48.2%で、異性との交流が11%、クラブサークル活動が10%であった。米国ではそれぞれ23.1%、8.1%、6.3%という数字であった。この数字から日本の大学はレジャーランド化し、いかに「遊びの文化」が大学を支配していると言える。このことから、国内外から日本の学位の意義が問われ始めていることは認識すべきである。

　大学のマスプロ化が始まって以来、教育と学習／修について論議してきたが見通しは悲観的なものであった。しかし、大綱化以降、教員はこの現実を謙虚に受けとめ「勉強の文化」に戻そうと努力してきたことも強調しておきたい。特に、学生からの授業評価の実施によって教授法、授業内容について検討を重ねていることは評価に値する。シラバスの作成、教授法の研鑽、学生からの授

業評価の実践を積極的に取り組む大学も多くなってきた。当然ながら、学生からの授業評価に対して教育職員内で議論は紛糾し侃々諤々の様相を呈したが時間が解決することとなった。もし、現時点でも反対の大学及び大学人がいるとしたら、結局は自縄自縛に陥っていると警告したい。

　上述ように、教育、学習／修の多様化、個性化を求める意識改革は重要であることは事実だが、次の項で現実にいかなる改革が必要なのか提示する。

# 3. 学期制の改革

## 1) 4月学年始期制の弊害

　学期制を考察する前に、日本の大学の学年歴の仕組みを考えてみたい。なぜ4月から3月なのだろうか。4月開始のメリットはあるのだろうか。マイナス要因ばかりである。ある大学人は「桜」の季節から新学期が始まることは日本人にとって捨てがたいという。心情的には理解できるが、国際社会の潮流の中では時代錯誤となりかねない。桜は文学の世界だけでいいと愚考するに至る。

　4月になった理由として歴史を考察してみると、いみじくも寺﨑昌男著書である「東京大学史」の冒頭でふれられている[36]。要約すると、東京大学開設時の学年始期は9月であったようであるが、20世紀初頭、義務教育機関と教員養成系学校の4月始期制が定着したことで、1921年に東京大学も4月学年始期制を自ら選択したようである。主なる理由は1. 会計年度と一致しない、2. 初・中等教育機関との不一致、3. 徴兵制度により4月に学生が徴兵される、4. 中学校・高等学校卒業生が大学、大学・大学予科への入学時まで半年の無駄が生じる。いわゆる、外部的圧力で変えざるをえなかった。寺﨑が言うように9月学年始期制に戻すにはキーワードが必要である。

　先ずは、4月学年始期制のメリットは大学にあるのだろうか。以下のようにデメリットとして指摘できる。

＊世界の大学の学年歴の趨勢から逸脱している。今回の大学審も国際的な通用性・共通性を提言するならば先ず、この改革から始めるべきである。

＊上記に関連して、留学生の受け入れ、在外研修、在校生の留学、学会参加、

教員招聘・交換、など、国際化の動向の中で明らかな退潮とまで言わなくとも限界が生じてしまう。海外の大学教育関係の物事はほぼ9月学年始期制度を基準に動いているのである。21世紀は日本の大学も海外、特にアジア諸国からの留学生を積極的に受け入れざるを得ないだろう。天野郁夫も、どれだけ留学生が来るかということはかなり強い関係がある。その国の経済だけではなく、学問や文化センターでもあるということと関わってくると、国際化は必須であるとしている。卑近な例だが、アジア諸国は旧正月を一番の年中行事としている[37]。中国も海外からの影響もあったであろうが、旧正月の時期を一年の中心に置き学校も休みになる。つまり、9月学年始期制をとることによりそれを可能にしている。アジアからの留学生は日本の学年歴では帰国は不可能である。

＊現行の学年歴は、4月から8月、そして9月から3月と二分され、春学期、秋学期、または前期、後期と設定しており、その間夏期休暇、冬期休暇、そして春期休暇が割り込むという誠に複雑なシステムになっている。国内の大学でも学期開始時期及び終了時期が異なり、試験も休暇以前に実施したり、後に実施したりしている。しかし、重要な問題として、設置基準のいう一学期中15週間の確保は困難の状況に陥っていることである。

　しかしながら、大綱化以降、大学院の秋学期入学、7月卒業、春学期後の卒業を実施している大学も出てきた。東洋大学では今年度9月卒業を実施している。この動向は社会の変化と国際化を意識したものであり高く評価できる。この動向は他の大学に拡大しつつある。60、70年代では予想もできなかったことであろう。

　後述する完全学期制確立として、9月学年始期制度に関して議論は続くであろう。大きな問題となるのは、会計年度と初等・中等教育機関、さらに産業界との折り合いである。しかし、最も重要なことは社会がそれを望んでいるかどうである。会計年度制度は日本人社会に染み着いている。しかし。解決策として、大学人の方から9月学年始期制のメリットと21世紀の国際化の確立のために不可欠であると社会に向かって啓蒙する必要がある。

第1章　大学発展過程 ―黎明期から成長期へ―　　83

## 2) 完全学期制の確立

　この完全学期制は9月学年始期制の上で実施可能である。先ず、3学期制については、秋学期は9月から12月、春学期は2月から5月、夏学期は6月から8月となる。4学期制は秋学期と春学期の間に1月期を設置することである。この学期制改革は国際的通用性の提言に大胆な改革につながるばかりか、大学内の履修、単位、更に教育・学習／修、つまり時間割の組み方において大胆な改革ができる。

　夏学期の存在は極めて効率よく活用できる。この3ヶ月間を1学期にしても、または2セッションに分割してもよい。学生のメリットは、金銭的に余裕のある学生、優秀な学生（例えば奨学金供与）が履修することにより、3年で卒業可能となり、その分早く社会活動開始や大学院に入学できる。ここで問題になるのが教育職員である。解決策として、年収を9ヶ月ベースに改革することから可能である。つまり、現在の年収の7.5〜8割を給与とし、夏の3ヶ月と冬の1ヵ月はプラスの支給とする。教員の必要に応じて科目をオファーするもよし、学生の要望に応えてもよし、また教員間で持ち回りでも可能である。特に、若手の教員へ優先的に回すことも可能であるし、教育課程内の科目及び教育職員の調整は可能である。

　もう一つの障壁は非常勤講師の問題である。1科目につき週2日か3日の出講になる。専任教員も従来のように週3日の出講日とはいかなくなる。もちろん、積極的な政府からの助成金は必要である。それにより非常勤予算及び専任年収計算が違ってくるのである。

　この夏学期に海外から短期留学生を積極的に受け入れる。国内でも他大学で自由に履修できる単位互換制度を確立する。つまり、他大学と科目オファーの調整も可能である。1月学期は当然ながら特別集中授業となるので、科目は限られてくると同時に、授業が長時間になるので教育職員も学生もかなりの負担になるので十分な検討が必要となる。しかしながら、基本的には夏学期と同レベルに検討できる。

　後述する大学の質を大きく左右する履修と単位制度の根本的な問題である履

修の多さ、単位時間数の空洞化などの認識したうえで、抜本的改革ともいえる制度を作り上げなければ是正はできない。もちろん、学生はどの学期からでも入学・卒業可能とする必要がある。すべての科目をナンバリングし単位制を徹底する。したがって、個々の学生の単位取得の蓄積が異なるため、クラス単位及び担任制度（現実には機能していない）は不要となる。そのかわり、個々にアカデミック・アドバイザーが付き学習／修プランをたてる。もちろん、アドミッション・オフィサーとしての専門家の育成も必要となる。この完全学期制の意義は今までの大学教育課程を根本的に変革することになるであろう。慎重を期するも思い切った英断が必要となる。このような抜本的な改革は大学人の決意と犠牲がなければ改革できない。そのリーダーシップをとれる人材が大学教職員の中に多くいることを期待したい。

## 3）無秩序たる履修と空洞化した単位計算

先ず、新制大学の単位制と時間割について整理してみる。

＊講義科目1単位毎週1時間（45分）の授業＋2時間の教室外学修3時間×15週＝45時間

＊演習・実験実習科目1単位・毎週2時間（90分）の授業＋1時間のデータ整理3時間×15週＝45時間

ここで、大学の履修と単位を再度分析する必要がある。大綱化がなったといえども、文部省諮問機関の中教審・大学審議会の中間報告では1単位は標準45時間（内容は上記の通り）で、設置基準第21条に明記されている。しかしながら、「1年間で30単位という制度設計からすれば、授業期間中における学生の1週間の学修時間は45時間となる、しかしながら、1995（平成7）年度の文部省調査によると1週間の学修時間は平均で「授業への出席時間19.3時間」、「その他の勉強時間は7.2時間」となっている。自然科学系は22.3時間と7.9時間、社会科学系については、15.8時間と6.0時間となっている。授業時間以外の準備学習／修等が十分確保されていない」[38)]と指摘している。

大学審の指摘はもっともであり、設置基準を遵守していないことへの言い訳はできない。しかし、現実には、4年制大学の社会科学系の学生は週1回、2回

の授業を10種類以上の科目を履修している。関政夫も理工系の学生の履修方法についても疑問を投げかけている[39]。

> 理工系学生ですと一週間に17〜18種類の授業科目を履修しているのであります。……学生たちが各授業科目の内容を深く理解し、学力がつくとは考えることは困難でしょう。……まともに単位制度に従って、勉強するとすれば寝る時間さえもなくなるのであります。……この教授・学習課程の構造というのは、まったく単位制のことを無視したものだといわざるをえないのです。

　この空洞化を招いている原因の一つに、4年次は就職活動で授業どころではない実情があることから、3年次で計算上不可能な履修科目数とならざるをえない。中には3年次後期から就活が始まるともいわれている。現在の採用形態はまさしく、大学のカリキュラム及び成績を無視している証左であろう。唐突な提案であることを承知で述べると、4年生で30単位履修する時間が取れないとなると、この問題を解決する方法は二つしかない。一つは、設置基準の単位計算の見直しで、時間数45時間を思い切って1.5または2単位に増やすことである。または、授業時間を調整して、1科目3単位にすることである。しかし、設置基準を改正する必要があるので、不可能ではないが非現実的である。もう一つは、既述したように、週2日（火木）または3日（月水金）の授業の実施と夏学期を利用することが現実的であるといえるが、全体の科目数を大きく削減する必要がある。

　カリキュラムの中身について論じることは、本節の目的ではないし、遊びの文化を助長する意図もないが、例えば課外活動、クラブ活動、アルバイトなども大学教育課程の中に組み込み（広義の教育課程改善の意味で要検討、旧制高等教育から学ぶ点も多い）、社会学習や人間学習として是非とも評価すべきで、単位の供与の対象にすべきだと提案したい。学生にとって学習／修の場は教室内だけではないはずである。評価方法を精査・研究する必要はあるが、点数化せず単にS、U（Satisfied, Unsatisfied）、またはP、F（Pass, Fail）の表記である。

# 4. 契約制度の確立

## 1）受益者負担の論理

　大学教育職員が二人以上集まれば、決まって出てくる話題は一つである。今の学生は予習復習不足、課題がこなせない。根本的な問題は本を読まないどころか、新聞も読まない。覇気がないし、教えがいがない。教室内ではまるで"のれんに腕押し"の感がある、などと嘆くことしきりである。

　この現象に対して、ある大学人は大学教育が大衆化しすぎた。ともかく大学に入学する人数が多すぎる。大学教育を受ける能力のない者までくるのだから、質が落ちて当然である。由々しき問題であると平然という。しかし、ユニバーサル段階にある現実を無視できない。旧制度やエリート段階に戻れないことだけは確かなことである。別の角度からの見方をすれば、より多くの者が高等教育を享受できれば、社会全体のレベルは向上し国力はもちろん、民度も向上することに異論はないであろう。諸外国と比較すると、高等教育機関全体の数は人口比の割合で誠に恵まれているといえる。先達の努力でここまで拡充・拡大した財産は十分に活かし切るべきだ。今、直面している問題として卒業生の質低下が顕著であると社会から、特に企業関係者から厳しく指摘されているのである。

　しかしながら、学生だけを責めることができるだろうか。現在の履修制度、単位制度、学期制度などから判断するに、疑いようもなくこの結果を招いているといえないだろうか。この質の低下問題に関して、濱名篤は「教育に責任をもつ」と題して大学人に警告を与えている[40]。「学生間の学習能力や学習意欲の分散は大きくなり、……そのことを嘆いたり、学生に責任転嫁したりするよりも、学習者を支援して、高等教育に適応してもらえる、システマティックな仕掛けを考える方が生産的であり、大学、教員、学生すべてにとってベターではないか」と強調しながらも、この支援は学生自身が実力で卒業する支援であるべきだ。さもなければ、授与する学位や卒業証書の価値と信用を失墜させてしまう、と大学人の自覚を促している。言い得て妙である。

第1章　大学発展過程 ―黎明期から成長期へ―　　87

確かに教育は金がかかる。日本人には教育を受ける者にとって "受益者負担" という社会通念かある。よって、学生への教育にかかる支援金は誠に微々たるもので無きに等しい。いわゆる奨学金制度が極めて貧弱である。多くの大学が学生に対して援助の手を差し伸べてきているが、享受できる学生は僅かである。しかし、受益者負担の論理には、学生は教育をされているのだから、教育課程には口を出すなとの論理も見え隠れしているのである。

　ここで、金を出すことの意味をもう少し考えてみたい。金をだすことにより、学位授与権をもつ大学という組織から知識や学位という資格を購入しているのである。金銭が動くからには、そこには常に良き商品があり、信用が大切になってくる。目に見えない契約意識が生じているのである。

　ここで提案したいのは、もっと目に見える形で「契約」を交わしてはいかがであろうか。実の所、不謹慎な表現となるが学生は "お客さん" なのである。当然、良い商品を売らなければならない。教育職員も悪いお客に対して、契約を破棄する権利も生じるのである。学期中、教育職員の学会、研修会参加のための休講はある意味で契約違反であるとの見方もできる。確かに、教育職員にとって調査・研究を通して論文などを作成する重要な仕事はあるが、学生から見ればあくまでも私的業務であり、授業と学生指導こそ公務であることを自覚すべきである。

## 2) 契約の確立と意識改革

　受益者負担という原則の上に立っているならば、学生にも学習／修の自由を与えるべきである。口を出させるべきである。更に、教育職員にもいえることだが、高額授業料に対価意識が不十分であることも事実だ。今や、大学は教育してやっているとの論理は通用しなくなってきていることも認識すべきである。学生には金を出して授業を通して単位を買っているという意識の確立を促す必要がある。もちろん、前述のごとく、教育職員は購買者には良い商品を提供する義務があり、学生のパフォーマンスを評価するという権限を有している。その意味では、学生は教授者に対して誠に弱い購買者であるという特異な現実が大学には存在する。しかし、学生も教育職員の授業の内容（商品）を評

価する権利もあり、売り買いの過程では当然の理であるはずだ。未来を見つめて、大学人もくれぐれも自制的であって欲しい。

　このような契約制度（抜本的な改革につながる）が確立すると、後述する問題、シラバス作成の義務、授業の質、学生の評価、GPA（Grade Point Average）制度、学生からの授業評価、履修・単位、留年、安易な卒業など教育・学習／修の活性化につながり質の向上ともなり、社会からの評価を得て信用の回復にもつながる。最も重要なことは学位授与機関として厳格な審査をもって学位を授与し卒業生を送り出せる体制づくりの一語につきる。

　次に教育職員と学生の間で交わされる契約内容ついて一例を記しておきたい。

＊シラバスは授業の日程、授業内容、参考文献、課題内容、他を熟読する。

＊このXXXXX履修期間中に小クイズ5回実施するが、5回の内最も低い点数は平均点の中に加えない。しかしながら、何らかの理由で1回クイズが受けられなかった場合、4回のクイズで平均点を算出する。シラバス上のクイズ日に受けられなかったとしても、再クイズは実施しない。

＊欠席率が全授業日程の1/3以上の場合は当該科目の単位は与えられない。シラバスの日程通り教科書、補助教材は進行するので、予習・復習及び課題は自宅学修として確実に実施すること。授業中は積極的に参加すること。

＊参考文献は各自、時間の配分を考慮に入れて規定の冊数は熟読し理解すること。

＊中間・学期末試験において、参考文献の内容を問う問題も出す。

＊授業が何らかの理由で休講になった場合必ず補講を実施する。

＊授業担当者は別紙のシラバスの評価方法（計算方法）に則って公正に評価する。履修中、授業の進め方・内容ついて疑問点及び異議を求める場合は、いかなる時でも担当者に説明を求めることができる。その他、予想外の問題点などが生じた折りは、両者話し合いの上解決する。

　上記の内容を熟読し、理解し、承諾の意志のあるものはここに署名するものとする。

　　　　　　　　　　　氏　名　　　年　月　日　　　署　名

たかが紙切れ一枚と判断されかちだが、この契約を実施することで、教育職員と学生の授業に取り組む姿勢は大きく変わる。大学審の中間報告で、大学における安易な成績評価や学位授与の現状に警鐘を発しているが、これはまた社会の批判として謙虚に受けとめる時期なのである。産業界も出身大学に対する評価は "入学できたこと" に対する評価から、"卒業及びその内容" の評価にシフトすべきである。米国でも、70年代から、大学には逆風の時代があり、淘汰された教育機関も続出した。その中で耐えて、乗り切れた大学の共通点は一つあったようである。それは、大学教育課程の質、つまり優秀性、卓越性は一歩も譲らず、かえって学生の評価を厳格にしたそうである。結果的には生き残り、そして学生、しかも優秀な学生が帰ってきたのである。学生におもねる処置をとった大学は結局破綻の憂き目に遭う。この対応こそ、日本の大学の再建に大いなる示唆及び忠告となりえる。

## 3) 自己点検・評価の意義の再検討

先ず、学内の自己点検・評価について述べることにする。現在、ほとんどの大学が学内評価に取り組んできた。実施姿勢は建て前として、大学教育機関の管理運営に関して問題・課題などを黙認してきた反省と教育の質向上を図るためとしているが、本音は生き残りのためである。1991年、大学審はカリキュラムの自由化を提言する一方、大学に厳格な自己点検・評価の実施を求めた。その年、筑波大学は全教官の業績一覧を公表し、東大も白書として刊行、鹿児島大学水産学部も学園白書として公表した。これらの公表姿勢は勇気ある行動して賛美されたのである。そして、他の大学も続々とそれに続くのであるが、教育職員の評価・業績の公表にまで至っていない。この動向に対して天城薫は以下のように更なる成長を期待している[41]。

> 個別大学による白書がかなり公表されているが。……大学の現状記述が中心で、……誰を対象にしているのかよく分からない……自己満足評価に終わっている。分析的にさらには改革指向まで踏み込んだものは希である。現状記述は評価のための前提であり、これが分析に進み適切な基準によって初めて客観的な評価へとつなが

るのである。……本質的には第三者による評価を抜きにして語ることはできない。

　佐藤東洋士も大学基準協会の審査を受けた後の感想として「書類審査だけではなく、評価実施校すべての実施調査も含めて評価する方向にすれば、もっと実効性のある内容になる。……結果を公表することは、大学の質の維持にプラスになると同時に……教員としての、あるいは事務職員としてのプロフェッショナリティーに対する意識を高めることにはなるはず。」[42]と大学基準協会の審査方法に忠告を与えると同時に、その意義を高く評価しまた期待をしていることが分かる。

　大学基準協会は大学人の実施調査団を実施校に定期的に派遣し、各大学が前もって作成した自己点検・評価報告書をもとに査定する制度を早急につくることを期待する。そして、公表する義務がある。

## 4）教授法の建て直しとFD（Faculty Development）の必要性

　至近な例であるが、ある某伝統大手私立大学に対して「学生は一流、教授は三流」などと内部の学生から学外へ広められてしまった。その某大学の学生たちは、「講義が多く、またその内容がひどくつまらない。それらの講義に出るくらいなら、図書館で教科書を読んでいた方がましだ。それで単位がとれるのだから、時間の無駄だ」とまで平然と風潮して回ったようである。大学側もその対策として次のような検討に入っている。量的拡大から質の充実を図り、更に全教授の相互評価、客観評価のFD実施の検討をし、現在は教育研究水準の向上に資するため、自己点検及び評価を行い、その結果を公表しており、また対話型、問題発見・解決型教育の実現に向けた取り組みを実施している。中には教育職員同士による相互評価など、さまざまな観点からの評価と判定が含まれている。さらに、学外から積極的に教育職員を採用し、人材の流動化を図る。教授が研鑽を怠ったことを反省し卒業単位を大幅に減らし設置基準に戻すなど、真剣に再建に取り組んでいる[43]。しかし、最後の卒業単位を減らすというが、これは解決には結びつかない。前述のごとく、学期の履修単位総数と週の授業時間及び授業外学修に対する抜本的な改革をしなければ中途半端な結果と

なることから免れ得ない。

## 5) 活気ある授業と学生からの評価の重要性

　授業といえば、一般的に座学としての講義科目が多すぎないだろうか。旧態依然の「講義中心」、いわゆる学生の自発性を引き出せない教授方法を継続し、何の疑問も持たない現状といったら言い過ぎであろうか。講義は教授者として学問研究の集大成の場でもある。反面、一方的な授業であるばかりか、往々にして内容の次元が高すぎて学生は理解できない。教室内で学生とのやりとりも皆無に近い。学生の学習／修の面を重要視するとなると、この講義形式では学生の人間的形成にはほど遠いものである。大学としてはカリキュラム運営上に事情があろうが、せめて演習的な教授法（問答式、対話式等）にもっていけるはずである。

## 6) FDの必要性

　大学教育職員は安易な成績評価や学位授与に対する社会批判を謙虚に受けとめるべきである。現実に大学における出口の質に対する評価は低い。この社会通念に対して今や黙認できない状況下にある。1998（平成10）年の21世紀答申ででも、FD開発の努力義務を提言している。近い将来、大学にこのシステムの確立を努力から義務づけようとしており、設置基準の条項に加えると提言している。結果的に2008（平成20）年に大学設置基準において、「大学は、当該大学の授業の内容及び方法の改善を図るための組織的な研修及び研究を実施するものとする」（第25条の3）と義務化となる。

　大学の学者、研究者は種々の意味で自己完結する傾向があるので、教育に対して苦手意識がある。ましてや、講義中心の授業では教授法など念頭にないといっても過言ではない。そこで、授業の進め方に問題があると認識しても、教授法の専門家など存在していないことから、同僚、諸先輩の授業を参観したり、自分の授業を見てもらったりして批評してもらう。もちろん、FDとは教授法のみではない、評価方法や学生の指導方法など学内における教育職のすべてに関連してくる。学内外の勉強会、研修会には参加し研鑽を積む必要があろう。

先ず、学内において学生・教育職員と討論会を開くことから始めるのも得策といえる。この努力こそ後に、大学にとっても教授者にとっても計り知れないほどの財産になろう。大学は大きく変わるはずである。

このFDに関して英国では、遅々として進まない状況を憂慮して、教授力の向上のため教員訓練プログラム開発・認定などを行う「高等教育教授・学修開発機関」を大学などが共同して設置し、このプログラムの履修なしには高等教育機関の正規の教育職に就けない資格制度を導入することを提案されている[44]。ちなみに、2006年前後にこのプログラムの導入が決定されたことを追記しておきたい。

## 7）学生からの評価はフィードバック

授業は一種のパフォーマンスである。映画、本、演技等の世界には必ず批評がついて回る。しかしながら、授業に対しては正規の批評はないことである。教育職員からは見えない、つまりフィードバックが皆無である。学生の授業内の反応位のものである。このマンネリ化を解決する方法として、前述のFDが効果的だが教育職員は自ら専門家であると自負していることから、教育職員間の相互評価実施に対する違和感は極めて強いのである。よって、このFDが機能するまで教育職員同士の精神的成長を待たねばならない。ここに、学生からの授業に対する評価が浮上してくる。学生からの授業評価は、米国で60年代後半に始まった、そして結果は大学ガイドブックに公開されている。

1988（昭和63）年、国際基督教大学は学生からの授業評価を初めて全学的に導入したのである。その後、多くの大学が文科省の指導により、紆余曲折を経ながらも実施大学が急増したのである。当然ながら、学生からの授業評価の実施問題点として大学人からの懸念は、学生の横暴、恣意はないか、妥当な評価と判断ができるかなどと声高に主張した大学人は少なくなかった。これらの杞憂・懸念に対してFD先駆者の一大学である東海大学は調査結果を科学的に分析した結果、いい加減な評価は数%であると結論づけて公表している。東海大学も慶応大学藤沢キャンパスの評価方法は他の多くの大学実施に資すること大であった。米国では大学ガイドブックに授業評価の内容が掲載されており、情

報が社会に開示されていたように、日本の大学も何らかの形で開示される機会が来ることを期待したい。

## 8) GPA制度確立こそ出口への厳格評価が可能

GPA（成績平均値）の表記は学生の業績結果を見るに一目瞭然であるが、果たしてその信憑性はいかがなものかとの疑問の声もある。先ず、学校差の問題に関しては現在のところ、入学時の時だけだと決めつけても差し支えないであろう。なぜなら、通常の授業形態や内容はどの大学も五十歩百歩である。問題は教授者による成績評価が厳格か安易かだけのことである。解決策の第一歩として、FD開発を通して基準の統一を図り、研修・研鑽することで教育職員の良識・見識に委ねることができる。この制度の利点として、濱名は「学生の学習評価尺度として、成績表だけでは実感てきない学習評価を学生自身が自覚して"自己責任" で "自己管理" する。他の利点としては、科目の「途中放棄」の責任が学生にかかっていく。現在は、途中放棄しても履修者責任は問われず、成績表にも記載されない。その予防策になる。」[45]

しかしながら、この後半の部分に異議がある。前述のごとく、完全学期制を確立し、週2回から3回の授業体制が整えば、学生に1週間の検討時間を与えることで履修取り消し（withdrawal）ができる。受益者負担の原理からいえば当然の権利である。最初の週で、教員からシラバスの配布と授業内容の説明、文献、試験、評価方法など詳細の説明があてこそ、その教員と契約するかしないか判断すればよいのである。

このGPAの他の利点は、学内で基準を設定し、それにより学習／修効果のあがらない学生には警鐘（Probation）を発し、一定期間が過ぎても好転しない場合、留年または退学処分（Suspension）にする。学習／修効果のあがっている学生には、慎重に審査した上で、履修単位上限を越えての履修を許可する。給付型奨学金の対象の目安にもなる。ともかく、学生の学習／修への意識改革を促す上策となるであろう。

1991（平成3）年、明治大学の新美教授の大量留年の問題が大学人及び社会を驚愕させた、しかし、この教授は当然すぎるほど当然のことを信念に基づい

て断行したに過ぎない。単位及学士（大卒）の安売りをしているとの社会的批判の中で青天の霹靂ともいう出来事であった。

1991年7月1日に施行された学校教育法の改正及び学位規則の改正により、学士は再び学位として定められることとなった。この年度から学士が学位となる。今回の大学審でも留年の問題を重視し、教育方法等の改善―責任ある教授運営と厳格な成績評価の実施を提言している。更に、留年生が増加することも予想されるが、そのことが大学等の設置認可や私学助成金の上で不利にならないよう、留年者の定員上の取り扱いについての配慮を検討すると確約している。このことは、大学側（教職員）として懸念であった一番の足枷がとれることであり、信念に基づいて厳格な評価が可能となる朗報となろう。

## 9）潜行している大学教員の任期制度

米国の任期制度（大学の活性化を図った画期的な制度である）は周知のこととして、ここでの詳細は紙面上の制約で記述できないが、日本における大学教職員任期制度は1995年の大学審議会の提言「高等教育の一層の改善について」から火が付いた。大学の人事流動化と教育研究の活性化を示唆したものである。もちろん、各大学の判断にまかせるとの前提条件はある。しかしながら、主なる問題点として次のようなことか指摘されている。教育職員がテニア（終身在職権）を手中にすると研究活動が止まってしまう。若手の教員に対するプレッシャーの割に、その評価の正当性・公平性の有無が挙げられる。

期待していたほど大学の人事流動化が進んでいない。現実には非常勤の数が増え続けていることである。非常勤に関しては、多様性を求めるあまり教育課程の科目が多すぎる。現実に、非常勤の比率が高すぎて教育・学習／修に支障をきたしている。大学教育の専門家は非常勤の比率は教員の20％が限度であると警鐘を発している。

寺﨑昌男は任期制度に対して「今、多くの大学が自主的に改革に取り組んでいる。……自己点検・評価のための学内規定は、八割の大学で整備された。……任期制は、そこに劇薬を施すようなものだ。大学は死んでしまう。上からの介入は厳に謹んでほしい。[46]」と反対の立場をとった。逆に、桜井邦明は「日

本の大学は、教員の研究・教育の業績を評価するシステムのないぬるま湯社会。研究に支障がでるなどの反対論は逃げ口上、年金などの経済問題もクリアできる。評価も審査も大学内部ではなく、大学外部の専門家の登用が不可欠であり、外部機構がやるべきだ。[47)]」と積極的に実施すべきとの立場をとった。西尾幹二は「他の大学で審査を受けなければ昇格できないドイツの方式を以前から評価してきたので方向としては賛成。しかし、導入や運営を各大学の判断に任せるという及び腰の提案では絵に描いた餅であろう。[48)]」と慎重な意見を述べている。

　今のところ、との大学も消極的でこの問題検討は棚上げになっているのが現状である。しかし、社会の終身雇用制度が崩壊した今、近々に避けては通れないことになるであろう。大学・短大教員数は約14万人といわれている。一大勢力であることは確かだが、社会からその見直し検討を迫られることは時間の問題である。

## 10) おもねる入試制度

　最後に現在の入試動向について述べたい。少子化現象で受験者数減少が加速的に進み、90年代の改革への決意に動揺を与えるに十分であった。今までは、大学の理念・主義に適した学生を選抜するどころか、定員確保に汲々とし始めたのである。特に短大の受験生の減少は著しく死活問題となってきた。いかに受験生を増やすかに全神経を注ぐことになる。大学は受験生の数字が社会的評価に直結していると信じている傾向がある。憂慮すべきは、この生き残り方策が受験方法に多様化という名で新手の選抜方法が続々と誕生してきたことである。ともかく定員確保が究極の課題となりつつある今、また事なかれ主義に埋没することを危惧する。

　文部省の学校基本調査[49)]によると、「98年度の高校卒業生の大学・短大への進学率は42.4%。浪人を含むと48.2%と過去最高を記録し、ほぼ2人に1人が大学・短大に進む時代になった」と報告している。更に、「女子で見ると大学進学率24.4%に対し、短大進学率は22.8%で初めて大学進学率が短大を上回り、4年制指向が一段と進んでいる。厳しい就職状況を意識した資格取得などを念

頭に置いた実学志向に加え、従来の女子だからという概念にとらわれない多様な選択が広がっている。」このように、少子化か進めば進むほど進学率は高くなる。しかし、受験者の絶対数は減少していく。

　この少子化減少を背景に、受験者の受験科目などの負担を軽減する動向に対しては疑問が残る。選抜方法も受験生に「おもね過ぎて」いるのではないか。選抜内容を簡略化し、そのうえ安易な卒業となると、大学の水準と質は「入り口」の入試で社会的に評価され、保証されてきたことまで放棄する方向と見えなくもない。目先だけ追いすぎると単なる一時しのぎに過ぎなく、結果的に淘汰されてしまう。

　大学審議会も入試対策を提言してきたが、やはり、2010（平成22）年には全入になると予想していた。入試専門委員会が米国のSATのような、大学入学者選抜のための統一試験の検討に入っている[50]。1998年9月下旬、文部省は5年後の2002（平成14）年から初等・中等教育の学校五日制実施（ゆとり教育）が始まり、更に一層少子化か進むことから高校から実力不足の入学者の増加が必須であるとし、大学の質の低下を招くことを危惧して、次のことを11月に中央教育審議会に諮問するとした[27]。

1. 大学の専門課程の科目を入試科目にいれる。
2. 大学入試センターの科目を増加。
3. 入学後、補習を設ける（いわゆる学習システムの確立）。

　90年代、特に1996年から、特に推薦入試で多様化に拍車がかかった。大学内の教職員までまごつくほどである。学部の数だけ多様化しているのが現状である。このような複雑な方式は日本以外の国で見ることはできない。この複雑化と混乱は教育機関全体に悪影響を与えている。大学側としては、よかれと信じて実施しているのだが、結果的には悪循環を招き、どうみても受験生に迎合しているとしか写らない。

　やはり、学士課程教育（undergraduate）、つまり学部は一つにして、前述したような主専攻、副専攻方式の確立を急ぎたい。入学選抜は、特殊な場合をのぞいて単純でよい。大学によっては、無選抜でもよい。21世紀の初頭にはその実施が迫られることになるだろう。そのかわり、厳格な評価で安易な卒業は

させない。「人口」より「出口」の優秀性・卓越性に全力を尽くす時ではないだろうか。願わくは大学教育課程として「出口主義文化」への方向に大学はもちろん社会的評価も変化していって欲しい。

## おわりに

　大学は確かに教育の場であるが、多くの学識経験者から警鐘が発せられているように、学習／修の場でもあることを認識する必要がある。学生を大人扱いせよというのは簡単だか、たかだか20歳前後の学生が大半を占めている点を念頭にいれながら、学生自身が選択し、責任を持たせる教育・学習・学修体制確立が必要である。そのためには、前述してきたような、学習／修環境面での整備が先ず不可欠となる。

　象牙の塔としての社会的役割は完全に終焉した。その認識の上で、学部組織の再検討または再改革を急ぐ必要がある。まさしく、undergraduate（学士課程教育）への変革にほかならない。極端に言えば学部は一つでよいのである。一朝一夕には変革できないので、現在の学部の壁を取り払うことから着手する。その中で学生が主専攻・副専攻を選択して将来を模索させる。すべて学生の責任で進めることになる。そのためには、アカデミック・アドバイザー及びアドミッションズ・オフィサーの役割は重要である。大学教育の質の問題、特に出口の優秀性・卓越性を最優先させる必要がある。

　現行の履修方法、学生の評価、特に単位の計算方法はある意味で設置基準もあるし、また学内規定もあるが、形骸化していることは否定できない。21世紀の新しい大学として生まれ変わる必要がある。第一に完全学期制の確立をし、夏の6〜8月は夏学期として位置付け一年中キャンパスは稼働させる。その上で、筋の通った、つまり辻妻の合った履修方法と単位を取得させる。特に、国際的な通用性・共通性を望むなら、この完全学期制の設置が極めて重大になってくる。それなくして、先に進まなくなる。改革もいつものごとく希望的観測で終わってしまう。

　第二に、学生と教育職員（大学）の契約意識確立である。知識・学問という商

品を売り買いする関係なのである。この意識改革により、教育職員も教授法の研鑽に努め、良い商品を売ることができる。学生は厳格な学習／修を通して単位・学位という磨き上げられた商品を手に入れることができる。しかも、GPAを通して自己責任、自己管理能力の研鑽につながる。

　つまり、教授者としての教育職員も学生も自己の義務履行のための研鑽を怠った者は、キャンパスを去るべきである。それは、相互の評価で厳しく向き合うことである。少子化問題や定員確保に汲々とし、更に入試選抜等で姑息な手段で身を削るよりも、学習／修の場としての優秀性・卓越性を追求すべきである。

## 【引用（参考）文献】

1）　天城 勲（1995）『大学の変革―内と外―』玉川大学出版部, 32頁.

2）　海後宗臣, 寺﨑昌男（1976）『大学教育《戦後の本の教育改革》第9巻』東京大学出版会, 459頁.

3）　同前書　450-60頁.
　　関正夫,（1995）『日本の大学教育改革―歴史・現状・展望』玉川大学出版部, 92-3頁.

4）　同前書　関『日本の大学教育改革』94頁.

5）　文部省（1972）『学制百年史―資料編』ぎょうせい. 309頁.

6）　同前書　311頁. 横浜国立大学現代教育研究所編（1971）『増補中教審と教育改革―財界の教育要求と中教審（全）―』三一書房, 129頁.

7）　文部省『学制百年史―資料編』318-19頁.
　　横浜国立大学現代教育研究所編, 147-48頁.

8）　文部省『学制百年史―資料編』320頁.
　　横浜国立大学現代教育研究所編, 151頁.

9）　横浜国立大学現代教育研究所編, 153頁.

10）文部省『学制百年史―資料編』326頁.

11）筑波大学大学研究センター（1991）「教養部改組を中心とした―大学教育の改革につ

いて」『大学研究』第8号, 27-8頁.

12）砂田重民「レポート教育改革この人に聞く」朝日新聞, 1984年6月12日.

13）寺﨑昌男「レポート教育改革この人に聞く」朝日新聞, 1984年6月26日.

14）黒羽亮一（1993）『戦後大学政策の展開』玉川大学出版部, 202頁.

15）『臨教審第二次答申の内容』朝日新聞, 1986年4月24日.

16）前掲　黒羽『戦後大学政策の展開』203頁.

17）文部省高等教育局（1988）『大学審議会ニュース』No.1 ［4月］, 2頁.

18）文部省高等教育局（1989）『大学審議会ニュース』No.3 ［6月］, 3頁.

19）大学審議部会「大学設置基準の大幅緩和」朝日新聞, 1989年7月28日.

20）同前新聞 3-4頁.

21）文部省高等教育局（1991）『大学審議会ニュース』No.9 ［8月］, 13頁.

22）同前書　50頁.

23）文部省高等教育局（1995）『大学審議会ニュース』No.14 ［10月］, 46頁.

24）同前書47-9頁.

25）天野郁夫（1985）『教育改革を考える』東京大学出版会, 179-80頁.

26）喜多村和之（1990）『大学淘汰の時代—消費者社会の高等教育』中公新書, 176-7頁.

27）古屋安雄（1993）『明日の大学をめざして—大学の神学—』ヨルダン社, 13頁.

28）寺﨑昌男（1998）『大学審「中間まとめ」を読んで』桜美林学園, 大学教育研究所 Newsletter No.7, 1988年7月.

29）関 正夫（1996）『21世紀の大学象—歴史的・国際的視点からの検討』玉川大学出版部, 204-07頁.

30）佐藤東洋士（1998）「学士課程教育をリベラルアーツ教育と位置付けカリキュラムの整備を図る」『ビトウィーン』No.148 ［10月］6頁.

31）扇谷 尚（1977）「一般教育と専門教育の内面的関連性の研究—統合理論の樹立をめざして—」『大学論集』第5集, 広島大学大学教育研究センター , 105頁.

32）「ドイツ大学法改正」毎日新聞1998年2月15日.

33）潮木守一（1990）「大学におけるティーチングとラーニング」喜多村和之編『大学教育とは何か』玉川大学出版部, 29-31頁.

34）同前書　33-5頁.

35）前掲　古屋安雄『明日の大学をめざして―大学の神学―』14-6頁.

36）寺﨑昌男（1992）『プロムナード東京大学史』東京大学出版会, 3-12頁.

37）前掲　天野郁夫『教育改革を考える』179-82頁.

38）大学審議会（1998）「21世紀の大学像と今後の改革方策について―競争的環境の中で個性が輝く大―」（中間まとめ）平成10年6月30日

39）前掲　関 正夫『21世紀の大学象―歴史的・国際的視点からの検討―』pp217-18.

40）濱名 篤（1998）「学生が実力で卒業する"支援"―GPAと学習支援センター」『カレッジマネージメント』92 Sep.-Oct, リクルートリサーチ, 64頁.

41）前掲　天城勲『大学の変革―内と外―』38頁.

42）前掲　佐藤東洋士「学士課程教育」をリベラルアーツ教育と位置付けカリキュラムの整備を図る」6頁.

43）産経新聞社会部編（1995）「大学を問う―荒廃する現場からの報告」新潮社,15-8頁.

44）篠原康正（1998）「1991年代のイギリス教育改革の動向」『教育と情報―Education and Information』文部省大臣官房調査統計企画課編集,［平成10年7月号］40頁.

45）前掲　濱名 篤「学生が実力で卒業する "支援"―GPAと学習センター」65頁.

46）寺﨑昌男（1995）「大学教員の任期制」毎日新聞, 11月15日.

47）桜井邦明（1995）「大学教員の任期制」毎日新聞, 11月18日.

48）西尾幹二（1995）「大学教員の任期制」毎日新聞, 11月19日.

49）「4年制指向. 一段と. 固定観念にとらわれず」毎日新聞, 1998年10月14日.

50）山岸駿介（1998）「Up to Dateアメリカ高等教育事情」『カレッジマネージメント』91 Jul.-Aug. 1998年7月リクルート, 53頁.

**第4節**

# 学士力向上と質保証のためのFD
## ―単位制度・シラバス・成績評価を中心にして―

## はじめに

　2008（平成20）年の中央教育審議会からの答申「学士課程教育の構築に向けて」は、答申の集大成として位置付けられている。（以下、「学士力答申」という。）この学士力答申を新たなる出発点と位置付け、学士力向上・質の保証を喫緊の重要な課題とするためには、義務化されたFDの活動内容の再検討が必要である。

　本節ではその絞り込みとして何が重要課題であり、どのように取り組むかについての提案を試みる。先ず、学士課程教育におけるFDの意味と重要性、更に定義（狭義的解釈と広義的解釈の意味）を整理する。その上で、学士力向上と質保証という命題を中心に、単位制、シラバス、成績評価について可能な限り整理して、シラバス及び成績評価の具体例の提案を試みる。

## 1. FDの重要性と義務化への対応

　昨今、FDやSDに関する定義の整理の必要性が問われている。現状ではFDを教員組織、SDを職員組織の開発研修と理解されている事実がある。しかしながら、教育職員、事務職員も大学運営の職員であると定義し、更に大学が組織として開発活動としての展開を望むならば、SD（スタッフ・ディベロップメント）と統一すべきであるとの意見もある。大学経営（教育機関として、基本的に非営利団体、法人という立場から経営という用語の使用は長い間違和感

があった）という表現が学内外から認知され、抵抗なく使用されている昨今では、教職員（職員）で協同研修が必要であるとの声もその後押しになっていることは心強い。この両組織・職域間のパートナーシップ体制確立こそ、21世紀の新しい未来形の大学教育課程機関の一つの考え方といえるのはないだろうか。

　本題に入る前に、一点紹介しておく必要があるのは、FDという用語は米国の大学では使用されておらず、しかも和製英語であるとされていたが、事実とは異なっていると指摘しておきたい。もともとFD/SDは米国から学んだ教職員活動である。米国の大学では極めて重要な活動として位置付けられており、SD活動も存在するし、教職員のためのFaculty and Staff Development Program（Workshop）として高度専門知識開発研修を実施している。共通点としては、大学自体が組織を挙げて教授団の一員で専門職としての教育、学識及び諸事にわたる学究的業績を把握し、サポートする体制をとっている。個々のスクールの教職員はもちろん、専攻科長、Dean以外に学務担当副学長、学長（総長）などが参加可能な組織活動として位置付けられている。高等教育機関としての教育・研究の質と高水準維持のための最も重要な活動と捉えている。ゆえに、米国の大学文化からみて教員評価も重要なFD/SDの一環として位置付けられていることも当然である。つまり、SDは教育職員と事務職員等の区別をせずに、職員全体を対象にした概念であることを強調しておきたい。

　米国大学の「教職員能力開発プログラム」は次のような分野の開発研修であり、まさしくInstitutional Development（組織開発）といえるのではないだろうか[1]。

　・専門能力開発、・リーダーシップ開発、・人材開発、・国際サービス開発コース、・キャリア開発コース、・財務計画、大学経営・財務支援、・組織開発・健康と安全管理

　日本では、文部科学省令、大学設置基準でFDは「努力義務」（大学教員の教育能力を高めるための実践的方法）から設置基準改正により、2008（平成20）年度から「義務化」となる。＊【教育内容等の改善のための組織的研修等】「大学は、授業の内容及び方法の改善を図るための組織的な研修及び研究を実施するものとすること。（第25条の3関係）」

　この省令に対して、批判的な論評を加える大学人も少なくないことも事実

であったが、2007（平成19）年度に大学院教育課程で義務化されていたこともあって、ソフトランディングであった。すんなり受け入れた最大の理由は、1991（平成3）年の大学設置基準大綱化により、大学教育の教育改善、つまり授業改善、更に質の担保のためにFDに積極的に取組んできた事実がある。しかも学部・学科、研究科単位のFD実施から大学全体の組織的な活動こそ重要であり、大学全体の教育の質・水準の維持または向上に繋がる王道であることも認識し始めてきている。つまり、大学側の思惑と教育行政側の指導が合致したことも大いなる助けとなっていたのではないだろうか。しかしながら、重要な課題が残っていることを見落としてはならない。それは、FDの広義的解釈と狭義的解釈の違いから来る不統一性の事実がある。

この時期、大学人はSDの意味と位置付けが曖昧で、教育職員と事務職員の協働研修の必要性を理解できる段階ではなかった。本格的な議論・検討に至るには、もう少し時間が必要となる。よって、本節ではFDに焦点を絞り時系列的展開と課題の整理を試みたい。

## 2. 狭義的と広義的解釈の整理

20世紀末からFD研究が本格化されたが、惜しくも実践と研究の間で乖離が見られる。現在でも、その重要性が広く認識されるに至っているが、焦点がぼやけており不統一感が払拭できないばかりか、FDのためのFDになっているといっても過言ではない状況である。

当然ながらFDの考え方は、1960年代後半から70年代にかけて米国から日本へ紹介された。米国大学のFD開発の目的は大学教育や授業方法の改善であり、それらの研究開発から始まったのである。片岡・喜多村は、その後の展開を提示しているので、要約してみるとFDは運動的性格ゆえに、広範な概念があり教授団の個人、専門職、共同体メンバーとしての開発のため、定義もかなりの幅がある。その後の展開として、単に個々の教育職員の授業改善にとどまらず、教育職員の活力高揚、カリキュラム再編成、大学の活性化と競争力強化など、新たな展開へと拡大した。更に以下のように狭義と広義的概念を説明している[2]。

こうした多種多様な考え方と実践を包括した概念であるから、その範囲はかなり広く、領域的にみれば、(1) 教授団の個々人に焦点をあてる狭義の「教授団開発」(faculty development)、(2) 教授科目やカリキュラムに焦点をあてて学生の学習を促進するための条件や教育内容の (3) 改善をめざす「教授開発」(instructional development)、(4) 機関に焦点をあてて授業や学習の環境改善をめざす「組織開発」(organizational)、にわたっている。

(1) に関しては個々の教員職の研究能力の向上を重視する (Professional Development) である。

更に、片岡・喜多村は米国におけるFDの事例として80年代以降の冬の時代を背景にして、大学教授団の「活力」を新たなFDに期待する内容を以下のように列挙している[3]。

アメリカの大学が直面している深刻な「サバイバル戦略」においては、単に個々の教員の授業改善にとどまらず、(1) 教員の活力の高揚、(2) 教員の代替キャリアの発見、(3) 新しい学生層を惹きつけるカリキュラムの再編成、(4) 大学の活性化と競争力の強化、などがますます必要になっているからである。

1991年以降、大綱化という名のもとに、大学は責任をもつ上での裁量権を与えられた。つまり、責任をもつ規制緩和である。その結果、大学の構造的な改組・改編動向は全大学を席巻したが、大衆化、高学歴化、少子高齢化、国際化、情報化などの社会変化にともない、更なる具体的な取組みがなされてきたことは事実である。しかしながら、一点どうしても受け入れがたい動向が伝統的な大学人に衝撃を与え始めた。それは、大学の学校化、つまり大学を大衆化時代の高等普通教育学校と位置付けることである。伝統的な大学教育観とは、いわゆる教育の場である「学校」(中等教育機関) を卒業し、最高学府である学問の場 (高等教育機関) に入学してくる学生相手であるという考え方が大学文化として定着してきたのである。

FDを広義的に解釈して、大学教育課程を学務関係の管理運営にまで拡大し、

以下のような活動内容も含むとしている大学人も少ないことも、確認しておく必要がある[4]。

・大学の理念・目的を理解し、教育・研究活動の原点として確認する。使命（ミッション）も時代の要請及び社会動向との確認作業。

・大学、学部（学群）、学科（学類）、専攻、専修カリキュラムは常に前述の動向を見極めて精査すべきである。履修モデルや指導の研究・研修。

・シラバス（コース・ディスクリプションではなく授業細目）の提示。単位制度の実質化を担保する内容。

・マルチメディア機器の活用（授業外の学習促進など）。

・成績評価方法のばらつき是正と全学的構築。

・学生による授業評価の分析と課題整理。

・授業形態による教授法の研究。特に若手教育職員の支援体制確立（大学院教育課程も含む）。

・学士課程教育段階のレポート・論文及び卒業論文指導。

・大学院教育課程段階の論文指導の統一認識。

　2008（平成20）年3月には中教審大学分科会「学士課程教育の構築に向けて」（審議のまとめ）が出され、7月に中間報告、そして12月に「学士力答申」が中教審から出された。この答申の第3章1-（1）①（エ）で以下のように広義的に捉えて展開すべきであると明示していることから、今後の文部科学省令にいかように反映するか注目に値する[5]。

　　　FDを単なる授業改善のための研修と狭く解するのではなく、我が国の学士課程教育の改革を目的とした、教員団の職能開発として幅広く捉えることが適当である。そして何より、FDを実質化するには、教員の自主的・自立的な取組が不可欠である。教員の個人的・集団的な日常的教育改善の努力を促進・支援し、多様なアプローチを組織的に進めていく必要がある。

　結論的に言えることは、日本の大学は学部教授会（大学を管理運営してきたという自負がある）という伝統的認識に立って広義的なFD展開を模索してき

たといえる。もちろん、90年代後半から直面している冬の時代背景も後押したともいえるのではないだろうか。大学教育や授業の見直し及び改善への認識は、多くの大学でセンターを設置し重要な役割を担って活動し始めていることからも、その重要性が学内外かも認識し始めていることは更なる期待が持てる動向である。しかしながら。前述したように狭義的なFDを模索している大学も少なからずあるが、基本的な問題点に対しての意識が極めて希薄であることから、FD自体が的外れの感がある。これでは答えは出てこないばかりか、教育・授業改善には結びつけることは難しい。

## 3. 学士力答申からみるFD

日本の大学文化には学生の教授法に関する研究は念頭になかったといっても過言ではない。蛇足ながら、米国の大学においても授業が軽視されてきた事実もあるし、これもまた米国独自の大学文化から起因するものである。1990年代に入ると大学文化にメスが入れられ、特に1991年の大学設置基準大綱化以降、教育職員の意識が少しずつ変化し始め、大学自体の変革気運が高まり始める。そして、1998（平成10）年の大学審議会答申で、「教育内容・授業方法の改善」(21世紀答申)について組織的な研究・研修が必要であり、大学設置基準で努力義務化するよう提案したことは、加速の条件となったことは確かであった。しかしながら、研究者は養成されるという概念が普及した反面、教育者については等閑に付されたまま、教員とは作られるものではないとしたことから、FDとして組織的な発展はなかった。教育職の根底には授業は術であり、科学ではないという思考回路完結的な認識であった。

その後、行政側（法的手段）からの強い意向もあることから、研究・研修内容はともかくとして、このFD（Faculty Development）という米国生まれの単語が大学界で市民権を得たことも事実である。更に、2007、2008年度の大学設置基準で努力義務から「義務化」へと改正されたことは新たな出発点となったのである。

1990年代以降、多くの大学は米国型のFD研修および活動を受け入れて、可

能な限り実践に結び付けてきた努力に対してきちんと評価すべきである。当然ながら「カリキュラム」「シラバス」「授業評価」「研究（業績）と教育（授業）」「学習環境の整備」「学習支援体制」等は、多くの教育機関はさほど抵抗なく実践できたが、「単位の空洞化」、「厳格な成績評価」に対応する具体的な改善方途は模索中というより困難を極めている状況であった。特に、「教員評価」に関しては、理論的に納得できても、日本の大学文化にはなかった項目であり実践に結び付けるにはリスクが大きすぎる、と同時に機も熟していなかったといえる。

　今後のより効果的なFD展開を考えるとき、広義的な解釈であろうと狭義的な解釈の混乱と、また機関内のFD内容で統一的な見解が出ない可能性もある。そこで、以下の3ステップを踏むことで、各機関における重大テーマを整理することが可能になる。

　　1）大学の機能分化理念から、当該大学が研究機関なのか教育機関なのか、更に機関としての使命を教職員で議論し確認する。もちろん教育機関としての戦略を選択したとしても、研究を蔑ろにするという意味ではない。つまり、「学問研究は、効果的な授業と対立するものではない」[6]との共通理念をもつことである。

　　2）大衆化時代の高等普通教育学校と認識することで、カリキュラム、教授法、成績評価も新たな展開を模索する。

　　3）FDの広義・狭義的解釈は別にして、FD活動項目を整理し優先順位を設定する。

　この「学士力答申」の特筆すべきことは学部教育ではなく学士課程教育と意図的に使用していることである。その理由として「はじめに」で「大学は学士・修士・博士・専門職学位といった学位を与える課程（プログラム）中心の考え方に再整理していく必要がある[7]」と説明している。もう一点見落としてはならないのは「教学経営」という教育学分野では耳慣れない表現である。教育と学問のadministration位のニュアンスの表現との理解が妥当ではないだろうか。

　3月の「審議のまとめ」と12月の「学士力答申」を比較してみると、一番の違いは「教職員の職能開発」が前者では第3章第4節としての位置付けであったが、後者では第3章と格上げしている点である。この意味は、学士課程教育への認

識と基本方向、学位授与方針、カリキュラム体系化、単位制度の実質化、教育方法の改善、成績評価、他等、中核事項を提示しても、当該大学内で実質的に運営している実施部隊、つまり教学経営に携わっているのは教職員であるという認識から章に格上げしたと推察できる。

　この答申の全体的な印象は、学士課程レベルで学習／修すべき知識修得や能力開発を「学士力」と銘うって、学士という学位授与する大学側に「成績評価」や「卒業認定」を厳格するよう求めているばかりか、「学位を与える際の方針を具体的に示し、積極的に公開すべきだ」[7]と学位条件を明確に提示するよう求めている。

　この「学士力答申」の核心は「学士力」という表現であろう。学士課程教育という21世紀の新たな展開、未来形の大学構築に向けて、この特定の表現「学士力」という概念も、先ずは大学関係者に理解され、しっかりと定着することが期待されている。この答申の第3章、教員の職能開発（FD）と題して、「FDの重要性とその実質化」「教員の専門性の明確化と評価体制の確立」の2項目が提示されているが、拙稿のテーマにより近い「FDの重要性とその実質化」を要約して、以下のように箇条書きで提示する[8]。

・1999年、組織的なFD実施の努力義務が定められた。2007年大学院、2008年から学士課程で義務化された。教育基本法では、養成と研修の充実が図られなければならない、と規定された。

・2006年度、FD実施率は約9割となっている。大学教育センター等が推進の牽引役として、創意工夫である活動を行っている。

・取組みが国全体として教員の教育力向上にいう成果に十分つながっているとは言い切れない。課題として、実践的な内容になっていない。教員相互の評価などの文化が根付いていない。研究面に比して教育面の業績評価などが不十分である。教学経営のPDCA（Plan計画、Do実行、Check評価、Action改善）サイクルの中にFD活動を位置付け運用されていない。大学教育センターなどのFDの実施体制が脆弱である。分野別の質保障の仕組みが未発達であり、分野別FDを展開する基盤が十分形成されていない。非常勤教員や実務家教員への依存度が高まる一方で、それらの教員の職能開

発には十分目を向けられていない。

・大学全入時代を迎え、教員の力量向上のみならず教員団による組織的な取組みの強化が求められるようになってきている。FDを単なる授業改善のための研修と狭く解するのではなく、我が国の学士課程教育の改革を目的とした、教員団の職能開発として幅広く捉えることが適当である。

この項目の最後に、答申第3章1-(2)「改革の方向」として以下のようにまとめている[9]。

各大学が、学士課程に関する三つの方針に基づいて組織的に教育活動を展開するためには、当該大学の教員が共通理解を形成し、具体的な教育実践に取組んでいくことが求められる。また、教員が、多様化する学生に対して適切な教育指導を行うためには、教授法に関する不断の研究を行うことが一層強く要請される。FDの実施が、各大学に義務付けられたことを契機として、各大学では、その在り方を主体的に見直すとともに、教員評価の在り方等を含め、教員の教育力向上に向けた取組を総合的に進めていくことが重要である。

## 4. 単位制の重要性とシラバス作成

「学士力答申」でもあるように、大学管理運営や教学運営の方向性を「学士力」向上を意図した学士課程教育の構築であると評価できる。その上、その指針として「学位授与の方針」、「教育課程編成・実施の方針」、「入学者受入の方針」の教学経営としての三方針が提示され、しかも改善方策も示されているが、本格的な具現化（実践・実施）は各大学の最良に委ねられている点は重要である。しかしながら、国への指針を示すよう答申しているが、実質的な進展への期待はやはり大学自体の有効な取組みにかかっている。

大学設置基準の大綱化以降、FDは授業の内容及び方法の改善を図るための組織的な研修及び研究として、カリキュラムから始め、セメスター制、シラバス、GPA等の導入により確実に改善されてきた。しかしながら、学士課程教育における「学士力」の質の向上・保証のための授業改善にという意味での重要な

課題に向き合うことを意図的に避けてきた感は拭えない。やはり、単位の空洞化の課題とそれに伴う学生の成績評価方法を解決しない限り、大学の学位及びGPAに対するグローバルな信頼を勝ち取ることは極めて困難であるといえる。

　先ず、単位制度の意味を確認しておきたい。単位はunitではなくcreditと考えるべきであり、つまり履修証明という信頼・信用に基づいた学士（bachelor）号授与となることから、極めて厳格な位置付けとして認識すべきである。講義・演習科目は1単位45時間の学習／修を必要とする内容とするのが標準である。一週は8時間労働と土曜日の半ドン5時間で45時間の労働時間として計算している。つまり、学習／修は労働、workとしての算出している意味を学生も教職員も認識すべきである。1998年大学審議会は、単位の空洞化を指摘し、実質化を図ることで学士課程教育の質向上の重要性を提言したが、その後単位空洞化の是正に関してはFDで取組んできたとの実績は皆無に近いといえる。

　更なる問題点として、産業界の求人では採用側は新卒者を優先することから、3年次生から就職活動が始まっている。いわゆる就職活動ナビサイトを中心に説明会やプレエントリーの受付が開始する。ちなみに、2023年の「就活解禁日」は3月1日であり、就活生による志望企業のエントリー合戦である「クリック戦争」が起きたようである。ほとんどの株式上場の企業はこの傾向が強い。当然、3年次生まで過剰履修になり、実質的に3年間で卒業要件単位をほぼ取得するという現実があり、1学期20単位履修（10科目）前後の履修状況となることから、物理的に実質化は不可能であることは確かである。このような過剰履修科目と単位取得状況を計算から見ても、卒業率90%以上であることから学士学位の質に問題があることは全く不思議ではない。4年次生でもしっかり教育することが肝心であり、4年制大学のレベルの維持が問われている喫緊の課題である。当然ながら、産業界にも学士力質の向上のために理解を求めていく必要がある。

　清水一彦（絹川・舘　2004：245-6）は単位制の実質化が最優先であるとし、「成績評価の厳格化や単位認定の問題を考える際の前提的・基礎的な要件であるといってよい」「単位制の実質化が保障されれば、あえて成績評価の厳格化などを叫ぶ必要もなくなる」と指摘していることは重要である[10]。しかしながら、単位制度の改革は最重要な課題であるが、会計年度や学年暦改革など大き

な障壁を取り除く必要もあることから時間が必要である。やはり、現在の単位制度のなかで可能な限り単位の実質化への方途は単位分を提示する詳細を記述したシラバス作成である。毎回授業において中等教育の学習指導案とまでもいかなくとも、45時間よりもはるかに少ない学習／修時間で1単位が取得できる現状を教職員及び学生が十分認識しなければ空洞化の是正は望むべくもない。もちろん、適正な科目履修が大前提であることは言うまでもない。

シラバスとは授業の「概要」を提示するものであることは確かであり、大綱化以降、多くの大学は講義要覧（要綱）のコース・ディスクリプション（5行から10行程：授業内容の簡潔に提示）とは別にシラバスを作成している点は高く評価できる。しかしながら、毎回の授業の内容・展開、テキスト・資料を記述することはもちろんであるが、重要な項目が欠如している。つまり、「授業細目」の体をなしていないといえる。それは、2単位科目なら4時間分の課題、復習、予習、レポート等の教室外学習／修内容の提示である。教室内の試験、クイズ、及び評価方法の提示はもちろん言わずもがなである。できれば、配布資料を含めた<u>コースパケット</u>を作成し履修者への配布は効果があることは証明済みである。このコースパケット作成には相当の労力を要するが、授業内容の整理と展開が明確に確認できるばかりか、授業改善・教育活動を改善し、その効果を高める教員（育）ポートフォリオ（teaching portfolio）作成につながるものと考えられる。

ポートフォリオの記述内容を簡潔の示すと、次のような項目となる。各回の授業（講義・演習）内容を明確に示す。予習（教科書・資料・参考図書）を指定し課題提出の内容と期限を明記する。更に、クイズ内容と中間・期末試験の日程をも明示する。このスケジュールにおける重要なポイントは単位を意識した教室外学修の時間確保（2単位：週4時間）の提示を意図している。新しい試みとして「契約」書、いわゆる「agreement」という「同意書」を添付する。教授者は学生を「大人として扱う」、つまり大学は大人社会、契約社会の場でもあるとの共通理念の構築への一助になるのではないだろうか。この発想にかなりの違和感を覚える大学人が多いであろうが、「学生の消費者意識」、「学生の権利」等 vs、「受益者負担」「学位取得」等の関係の中で両者のバランスが重要であり、

高等教育機関としての特殊な利害関係の特徴を認識すべき時期に来ていることは確かである。

効果的なシラバス作成の提示をする前に、このティーチング・ポートフォリオの重要性（教育職による教育活動業績の記録する作業）、つまり成果のまとめである。P. セルディンはFD必携と題して、教育の作品集作成、つまり教育活動に関して十分に考えて選ばれた情報と、教育活動の有効性に関する資料を提示することで、実証的な根拠で裏付けられる必要があると述べている。このポートフォリオは教育のスキル、能力、姿勢、価値観を幅広く照らし出す。さらに、作成方法について具体的に例を挙げて説明している[11]。

日本の大学では試験・クイズ、課題提出、更に出席・参加の評価方法などを記述するのもよいが、池田・他が提示している内容（授業中の私語、携帯電話、途中入室・退室、レポート提出ルール、資料配布ルール、授業時間外の指導ルール等、受講のマナーを含む事項）に個々アレンジして作成する[12]。

この内容についてもFDの研修項目となりうる。

このシラバスに連携させて毎回の配布資料、ワークシート、課題用資料や文献・WEBリンク等を小冊子化するのが「コースパケット」である。学内のweb上または教員個々のHP上からダウンロードも考えられるが、資料・論文等のコピー、特に電子媒体に対して著作権に抵触するので許可が必要になるので十分注意する必要がある。

# 5. 成績評価の厳格化と公平化

学士課程教育における喫緊の是正課題は成績評価である。FDで教育改善、学士力向上と質保証をテーマにするのであれば、やはり、最優先課題の一つである成績評価の方法とその基準策定は全学的、組織的に取組むべきである。この検討なくして、国際的基準として意義を持ち始めたGPA制度（大学のうち40％が導入している）も形骸化してしまう。

先ずGPA制度についてA〜Fはレターグレードのグレーディング・ポリシーで成績が標記されるが、全ての大学がこの制度をGPAと呼称しているわけで

はなく、QPA（Quality Point Average）と呼称している大学もある。このQPAは総合評価平均点であり、卒業や大学院への進学の判断基準となる。大学カタログにも上記の標記があるだけで、素点で併記されている大学は見たことがない。しかしながら、日本では「優」「良」「可」「不可」の成績標記が標準であり、GPAに変換する過程として、80点以上を優（A, B）、70〜79点を良（C）、60〜69を可（D）、59点以下を不可（F）としている。レター・グレードと素点を混合して考えると、以下のようなおかしな現象が起きている。例としてA、Bの学生が同じ科目を履修し以下の様な素点の成績評価がついたと仮定すると、現在の換算方法では両者がAという評価になり、実際は平均点では大きな違いが生じてしまい、極めて公正さに欠けることがわかる。

学生A

　　試験①90点　　試験②85点　　課題75点　　レポート75点　　平均81.25点
　　　　A　　　　　　A　　　　　　B　　　　　　B　　　　　　A

学生B

　　試験①95点　　試験②90点　　課題95点　　レポート90点　　平均92.5点
　　　　A　　　　　　A　　　　　　A　　　　　　A　　　　　　A

　国際標準という観点からみても是正が必要であることは明らかである。優良可方式、素点方式などに関してはFDにおける組織的な取り組みが求められる。その前に、やはり優先事項として成績評価方法に関して学内の共通理解を模索し、成績評価基準を策定することが必要である。次の項目で、成績評価方法の一例を提示するが、講義科目に焦点を合わせていることを断っておく必要がある。

# 6.　成績評価方法

　大学審議会（1998年）から成績評価の厳格化、そして卒業認定の厳格化に関する提言がされた後、各大学はその必要性を十分認識していたが、FDの検討課題として真剣に取組んできたとは言い難い。やはり、大学管理運営を取り巻く諸々の障害を払拭できなかったというのが適切であろう。前進できたことは

シラバスの中に成績評価方法について基準を明示するようになったこと位である。理由として、「教授の自由」という名のもとに個々の教授者の裁量に委ねるとして、FDで組織的な取組はしてこなかったのである。と言い切ることはできないかもしれないが、FDで研修の議題にしても、やはり「各コースは特徴・特色があり、それぞれの教授者が到達目標をしっかりと設定し成績評価するしか方法はない」と結論付けてきたことは否定できない。しかしながら、この目標設定の明確性、確実性は保証できるのか。学生も具体的に理解していると確認できているかが問われるべきである。現状の評価レベルでは、当然ながら成績自体に対する信頼性も低く、かつGPA制度を導入している大学でも、その制度自体形骸化していると評価されても否定できないだろう。

　この度の「学士力答申」でも、成績評価で現状と課題[13]として「大学の成績評価が厳格化してきているとは言えない」「個々の教員の裁量に依存しており、組織的な取組が弱い」と指摘されてきた。そして、改革の方向として「GPAをはじめとする客観的な評価システムを導入し、組織的に学修の評価に当たっていく」とされている。更に改善方策として「教員間の共通理解の下、成績評価基準を策定し、その明示について徹底する」「成績評価結果の分布などに関する情報を共有し、これに基づくFDを実施し、その後の改善に生かす」「多面的に評価する仕組み、学習ポートフォリオの導入」など提示されている。これらはFDの研究・研修課題とし真摯に取り組むべきである。具体的な評価方法を提示していないとの評価もあるが、成績評価基準の策定を促すという文言で留めている。つまり各大学の裁量に委ねているが、FDの研究・研修で対応すべきであるとの提言は真摯に受け止めるべきである。

　授業改善を本格的に考えるならば、学内外からの信頼される授業評価制度の再検討が重要課題であることは確かである。大学改革の諸問題・課題に関して多くの研究者が提言をし、有効性に満ちた方途を通して進展してきたことは評価すべきである。しかしながら、学生の授業評価に関しては、多くの教育職員に対して有効策を提案できていないのが現状である。議論されるのは、相対評価、絶対評価の取組みであるが、実質的には両評価を使っている教育職員が多いのではないだろうか。ここで、それぞれの評価方法を整理してみたい[14]。

＊相対評価：教育機関での伝統的な評価である。学習／修者の平均を基準として、全体内の相対的位置付けからの評価である。5段階評価は、合理性を欠く（中等教育における偏差値、正規の統計学として認知されていない）として、その非教育性が指摘されてきたが、入試などはその典型である。

＊絶対評価：到達度評価ともいう。基準となる一定の教育目標に、学習／修者がどの程度到達したのかという観点から評価する。教育学的にはクラスサイズは30人までは有効であるといわれている。

　確かに絶対評価は理想かもしれないが、果たして50〜100人の学生に対して絶対評価は可能であろうか。到達度評価となると、初回、または2回目の授業内で試験やレポートを実施して、科目に対する知識や能力を測定する。そして、クイズ・小テスト、中間テスト、学期末試験を実施して学生一人ひとりの到達度を測定し評価をだす。もちろん、出席点、クラス参加点、課題点等も考慮して総合的（総合的に判断するだけの標記はさすがに減りつつあることは、大いなる進展である）な評価となるが、シラバス上ではそれぞれの％<sup>パーセント</sup>でウエイトを明示することが重要ある。

　相対評価は評価項目の％<sup>パーセンタイル</sup>を明示するのは同じである。例としてAは履修者集団の10%、Bは30%、Cは30%、Dは20%、Fは10%のように明示するが、絶対評価に比べて客観的であり科学的な評価であるといえる。

　シラバスに「コースの目的・目標」を記載しているが、具体的に提示しても、学生と教授者が同レベルで理解・認識することは至難の業である。そこで、一つの提案として、学生に学習支援としてのコース目標を先ず理解させることから始める。池田輝政・他は学習／修支援の具体的な例として、「テストは成績をつけるためだけに行われるのではなく」と記述しているが、教育職員の1人として目から鱗が落ちる思いであった。具体的な考え方としてその内容を要約すると、学生自身が復習し、コース内容の整理する機会、学生自身が理解度を確認する機会、学生が更に学ぶ動機を獲得する機会と3機会を提示し啓蒙している。更に、テストの教育機能の充実を図る工夫として以下のように述べてい

る[15]。

> 過去の試験問題、あるいは模擬試験問題、試験用の練習問題をクラスに配布する。
> ……メモ1枚持ち込み可。重要な公式を暗記させることに主眼がある場合は別とし
> て、テストのときには、A4の用紙1枚に重要と思う事項を書いてもってきてよいと
> 指示します。……これにより学生は事前に教科書やノートをかなり真剣に見直し
> ……簡潔にまとめるという作業を自然と行うようになります。

　上述引用の試験問題を配布という行為は、コースの目標の理解を捉えること
もできるのではないだろうか。人文、社会、自然科学のそれぞれの分野で一律
の効率性が期待できないかもしれないが、問題・事例を提示し、このコースの
終了時には学修した知識・知見をもって説明や解答ができるとの目標を示すこ
ともできる。メモの持込可に関しては多くの教員職は既に実施しているが、学
生の学修意欲向上の策として再考する価値はある。それでは、本題である具体
的な成績評価例を次に提示したい。文系の基礎専門科目としての一例である。
〔評価項目〕
＊出席点（15回）　＊ワークシートまたは課題（5回）＊クイズ（5回）・試験（2
回）
　教室外学習として週4時間（実質3時簡になるが、単位の空洞化を是正するた
めに4時間分の分量を課したい）
〔評価基準〕素点　グレード　ポイント 素点　グレード　ポイント

| 素点 | グレード | ポイント | 素点 | グレード | ポイント |
|---|---|---|---|---|---|
| 97 | A+ | 12 | 73 | C | 6 |
| 93 | A | 12 | 70 | C- | 5 |
| 90 | A- | 11 | 67 | D+ | 4 |
| 87 | B+ | 10 | 63 | D | 3 |
| 83 | B | 9 | 60 | D- | 2 |
| 80 | B- | 8 | 59 | F | 0 |
| 77 | C+ | 7 | | | |

〔配分点〕

＊出欠点：欠席0回は0.5点を最終配分に加える。1〜2回は0.2点を加える。3〜4回は影響なし。5回〜0点。1点ずつ減じるか、コースの単位取得資格を失う。

＊ワークシートまたは課題：各0.1点を配分に加える。（満点は0.5点）

＊クイズ（または小テスト）・試験：クイズまたは小テスト各0.2（満点1点）

〔評価計算と決定〕

　中間試験と期末試験でC, B- は配分点では（6＋8）となり平均点として7とC+となる。そこで、欠席0となると0.5点を加え、ワークシートまたは課題全提出で0.5点を加える。最後にクイズまたは小テストで7.5割取得となると0.75点を加える。これらの点数を合計すると7.00＋0.5＋0.5＋0.75＝8.75点で、コースの成績評価はB-となる。

　もちろん、学生に課す内容及び点数は個々の教授者の考え方及び科目分野や授業形体でことなる。重要なことは、教育組織内でFDを通して共通理解と認識をもって可能な限り統一した基準を構築することである。相対評価、絶対評価、または相対・絶対混合評価であろうと数値化すべきである。数字のマジックや落とし穴の怖さとよく言われるが、数字は客観性が高く、信頼度も高い。そして、Teaching PortfolioとLearning Portfolio構築に確実につながるといっても過言ではない。

# おわりに

　本節を書き始める時点で、学士力答申が近々にでるということでタイミングを合わせようとしたことは事実である。今回の「学士力答申」は大綱化以降の集大成と捉えてもよい内容展開になっている。特筆すべきは、具体的な改善方策を多く提示しているが、それでも各大学の自治及び裁量に委ねるという展開になっている理由として、現に問題提起されている教学政策や運営を大学自体が明確にし、発展的改革の推進を期待していたと推察できる。やはり、今回の答申も大学文化を念頭に置いた言い放った文脈も気になる箇所も多々あるが、それらを帳消しするに十分な今後の大学経営、特に教学経営に示唆を与えていることは事実であり評価したい。

先ず、学士課程教育におけるFDの意義と意味に関しては、教育組織のなか
で極めて重要な教育活動として整理し、省令としての義務化への意味と授業改
善、更に質の担保のための王道であるとまとめることができた。次に、FD活
動の範囲、つまり本節では現状の段階では学士力向上への活動を優先するとな
ると、やはり不本意ながらも狭義的な定義を選択せざるを得ない状況である
ことを提案できた。さらに、狭義的に解釈してのFD、つまり教育改善に直結
したFD展開の効果的な考え方と進み方も提示できた。それに続く活動として、
機は熟したか否かは別として教育改善の要の一つである、単位制の意味と空洞
化の現状とそれを是正するためのシラバス内容を具体的に提示できた。最後に
教授者がシラバスを通して直接是正できる成績評価の厳格化と題して、相対と
絶対両評価を意識した混合評価を一例として提案できた。

　課題としては、学士力質保証ということで、成績評価の厳格化を実行した場
合、行政的な定員問題が大きな課題というより障害となる。単位制があるから
には学年制は意識しなくてもいいのだが、現実には1〜3年次までは定員の1.3
倍という縛りがある。確かに、4年次生については、1.3倍の縛りから開放され
るので学士力保障の面で卒業延期の処置がとれるが、経常費補助金を受ける資
格を失う。私立大学にとって、これは死活問題である。学位授与の厳格と定員
枠縛りには大きな矛盾があることから、着地点がみえてこない。いま一つの課
題は、早期卒業である。単位の空洞化是正に真剣に取り組むならば、3年間で
卒業要件単位取得（1学期約20単位、教室外学習は一日6時間弱必要）は至難の
業である。今後のFDの重要な課題である。

## 【引用（参考）文献】

1) University of Pittsburgh https://www.hr.pitt.edu/current-employees/learning-development/fsdp
2) 片岡徳雄.喜多村和之（編）(1992)『大学授業の研究』玉川大学出版部. 248-9頁.
3) 同前書　247頁.

4) 武村秀雄（2007）「新しいFD段階構築への提言〜活動内容の整理と再定義を中心に〜」『大学と学生特集SD・FD』第43号. 日本学生支援機構.

5) 中央教育審議会大学分科会.2008.『学士課程教育の構築に向けて』（審議のまとめ）
http://www.mext.go.jp/b_menu/shingi/chukyo/chukyo4/houkoku/080410/001.pdf
中央教育審議会.2008.『学士課程教育の構築に向けて』（答申）1頁.
http://www.mext.go.jp/b_menu/shingi/chukyo/chukyo0/toushin/1217067.htm

6) 前掲　片岡徳雄.喜多村和之（編）（1992）『大学授業の研究』248頁.

7) 前掲　中央教育審議会.2008. 11頁.

8) 前掲　中央教育審議会.2008. 38-40頁.

9) 前掲　中央教育審議会.2008. 40-1頁.

10) 清水一彦.（2004）「10章学部教育改革の日米比較―我が国の問題点と課題―」［絹川正吉・舘昭（編著）（2004）『学士課程教育の改革』（講座「21世紀の大学・高等教育を考える」第3巻.東信堂］, 245-6頁.

11) ピーター・セルディン（大学評価・学位授与機構監訳）（2007）『大学教育を変える教育業績記録―ティーチング・ポートフォリオ作成の手引き―』玉川大学出版部, 3-5頁.

12) 池田輝政・他（2001）『成長するティップス先生授業デザインのための秘訣集』玉川大学出版部, 81-2頁.

13) 前掲　中央教育審議会.2008.『学士課程教育の構築に向けて』（答申）26-8頁.

14) Microsoft エンカルタ総合大百科2008.

15) 池田輝政・他（2001）『成長するティップス先生授業デザインのための秘訣集』玉川大学出版部, 131-2頁.


**参考文献**

大学セミナーハウス編（1999）『大学力を創る：FDハンドブック』東信堂.

第2章

# 米国・英国の
# 大学からの管理運営に
# 関する示唆と影響

## 第 1 節

# 米国の大学における理事会の役割：
# 歴史的アプローチ

## はじめに

　米国の高等教育における理事会の役割は、ダイナミックかつ重要である。理事会には、高等教育機関のあらゆる側面を統治する法的権限と権力が与えられている。最も一般的な名称は「理事会」で、英語名称は「Board of Trustees」か「Board of Regents」である。

　米国の高等教育における理事会制度の特徴は、学外者から構成され、大学の目的達成への単一の法人組織として戦略を定め、管理運営と教学組織（学長・他）の業績を評価する責任を負う点にある。このような制度は他国ではほとんど例がない。

　本節は、アメリカの歴史を通じて、理事の役割と責任がどのように影響され、変化してきたかを明らかにすることである。(1) 植民地時代、(2) 独立戦争後と南北戦争前、(3) 南北戦争後、(4) 第一次世界大戦後と第二次世界大戦後、(5) 1970年代と80年代、に区分する。

## 1. 植民地時代

### 1) 米国大学のガバナンスの起源

　初期の米国のカレッジは英国の伝統を引き継いでいた。ハーバード・カレッジは1636年に設立され、聖職者と政治指導者を教育することを目的として、英国古典主義の伝統に基づいて設立された。ハーバードは、一般法廷によって、

選ばれた監督委員会によって設立された。これは重要な事実であったが、昔の
イングランドやヨーロッパの大学の状態を再現することは不可能であることが
判明した。米国最古の高等教育機関は、学者ではなく非居住者の管理下にあっ
たのである。

　1650年の正式なハーバード大学憲章では、学長、5人のフェロー（教師）、
会計係の7人からなる法人が設立された。次のように大きな権限を与えられた。
「多数派を形成する7人が、カレッジの監督者の出席を求め、その助言と同意
を得て権限を行使することができる。」[1)]

　しかし、監督者たちは憲章の条件なしに長期にわたって統治を続けた。その
結果、彼らは非居住者の統治機関となった。ホフスタッターは、アメリカの状
況がこのような取り決めを生み出した3つの重要な方法を挙げている[2)]。

　　(1)「米国のプロテスタントは、ヨーロッパの学問ギルド・教授会自治の伝統から切
　　　り離されれていた」、……　(2)「ヨーロッパの大学は、長年にわたって確立された
　　　学問と教育の共同体から発展してきたが、それを支えるために、限られた資源を最
　　　大限に活用しなければならなかった共同体による成果物であった」、(3)「ヨーロッ
　　　パでは、大学の出現以前に教職が存在していたが、米国では、先ず大学が作られ、
　　　その後、教師が出現した」

　バージニア州のウィリアム・アンド・メアリーは1693年に設立されたが、これ
は長年にわたって維持されてきた教授会自治の伝統の例外の一つであった[3)]。
さらに7つのカレッジが設立されたが、これらの私立リベラルアーツ・カレッ
ジは、私立カレッジであると同時に公的に管理されたカレッジでもあった。プ
リンストン（1746年）、ブラウン（1765年）、クィーンズ（ラトガーズ）（1766年）
は州からの資金を受け、これらの補助金とともに植民地政府または州政府に
よって任命された理事会メンバーが就任した[4)]。

　独立戦争後、政府からの支援に頼ることは少なくなり、州立大学の動きが始
まった。イェール大学（1701年）は、植民地時代、聖職者のみで構成された理
事会によって統治されていた。プリンストン大学は、1784年にニュージャー

第2章　米国・英国の大学からの管理運営に関する示唆と影響　　123

ジー州知事とその理事会のメンバー4人を理事に迎えた。しかし、その宗教的理念から、州からの財政支援は受けられなかった。

理事会の大半は聖職者であり、バーンズはその理由をこう述べている[5]。「（1）聖職者はしばしば地域社会で最高の教育を受けた人々であったこと、（2）これらの教会関係者は貴重な専門的指導を提供してくれたこと、（3）地域社会の指導者として、神学者は大学と教会と地域社会を論理的に結びつけてくれたことなどである。」

このような植民地時代の制度は、徐々にではあるが着実に信徒の管理へと移行していった。1776年、独立宣言によって新しい共和制国家が誕生した。その結果、革命精神が高等教育のあり方にも影響を及ぼし始めた。ボルドリッジはその組織的特徴を次のように述べている。「この時代、"教授陣が大学である"というのは正しくない。"学長は大学である" ……当初、彼は唯一の常勤教員であり、すべての管理・維持機能を彼自身が行っていた[6]。」

植民地時代もポスト植民地時代も、組織と統治の基本的なパターンはあまり変わらなかった。特に経済的支援（運営）のパターンは1819年（ダートマス・カレッジのケース）まで続いた。

## 2) 初期の高等教育機関における理事会の役割と責任

初期の高等教育機関を分類すると、私立のリベラルアーツ・カレッジが最も適切であろう。複雑なガバナンス・システムは必要とせず、初期の教育機関は、理事会と学長によって支配されていた。教育機関に対する理事会の初期の役割と責任は、学長の任命や資金調達などの意思決定を行い、執行する権限にあった。理事会の基本的な機能は、教育機関の憲章の後見人としての役割を果たし、最終的な権限が帰属する組織として存続することであった[7]。

初期の教育機関の教員は、（事務職に就くまでしか教えないため）意思決定プロセスに関心のない専門職化集団ではなかった。この現象は教授会において非常に重要であり、アメリカのカレッジにおける後の統治関係のパターンを設定するものであった。学長は理事会のメンバーとして複数の役割を果たした。例えば、1775年、ウィリアム・アンド・メアリーでは、教授会と理事会との間

で論争があったが、学長は後者を支持し、理事会の支持者とみなされるように
なり、教授会は自治（教員が自らの教育や研究に関するアカデミック事項）を
決定するようになった。

　ボールドリッジは学長の権限について次のように述べている。「学長は、ほ
とんどの場合、理事会から解任される可能性があったため、理事会の下位で
あったがカレッジの業務に最も精通している人物として、理事会のリーダーで
もあった」[8]。また、ボールドリッジは、初期のカレッジの構造について次の
ように述べている。「官僚制というよりもむしろ古典的な官僚主義的な意味に
おいて、これらの学校は、学長という家父長的な人物に支配されたエスタブ
リッシュメント（支配層）であり、エスタブリッシュメントであると表現する
のが最も適切であろう」[9]。植民地時代のアメリカのカレッジ理事会の基本的
な責務は、カレッジに関わるあらゆることであった。

# 2.　独立戦争後から南北戦争までの期間（1776年〜1861年）

## 1）州制度の動き

　独立戦争中から戦争後にかけて、州はアメリカの高等教育機関に参入し始
め、州が支援する最初の教育機関としてジョージア大学（1785年）が設立され、
ノースカロライナ州、テネシー州、バーモント州も1800年以前に設立された。
独立革命から最初の20年間は、民主主義の潮流が高まり、その精神は大学に
も及んだ。州議会はいたるところで、既存の教育機関と新たな関係を築いた。

　この時期の教育理論における模索と再考は、ベンジャミン・ラッシュにより、
次のような考えをもたらした。「ヨーロッパの大学にならって、州内に大学を一
つ設け、教授には、講義ができる程度の給与を州から与えよう」と述べた[10]。

　トーマス・ジェファーソンは、高等教育が分権化され、公的資金で賄われる
ことを望んだ。ジャクソニアン民主主義、平等主義は、自由な公教育を可能に
し、高等教育に最も影響を与えた[11]。

　ルドルフは、この新共和主義運動における理事について次のように述べてい
る[12]。

第2章　米国・英国の大学からの管理運営に関する示唆と影響　　125

ハーバード大学の新理事は、自由主義神学が行き過ぎる可能性のある教育機関を監視する役割を果たすことを意図していた。一方、イエール大学法人の新しいメンバーは、その正統性において、イエールが様々な教派の背景を持つ若者にとって居心地の悪い生活を送らないように見守ることが期待されていた。

## 2) ダートマス大学事件

ダートマス事件（1819年）が起こるまで、高等教育機関は、その環境（社会）と非常に密接な関係にあり、理事会や学長によって正式に管理されており、公立と私立の区別はなかった。ダートマス事件は、アメリカの高等教育における最も記念碑的で重要な出来事の一つである。ダートマス大学は、理事会を通じて学長によって管理されていた。この問題は政治的な色合いを帯び、民主党は州立大学になるよう学長を支持し、連邦党員は私立大学にとどまるよう理事会を支持した。これが法廷での最初の論争となった。ジョン・マーシャル裁判長は、「契約」を言い渡した。この目的のために多額の寄付がなされ、法人が設立され次第、その寄付は法人に授与される予定である[13]。

裁判所は、州はこの法人に干渉できないとした。この判決は、州立機関と私（独）立機関の間に明確な境界線を引いた。この判決は、すべての法人に重大な影響を与えた。一旦チャーターされた私立カレッジは、州の干渉から守られることになったのである。そのため、19世紀前半には教派のカレッジも全国各地に設立された。

この時期の高等教育機関のほとんどは、1819年以前と同じような統治形態であった。教員はより専門化し、選択制、学科制、技術教育、私立と公立の区別がより明確になった。しかし、行政の複雑さに対処するため、学長が実質的な援助を受けるようになったのは南北戦争後のことである。学長は依然として教育機関に対する大きな支配力を持っていた。

バージニア大学（1825年）は、最初の本格的な州立大学であった。ジェファーソンは、ウィリアム・アンド・メアリー大学を改革しようとして失敗して以来、理想を州立大学に向け、1800年のヴァージニア大学構想の中で、「教授の職を

採用し、可能な限り少数の教授の権限で全体を掌握する」[14]と述べている。

いくつかの大学では、学長から教授会へと、ある種の意思決定において統治形態が変化した。ボールドリッジは、「学長は成熟した人物であり、その知識は尊敬に値し、理事会と教授会の仲介役となる傾向が強く、学長が仕事を遂行するためには、両者の間に実質的な調和を見出す必要があった」[15]と述べている。ほとんどの場合、認可憲章や法律によって、理事会は教育機関を管理する全権を与えられ、最終的な権限と責任も理事会に与えられている。[16]

理事会には法的権限があり、資産と運営を信託し、管理、運用する権限が認められていた。バーンズ氏は、基本的な役割と責任を以下のようにまとめている[17]。

1. 最高経営責任者（学長）を選任。
2. 財政支援（資金調達）と管理（予算の承認）。
3. 物理的施設の維持・拡張。
4. 公共に対する施設の代表（広報）。

理事会は、教会関係者、政治家、実業家（一般大衆の代表—地域社会のリーダーや裕福な後援者を重視）で構成された。

## 3. 南北戦争後

### 1) モリル・フェデラル・ランド・グラント法（Morrill Federal Land-Grant Act）

南北戦争後の50年間に、旧来のカレッジは大きく変化し、新しい教育機関に取り囲まれることが多くなった。ブラウン大学の学長フランシス・ウェイランドは、「大学制度の変更に関するブラウン大学法人への報告書」を書いた。彼は、「大学を評価し、指導するビジタトリアル（訪問者）権限を持つ理事会に状況を是正する責任がある」[18]と指摘している。

南北戦争前のカレッジと南北戦争後の大学とのガバナンス上の主な違いは、私立・公立を問わず、宗派的な支配から世俗的な支配への変化であった。モリル・ランド・グラント法（Morrill Land–Grant Act）は、農業と機械工学のため

第2章　米国・英国の大学からの管理運営に関する示唆と影響　　127

のカレッジを提供する新しいタイプの公立高等教育機関を創設した。

　ほとんどの州で、教育機関は既存の政府組織から切り離され、独立した理事会が設置され、州の行政と議会に責任を負う。これは初期には重要な措置であり歴史的に見ても、政治的な支配や影響を防ぐことができ、州が支援する高等教育は政治体制の策略から十分に隔離されてきた[19]。

　ランド・グラント・カレッジやその他の新しい教育機関が発展した理由はいくつかある。

1.　驚異的な経済成長と産業の拡大。
2.　人口の大幅な拡大。
3.　ドイツ・アイディア、コーネル・プラン、ウィスコンシン・アイディアが高等教育に影響を与えた、ランド・グラント支援、ドイツ研究の影響力、カリキュラム履修者の拡大などの要因が組み合わさり、多くの大学が真に複雑な組織となった[20]。

　ほとんどすべてのアメリカの大学は、実業家、農民、技術者、弁護士などで構成される理事会（新しいタイプの管理職）で組織された。特に、実業家や産業界のリーダーたちが理事として多数を占めるようになり、一般に、地域社会で最高の教育を受けた人々であった。実業家たちは地域社会のリーダーであり、これらの経営者たちは、町と町を結ぶ自然な橋渡し役として、財政的・精神的支援を提供できる論理的な立場にあった[21]。

## 2)　並列階層の管理者

　1875年頃まで、米国の大学には、理事会、学長、教授会という3つの権威機関があるだけであった。19世紀最後の四半世紀の高等教育における最も重要な変化の一つは、拡大し複雑化する大学の管理運営であった。カレッジや大学は規模を拡大し、富を築き、学部長、教務・研究管理官、財務担当官、広報部長、総務部長、司書、副学長といった管理職が加わった。

　特に1890年代には、管理部門は新たな機能を担い、規模を拡大し、大規模な官僚機構へと発展した。大学内には、管理的な階層と学術的な階層が並存するようになった。しかし、アカデミックな方針と管理部門との間に明確な区別

はなかった[22]。

　公的機関も私的機関も、実業家と事情通（OBや教会関係者）で構成されていた。実業家、特に企業経営者が、この時期の支配的な統治パターンであった。しばしば、大学をビジネス、あるいは大企業として捉えていた。このような機関は、企業の運営委員会に似ていたため、現在のような多くの特徴を持つようになった。理事会には、時間や特別な技能の提供だけでなく、資金提供や潜在的な寄付者へのアクセスも期待された。これは特に私立大学において顕著であり、初期の州立大学の理事会には、議員との良好な関係を維持することが期待されていたと思われる[23]。

　理事会は、この時期、高等教育機関において最も重要なグループとして認識されていた。理事会の役割と責任は、18世紀から19世紀初頭にかけて大差はなかった。しかし、理事会はカリキュラム、教員の昇進、教員の解雇について意見を述べるようになった。ブルーバッハーとルディは次のように指摘している[24]。「教育機関が成長するにつれ、一般に教授会（faculty committee）が設置され、カリキュラムの問題以外にも多くの事柄を詳細に扱うようになった。教員は自由に教鞭をとり、研究を行うことができるようになったが、意思決定プロセスに対するコントロールはかなり失われた。」

　ルドルフは、パットン学長がプリンストン大学での就任演説で宣言した管理運営様式について次のように紹介している[25]。「大学運営は、理事会がパートナーであり、教授陣がセールスマン、学生が顧客である。理事会は……教育機関自体の定義と公共イメージが、理事会の決定事項であることを教授陣が忘れることを許さない。」

　ほとんどの場合、特定の理事会の機嫌を損ねるような理論や立場を主張したために、教授陣が解雇されたからである。リベラルアーツ・カレッジと公立大学はこの時代にも存在し続け、特に公立総合大学とエリート的存在であったリベラルアーツ・カレッジは顕著なる発展を成し遂げる。私立短期大学もこの時期に登場し、長い年月を経てさまざまなタイプの高等教育が出現し、新しい統治機構が必要とされるようになった。

　特に影響を与えたのは、ドイツ型の大学教授であった。ルドルフもこの動き

について、「学問の自由を発展させたドイツの経験は、米国の学界における自由の達成に重要な要素であった」[26]と述べている。1878年、コーネル大学の理事が、実業家が労働者を解雇するのと同様に、コーネル大学の理事会は教授を即刻解雇できる権利を主張したことは特筆に値する。[27] 1900年以降、300年にわたる高等教育の観点から理事会の歴史的な役割にいくつかの歴史的変化が生じていく。

## 4. 第一次世界大戦後と第二次世界大戦後

### 1) 米国大学教授協会（AAUP）

1900年、米国経済学会はあらゆる解雇事件の調査を開始した。AAUPは1915年に組織された。AAUPの「一般原則宣言」（1915年）には次のように記されている[28]。「この意味での学問の自由は、調査・研究の自由、大学・カレッジ内での教育の自由、学外での発言・行動の自由の3つの要素からなる」と表明し、学問的権威を基礎とする教授の地位についても次のように言及している。「アメリカの教育機関は通常、最終的な権力の管理者である理事会によって管理されている。従って、これらの理事会に託された信頼の性質を調べ、理事が誰に対して説明責任を負うべきかを確認する必要がある[29]。」

更に、理事会の性質は以下の通りであるべきだと表明している[30]。

> 理事者は公共のための受託者である。州立大学の場合、このことは自明の理である。私立の寄附行為に基づく教育機関の大部分においても、状況は変わらない。一般市民に支援を求めるのであれば、私的な態度や特権をとることは許されない。そのような大学やカレッジの理事会には、教授の理性や良心を拘束する道義的権利はない。

1906年、カーネギー教授退職金制度が制定された。学問の自由の事例には、学外での教員の政治的活動が含まれていた。学問の自由を求める長く継続的な闘争の結果、教授たちは組織を結成するに至った。この団体は、学問の自由と終身在職権の基準の策定と保護、そしてガバナンスの観点からの教員の力の継

続的な向上を目的とした専門職団体と認識されるに至る。

## 2）権限共有の進化

　ホジキンソン＆ミースにより大学の政策に対する集団や個人による直接的な支配のプロセスは以下のように特定された[31]。

> （1）間接的に大学をコントロールしようとする集団や個人（議会やさまざまな利益団体など）、（2）直接的なコントロールを行使する集団や個人（運営委員会や学長など）、（3）審査手続きを通じて政府機関やアクレディテーション機関、（4）寄付者や創設者、そして（5）大学のガバナンスのプロセスの参加者として最近になって登場した教員や学生。

　第一次世界大戦後、学生は学生自治会という形で初めてアカデミック・ガバナンスに関与するようになった。しかし、実質的な政策に学生が関与するようになったのは、1960年代に入ってからである。理事会は実業家によって構成されることが多くなり、教会関係者は少なくなった。ボールドリッジは、理事会に占める聖職者の割合を統計的に紹介している。それによると、「1860年には、聖職者は理事会メンバーの30％を占めていたが、1930年までには7％以下になった」[32]。

　米国の高等教育の構造を理解するためには、評議員会への影響を次のような項目に整理できる。基本理念として（1）多様性、（2）平等主義、（3）地方管理、（4）州と私企業の混合という4つの概念を理解しなければならない[33]。理事会は、教育機関だけでなく、高等教育全体が変化していることを認識し、理解しなければならないということであった。

　第一次世界大戦後の時点では、大学のあらゆる部分を管理するのは、理事会、最高財務責任者と学部長に補佐される学長、そして教授会であった。どのような権限も、その忠誠心によって制限されることを認識することが重要であった。理事会の主な忠誠心は、立法府や寄付者、保護者、そして人々に対するものだった。しかし現在では、システムの複雑さゆえに、責任を委譲する必要が出

てきた。理事会は、財務および財産に関するすべての事項を掌握し、一般的な方針を決定するに至る。

意思決定プロセスにおける教授陣の役割は、第二次世界大戦後に確立され、また、特に学部レベルでは、教員の権力が高まり続けていた。ヒュッガーは、教員の任務と責任について以下のように述べている[34]。「学部は理事会の方針の範囲内で、どの科目を教えるかを決定し、各カリキュラムの要件を定め、合格点を定め、卒業の要件を定める。議論されている教育機関の全目的が、学生に指導を行い、研究を行うことである以上、権限の衝突が起こり得ることは容易に理解できる。」

## 3) 1960年代

1964年、カリフォルニア州立大学バークレー校で「言論の自由」をめぐって学生運動が始まった。1960年代には、教授陣の力、さらに学生の力が台頭し、教育機関の政策形成としての正式な統治機構が発展した。学生たちの行動、デモ行進、座り込みなどは、それ自体多大な影響を及ぼし、アカデミック・ガバナンスのパターンにも大きな影響を与えた。バーンズはこのことを次のように観察している。「理事会が活動する3大分野の第一に、教務はこれまで以上に考慮されるべきだ。具体的な答えを求める理事会にとって、利用できる情報はほとんどなかった」[35]。

学務に関する方針策定は、理事会が教務プログラムと密接に連絡を取らなければ行うことができなかった。そのため、あらゆるレベルの教育審議委員会は常に理事会に報告していた（しかしながら教育審議委員会は諮問委員会であり、実行委員会ではない）。教務（審議）委員会は、教育全体像の詳細や具体的な内容をある程度知っておく必要があった。教育面を含め、教育機関の運営に関するあらゆる面での最終決定は、理事会に委ねられている。

理事会の代表は、"仕事、富、知恵" を提供してくれる人物を重視した。ジェネレットは、「成功した実業家や専門職の男性という考え方が受け入れられていた。近年になって、女性、教員、卒業生、学生を含むマイノリティ・グループが、彼らも価値ある代表を提供できると指摘するようになった」[36]と述べている。

# 5. 1970年代の理事会

## 1) 理事会の基本理念

　さまざまな理由から、入学者数は伸び悩み、実際に減少に転じ、組織の複雑さは1970年代を通じて存在した。しかし、従来の大学年齢（18歳から21歳）の割合が、テクノロジーを重視する新しい学生、新しい学事暦の取り決め、異なる成績評価の選択肢にシフトするなど、教育機関のタイプは大きく変化した。

　理事会の責任の基本原則は、ヴィッケによって次のように端的に述べられている[37]。「理事会は執行機関ではなく立法機関であり、その第一の責任は方針の決定であり、理事会の権限は個々の評議員ではなく理事会全体にある」。そして、基本原則を次のように続けている。「理事会は、教育機関の進歩を指導し評価することに大きな責任を負っており、一人の管理職が大学の業績に責任を持つことは極めて重要である。従って、学長は理事会と独立して対応する唯一の管理役員であるべきである」[38]。

## 2) 理事会の権限

　大学の理事会に法的に課せられている職務と権限は、機関の業務運営に参画することを明確に義務づけている。ネイソン氏は、更に理事会の基本的な責務を以下のようにまとめている[39]。

1. 理事会の業務を遂行するための手続きを確立し、維持する。
2. 最高執行責任者の選出：その任務と責任を明確にし、その業績を評価し、支援し、必要があれば解任する。
3. 法人組織の目標と主要方針を採択する。
4. 長期的な財務の安定を図る。
5. 経営目標を達成するための計画とプログラムを確実に実施する。
6. 組織構造全体を見直し、承認する。
7. 組織の目標と実績が地域社会に周知されるようにする。

第2章　米国・英国の大学からの管理運営に関する示唆と影響　　133

8. 物理的な施設の整備を行う。

9. 最終審判所としての役割を果たす。

10. 理事会の自己評価を行うこと。


ウィッケは、次のような理事の業務特性に反対する意見を述べている[40]。「多くの理事会は実業界出身であり、実業界で学んだ価値観を捨てなければならなかった。しかし、こうしたことは大学経営には当てはまらない。従って、ビジネスから得た有効性の利益に関する試験的評価は、大学経営には使えないのである。」

大学と企業には、ミッション、権限、モチベーション、エグゼクティブ・リーダーシップにおいて多くの違いがある。大学にはより多くの制約がある。この2つの法人の最大の違いは、社会的ニーズと要求である。これはアカデミックな世界では最も難しい課題である。

学長の選出は重要な任務の一つであり、理事会に属するものとして最も一般的に受け入れられている。候補者は、外部か内部かを問わず、最高責任者の選考には偶発的なアプローチが必要である。リッチマンとファーマーはこの問題について、「個人は、あらかじめ決められた職務を果たす能力に基づいて選ばれるべきか、それとも職務は個人に合うように、設計されるべきか」と述べている。しかし、多くの理事会、調査委員会、教員は、いまだにこのことに納得していないようである」[41]。

一般的に、理事会は経営目標と方針を定めるべきであるということに同意している。しかし、理事会が管理運営の細部にまで立ち入るべきでない。最高経営責任者としての学長は、管理業務と執行政策を扱う。しかし、立法政策と執行行政の境界は必ずしも明確ではない。

理事会は、教育機関においてどのような財務および経営慣行を採用するかを決定しなければならない。しかし、高等教育におけるこれらの業務に適用できる一定のパターンはない。ほとんどの教育機関では、経営管理が円滑に機能するよう、財務委員会を設置している。これは民主的プロセスの重要な基準であり、関心事である。理事会は、資金源と資金使途の大きな転換に重大な役割を

果たさなければならない。

　大学に存在する最も微妙な関係は、理事会と教授会の関係である。ほとんどの教育機関では、理事会は教員を職員とみなしている。しかし、教員は教育の質を左右する決定的な要素であることから、理事会はこの前提を受け入れなければならない。理事会は昇格や終身在職権の付与を承認するが、本来は学長がこれらの人員配置を決定すべきである。

　大学の主たる目的は、学生を教育することである。学生は教育製品の消費者であり、理事会は、自らの教育機関が学生に奉仕するために存在することを認識しなければならない。

　理事会は学生や教職員の法廷で満足に解決されなかった問題などを、最終的な判断を仰ぐために理事会に持ち込むことができる何らかの方法を学生や教職員が利用（訴える）できるようにする責任がある。

　理事の肩書きの重要な部分は、"信頼：TRUST" という言葉であるべきだ。理事の信託とは、教育機関の使命と目的を、その教育機関ができる最大限の範囲で、長期的かつ短期的に実施することである。その職務は、外部からの圧力からの独立性を維持することであり、また、広く社会に対してコミットメントすることでもある。つまり両者に対する義務がある。

# 6. 概　要

　米国大学における理事会の歴史的役割と責務は、公式認可の保持、学長の選出、資金調達、教育機関の予算配分の承認、主要政策の策定、教育機関の代表という点に要約される。

　植民地時代、非居住者の統治委員会は、主に聖職者と少数の政治指導者で構成され、神学生を養成する機関を運営するために設立された組織であった。理事会の主な役割は、教育機関の憲章の保護者として活動することであり、唯一の教員である牧師を学長として長期間任命することであった。初期のカレッジには複雑な統治システムは必要なかった。実際、学長はアカデミックな機関であり、自治的な教授会となった。

独立戦争後、理事会は大学の監視役としての役割を果たすことを意図していた。18世紀後半には、理事会も法人も非居住者組織となった。この統治システムは19世紀前半まで続いた。しかし、ダートマス事件（1819年）は、公立と私立の境界線を明確に引いた。教員はより専門化し、意思決定に参加するところもあった。理事会は法的権限を持ち、全権を握る権限を認められた。実業家が理事会に進出したのである。

　近代的な大学は、南北戦争から数十年後に誕生した。米国におけるトラスティシップの際立った特徴は、タウンとガウンを結ぶ自然なつながりとしてビジネスマンが支配的であったことである。モリル法（1862年）は、連邦政府が初めて高等教育に関与した法律である。その結果、独立した理事会が設立され、州に対して責任を負うことになった。

　1875年以降、行政は拡大し、複雑さを増した。また、理事会は大学において最も重要なグループとして認識されるようになった。ほとんどの場合、教員や学生の代表を伴わずに自己の権限で運営されていることも、大学の理事会の特徴である。

　米国大学教授協会（AAUP）は1915年に組織され、学問の自由を求める長きにわたる継続的な闘争が、教授陣の組織結成につながった。理事会は、その特徴の変化を認識していた。その職務はより一般的なものとなり、権限の共有化が進んだ。

　1960年代には、教授陣が権力を高め続け、学生の動揺も統治形態に影響を与えた。学務における方針策定に関しては、理事会に報告する小委員会を設置した。公民権とアファーマティブ・アクション（積極的格差是正措置）により、マイノリティと女性が理事会の委員となった。

　1970年代から80年代にかけて、理事会の権限は、執行機関ではなく立法機関と定義され、個人ではなく全体としての方針の決定に主な責任を持つようになった。目的の明確化、組織の実績評価、地域社会とキャンパスの架け橋、組織の独立性の維持、最終審判所、自己評価など、理事会の役割と責任がより明確に定義されるようになった。トラスティシップは、米国の高等教育機関のもう一つの特徴である「受託者」としての役割にとどまらない。理事会には、そ

の権限をそれぞれの教育機関において最大限に発揮する義務がある。

## 【引用（参考）文献】

1) Hofstadter, R, & Smith, W.(Eds.). *American Higher Education : A Documentary History （Vol. 1）*. Chicago : The University of Chicago Press, 1968, p.11.

2) Baldridge, J. V. *Policy Making and Effective Leadership.* San Francisco : Jossey-Bass, 1978, p.240.

3) Burns, G. P. *Trustees in Higher Education : Their Functions and Coordination*. New York : Harper and Row, 1966.

4) Baldridge. *Policy Making and Effective Leadership.* p.239.

5) Burns, *Trustee in Higher Education : Their Functions and Coordination.*

6) Baldridge, *Policy Making and Effective leadership.* p.238.

7) Hodgkinson, H. L., & Meeth, L. R.(Eds.). *Power and Authority*. San Francisco : Jossey-Bass, 1971.

8) Baldridge, *Policy Making and Effective Leadership*. p.241.

9) Ibid., p.239.

10) Hofstadter & Smith. *American Higher Education : A Documentary History （Vol. 1）*. p.100.

11) Baldridge. *Policy Making and Effective Leadership*. p.245.

12) Rudolph, F. *The American College and University*. New York : Vantage Books, 1962, p.36.

13) Hofstadter & Smith. American *Higher Education : A Documentary History （Vol. 1）*. p.213. Ibid., pp. 175-176. 15) Ibid., pp.247-248.

14) Ibid., pp.175-176.

15) Ibid., pp.247-248.

16) Rauh, M. A. *College and University Trusteeship*. Yellow Springs, Ohio : The Antioch Press, 1959.

17) Burns. *Trustees in Higher Education : Their Functions and Coordination.* 1966.

18) Martorona, S. V. *College Boards of Trustees.* New York : The Center for Applied Research in Education, Inc., 1967.

19) Ibid.

20) Baldridge. *Policy Making and Effective Leadership.* pp.248‒252.

21) Burns. *Trustees in Higher Education : Their Functions and Coordination.*

22) Baldridge. *Policy Making and Effective Leadership.* p.254.

23) Hodgkinson & Meeth. *Power and Authority.*

24) Brubacher, J. S., & Rudy, W. *Higher Education in Transition : A History of American Colleges and Universities*, 1636‒1976. New York : Harper and Row, 1976.

25) Rudolph, F. *The American College and University.* p. 161.

26) Ibid., p.413.

27) Ibid., p.415.

28) Hofstadter, R., & Smith, W.(Eds.). *American Higher Education : A Documentary History (V01.2).* Chicago : The University of Chicago Press, 1968, p.86.

29) Ibid., p.862.

30) Ibid., p.863.

31) Hodgkinson & Meeth. *Power and Authority.*

32) Baldridge. *Policy Making and Effective leadership.* p.259.

33) Martorana. *College Boards of Trustees.*

34) Hugher, R. M. A. *Manual for Trustees of Colleges and Universities (3rd. ed.).* Ames, Iowa : The Iowa State College Press, 1951.

35) Burns. *Trustees in Higher Education : Their Functions and Coordination.*

36) Generatt, M. N. *The Role of Women Trustees in Private Independent Colleges and Universities of Pennsylvania as Defined by Their Characteristics, Functions and Perceptions.* Unpublished Doctoral Dissertation, University of Pittsburgh, 1978.

37) Wicke, M. F. *Hand Book for Trustees. Nashville : The United Methodist Church*, 1969.

38) Ibid.

39) Nason, J. V. *Governing Boards in American Education : Their Role and Responsibilities.*

1976.

40）Wicke. *Hand Book for Trustees*.

41）Richiman & Farmer. *Leadership, Goals, and Power in Higher Education*. San Francisco：Jossey-Bass, 1974, p.235.


## 補足文献（Supplementary References）

1）American Association of University Professors. "Statement on Government of Colleges and Universities," in L. Joughin, ed. *Academic Freedom and Tenure. Handbook of the American Association of University Professors*. Madison：University Press, 1967.

2）Ben-Daived, J. *Trends in American Higher Education*. The University of Chicago, The University of Chicago Press, 1972.

3）Corson, J. S. *Governance of College, and University*. New York：McGraw-Hill Book Company, 1960.

4）Heilbron, L. H. *The College and University Trustee*. San Francisco：Jossey-Bass, 1971.

5）Jenks, C. & Riesman, D. *The Academic Revolution*. The University of Chicago, The university of Chicago Press, 1977.

6）Sanford, N.（Ed.）. *The American College-Psychological and Social Interpretation of the Higher Learning*. New York, London：John Wiley & Sons INC., 1962.

7）Tyack, D. B. *Turning Point in American Educational History*. New York：John Wiley & Sons INC., 1967.

8）Vesey, L. R. The *Emergence of the American University*. Chicago & London：The University of Chicago Press, 1965.

## 第2節

# 米国高等教育機関に対する認可制度

## ―民間レベルにおける発展過程の考察―

## はじめに

　米国の高等教育（Higher Education）は、連邦政府いわゆる中央集権体制下の教育機関として発展してきたのではない。地方分権に立脚し、独特な自治制度を育み実践してきたのである。それゆえ、全米50州の各政府機関は教育機関設置に関する認可権（Accrediting Authority）、及び教育基準設置の法的権限を保有している。ところが米国の教育学者及び大学人達は、この認可制度に関して、州政府に高等教育機関をして公共施設という範疇では、その監督権を委ねている。としながらも、教育と研究内容に関して、州政府は有名無実の存在として認識している。

　それを代行する機関として、独立した民間レベルの協会が、研究機関として大学の学問研究（Scholarship）業績、更に教育機関としての最低基準の教育内容と質の向上に関して、自発的（Voluntarily）または篤志的に監督と認可権を社会的に与えられている。この高等教育機関認定及び認可活動は政治及び司法管轄からも、完全に独立した機関（non-governmental agencies）に依って実施されている。団体自治権を保証された認可制度の設立目的は、広く社会の要望に答えまた貢献できうる強力な教育機関を育成する事にあった。それは先ず個々の教育機関の質を検証し、その結果を公にする事により公共の正しい選択を保証でき得るとの理念に基づいていた。

　この任意団体による認可制度の基本的な実践目的は、教育機関全体として設定された教育基準確保の証明、その質を表示するにある。しかし、この目的は

140

あくまでも基本的なものであり、重要事項の一つに過ぎない。すなわち、激変する社会の中で個々の要請に対応できる強力な教育機関の建設こそ、本来の目的であったのである。また、認可制度の重要な目的として、再検証と定期的な教育プログラム評価を通して、教育機関自ら率先して改善する姿勢こそが、教育機関としての進歩に繋がる最良の方法であると判断したのである。更に、最も重要な機能の一つに、教育機関を内外部の不当な圧力に対抗できる制度として存在させる点も挙げて置かなければならない。

　米国にける高等教育機関の認可団体（Institutional Accreditation）としては、全土を6分轄し、個々の地区総括団体として6協会が権威あるものとなっている。協会名と創立年は巻末の付録一覧表（163頁）を参照されたし。地域協会の他に、細分化された各専門分野別の認可団体（Specialized Professional Accrediting Agencies）があり全土50州に渡ってその認可権が社会的に認識されている。

　認可制度の機能を要約すると次のように説明できる。認可された教育機関は会員登録が認められ、認可制度の構成校（員）となる。認可団体が提示する学問研究—教育基準（Academic Standards）に達した教育機関のみ、そのプログラムの質の高さを認められる。それは同時に社会的に高い評価を得ることでもある。

　しかしながら、これらの認可組織は高等教育機関に対してはなんら法的権限を有していないという事を明確にしておく必要があろう。極端に言えば教育機関の優秀性（Excellence）のために質の基準設定をするだけである。そして、認可された教育機関の名簿の発表か唯一の力の誇示である。そのリストが教育界及び社会に与える影響は測り知れないものがある。しかもこのリストは認可大学のランク付けも質の高低をも表示されていない。付け加えて、米国の高等教育機関は同等のアカデミック資格は持っているが、決して画一化された資格ではない点を認識しておく必要がある。そのような理由からランク付けは不正確であると同時に無意味であると解釈されているようである。教育機関は認可資格を取得または持続させるために、先ず、申請書を提出。教職員は教育機関としての目的、運営に則って報告書を作成しなければならない。すべての認可校は特定の間隔（通常2年から10年）を置いて再審査を受ける義務がある。

しかしながら、多様化した現在の高等教育機関は、機関としての管理運営で困難なるディレンマに陥っていることも事実である。歴史的に認可制度を分析してみると、二つの方向に眼を向けざるを得ない状態になっている。一つ目は、彼等自身の教育機関内部の諸々の問題（Internal Affairs）解決と改善。二つ目は、外部いわゆる社会（Public）の要請への対応の問題である。これら二つの動向への対応として、高等教育機関は双方の均衡を保つ事の困難さを経験し、重要な課題として答えを追い求めてきたのである。

　DickeyとMiller（1972）は彼等の著書の中で、全体に渡り上記の問題に触れて、仮にこの認可団体が民間組織でなかったとしたら、既に政府が介入し、この民間レベルの制度は壊滅させられていただろう、と殆どの米国教育者の考えを代弁している。しかしながら、60年代以降、この不均衡は是正されつつある。認可活動の最強調点として、公共福祉としての社会的義務を果たす教育機関となるよう矯正されてきている所以である。

　本節は米国にける高等教育の認可制度の変革と発展推移を考察するものである。認可制度が如何なる影響を与え、そして変革してきたのかを歴史的に考察し解説することを目的とする。

# 1.　1914年以前：地域認可協会の誕生

　初期の米国大学は英国の伝統をそのまま受け継いでいた。ハーバード大学は1636年に創立され、聖職者と政治家養成機関として出発した。しかし、基本財産も相続財産も無く、また学者ギルド（Guild）の存在も無く、運営に必要な物は理事会（Board of Trustees）に依って用意された。当時の理事会は外部（Non-Residents）の者で、しかも学者抜きの構成であった。これら初期の大学でも内部の自治権確立を試みる動きもあったが、教授陣の不安定な立場、更に管理運営（Decision Making）に対する意識も皆無であったことも手伝って徒労に帰してしまった。

　しかし、この初期の学内自治に関する動向は、後の大学管理に大きな布石と成ったことは事実である。顕著な例として、理事構成の大多数は聖職

者（Clergyman）であったが植民地時代の大学の管理運営権も徐々に一般人（Layman）に移行されていった。植民地時代の大学を敢えて類目すると、私立教養（学芸）大学（Private Liberal Arts College）であり、しかも当時は公立、私立の認識は存在していなかったようである。ちなみに、1776年までに9私立大学が創立された。

　独立戦争後1776年の高等教育に関する意識改革と動向は目を見張るものがある。その一つに州自身が高等教育に対する重要性の認識を深めたことである。更に、1780と90年代に民主主義精神の大学内外に於ける台頭である。この20年間に教育理論の研究、即ち再検討が盛んになった。政治家、医師、そして独立宣言署名者の一人でもあったベンジャミン・ラッシュは国立高等教育機関の設立を強調し、「米国の教育はもっと非宗教的で科学的、そして一般教育的で実践的でなければならない[1]」と述べている。

　トーマス・ジェファーソンは州立高等教育機関の設立を強調した。それはまさしく、地方分権主義政策を基本にした革新的具体案であったのである。更に、ジャクソニアン民主主義政策は、平等主義を根底に置き自由な公立教育を可能ならしめ、後の大学教育に多大なる影響を与えた。この様な、高度な精神的土壌は米国内で既に広く培われていたのである。

　Seldenはこれら一連の新動向を「1791年の米国憲法付加条項第十条（The Tenth Amendment）成立により、州は教育に対して絶大なる権限を保証された。連邦議会になんら権限を委任する必要なく、教育は州及び地域の名にいて責任を負うべし[2]」と要約している。この十条は明らかに連邦政府の教育への介入排除と解釈され、更に州政府は州内の教育機関の設置認可権（Charter）を確保し、中央政府の政治的介入を許さなかった。

　州に依る設置認可制度は、1819年の私立ダートマス大学ケース（Dartmouth College Case）で試される結果になった。この裁判ケースはニューハンプシャー州の政治、財政面で、私立機関の場合、州からの完全独立を認めるか否かと言う極めて重要な判例となり、後の高等教育の発展推移に一つの大きな方向付けが確認されたのである。結果としては、認可校は州政府の如何なる政治的介入にも、その立場の変更を強制されることはないとした。その反動として、

1840年以降は宗教を基盤にして設立された大学は、州からの財政援助を打切られたのである。

　産業革命は科学、技術の発展に大きく寄与した。1862年にモーリル・ランドーグラント法（Morrill Land-Grant Act）が連邦議会で成立し、州立の農業工業大学設置を条件に連邦政府の援助を受けられるとした。連邦政府として高等教育へ最初の正式通達と供与であった事に注目したい。19世紀後半は農科・工科州立大学が続々と誕生したのである。

　南北戦争を境にして私立、公立を問わず、管理運営面で宗教色は急速に薄れていく傾向にあった。これは諸々の要因が噛み合わさった結果であり、特にランドーグラント法、ドイツ式研究、カリキュラムの変革、そして入学者数の増大等が高等教育機関自身複雑化した組織になったからである。当然のごとく、大学理事会の構成人員も変わり、産業界からの進出が目立ち、教育機関でも大企業の管理運営方式を採用されるようになった。

　米国にける認可そのものに対する概念が確立する前に、大学（college）と他の教育機関の違いを明確にする必要があった。最大の要因は、19世紀後半に無干渉主義または自由放任主義（Laissez faire）という経済政策が優勢を誇り、高等教育の発展にも多大な影響を与えたことである（日本にはこの様な時期は存在しなかったことは、高等教育機関にとってはある意味では不幸な事であった）。同時にアカデミックとしての質の点で、著しい不均等な結果を産み出してしまった事も否定できない。特に、専門高等教育機関は教育そのものよりも利潤追求に重点を置く傾向にあった[3]。共通のアカデミック基準や入学基準、ましてや大学の定義など到底期待できなかったであろう。

　McConnはこの一連の問題を「19世紀終盤の教育は不統合、不調整のままの種々雑多のごった煮（variegated hodgepodge）のようになってしまった。それは何の審査段階及び過程も無かった事が要因である。多くの機関は見掛け倒しで、無益、不合理であって現在からは到底想像もつかない」[4]と当時の高等教育機関を痛烈に批判している。

　当然のごとく、大学と他の教育機関との区別を明確にし、更に"大学とは何か"という定義を確立する必要に迫られた。1884年マサチュウセッツ古典教

育及び高校教員協会のメンバーはハーバード大学のCharles W. Eliotと協議をし、翌年全米最初の認可協会であるNew England Association of Colleges and Secondary Schoolsを設立した。この新設協会の第一の目的は地理的に同じ地域の教育者及び教育機関が一同に会することであった[5]。

ペンシルバニア大学協会は、Middle States協会に、更にSouthern協会、North Central協会が設立された。North Central協会は、1926年の当協会の機関誌に、1895年発足時の様子を次のように記述している[6]。

> 1895年3月29日ノースウェスタン大学で各教育機関の長が会して、協会の憲章作成のため委員会を組織した。第一回の年次大会開催を1896年とし、重要な事項にいて実質的な同意に達する目的を以て、会員であるすべての州から地域代表者として参加しなければならない。もし同意が不可能である場合は異なった意見として明確なる理由を述べることとする。

これら地域単位の認可協会の機能的役割は、高等、中等教育両機関の親睦を図り、特に大学への入学基準と必要条件の統一にあった。初期の協会は大学に対して認可制度を実施するまでには至っていなかった。最初に認可制度を系統立てたのはNorth Central協会であり、ミシガン大学（The University of Michigan）がミシガン地域で認可制度を実施したのである。それは極めて斬新的な入学制度の確立でもあった。1872年までには、卒業認定授与証の発行認可高等学校（Diploma School）制度が中西部に普及した[7]。1894年に統一入学試験委員会を発足、1901年に大学入学試験評議会（Board）を設立した。東部の伝統のある私立大学も徐々にこの共通入試制度を受け入れていった。しかし、ニューイングランド地区では大学入試評議会がNew England協会とは別に発足された[8]。

協会設立後、"大学とは何か" への定義付けが論議の中心となり、Chamberlainは "大学としての機能" と題して、1901年Scienceに発表した。要約してみると下記のように纏めることができる[9]。

1. すべて存在する知識を教授する機関。

2.　取得された知識を考査する場所でなければならない。

3.　知識を増大させ許容量の限界を拡大させる機関。

4.　知識の応用を指摘し、更に指導しなければならない。

1913年、ニューヨークで第6回全米協会会議が開催され、Ferry（1913）はScienceに会議の重要事項を発表している[10]。「小委員会は質問事項及び名誉ある退去または脱退（honorable dismissal）の用語使用に関する調査を、80の大学へ回答を依頼した。その調査結果として、諸々の事項等に関して正式なる基準化を求める一般的な同意を得られたとの報告があった」と具体例を示した。

比較的初期段階で認可制度が成功したのは、専門教育分野の米国医学協会（The American Medical Association）であった。AMAは1906-07年に認可機関名を発表した。この発表は他の専門教育協会だけでなく、広く高等教育機関の認可制度実施を促した。実際に図書館学、音楽、看護、教育、ビジネス等の専門分野団体は1920年代に認可制度を開始した。他の専門分野も30、40年代に続々と実施段階に入った。

## 2.　1914〜40年：認可制度発展期

連邦教育局による高等教育機関の分類確立の失敗（1911年）により、1914年度には、多くの認可協会（全米大学協会、全米州立大学協会、全米カレッジ協会、他専門分野の協会をも含む）は個々の大会を開催した。これを契機に民間レベルによる認可制度は発展期に入り、高い社会的評価を獲得していくのである。

同年、全米大学（University：A. A. U.）協会は最初の4年制大学（Pre-graduate）のリストを発表し、この基準評価の機能は1948年まで実施された。North Central協会は1913年、大学連合としての全般的認可評価を実施、3年後の16年に認可大学の初のリストを発表した。認可基準としてカーネギー財団と連邦教育局の基準を参考にしたのである。カーネギー財団は初期の頃から、高等教育の基準設定を説き "米国高等教育の総合体制"（Comprehensive system of American higher education）で基準を示したのである[11]。

North Central協会は1926年の機関誌で、16年当時の認可制度の評価基準項

目を以下のように列記している[12]。

1. 高等教育機関としての定義（Definition）.
2. 入学基準（Admission）.
3. 卒業認定基準（Graduation）.
4. 教授陣の規模（Faculty-Size）.
5. 教授陣の教授法研究（Faculty-Training）.
6. 教授陣の奉仕（Faculty-Service）.
7. 教室の規模（Size of classes）.
8. 高等学習及び研究に対する学生の予備学習（Preparation of Students for Advanced Study）.
9. 登記及び記録（Registration）.
10. 図書館及び実験室設備.
11. 財政（Finances）.
12. 専門教育学部、学科（Professional School or Department）.
13. 監査（Inspection）.

1917年と18年にも、師範大学及び短期大学の認可項目が設定され、その評価基準も機関としての性質上多少異なるが基本的には同基準であった。

Southern協会は1920年、Middle StatesとNorthwest（17年発足）両協会は21年に、それぞれの認可リストを発表。当然これらの協会の認可リストを公共のものとして発表するか否かは、論議をかもしだした事は事実であった。Greenlawは協会認可大学の公開を高く評価し、これで大学の危機は去ったとまで言い切ったのである。彼の論評 "The University Crisis. A Way Out" で「個々のcollegeは、それぞれ所属している地域に対して独立した奉仕が可能になる。そのための中枢諮問委員会、universitiesとある程度の協力は必要になるであろう[13]」と地域に対する機関としてのサービス的精神の昂揚を強調した。

民間レベルでの認可制度発展期に、再び連邦的教育機関設立の動向があったのである。教育局の高官、Capenは高等教育に対して警告的な論評（The College in a Nationalized Educational Scheme）を発表し、大きな反響を巻き起こした。その中で「国立化とは言え、18年に設立した士官大学校とは明確に異

なる事は明白であるし、次のように教理上の提案をするものである[14]。1）連邦政府は教育政策に参加するが、管理統制はしない。2）政策として、連邦政府の国家統治上の基準に適った機関または、真の知識者（genuine intellectual leadership）を輩出でき得る機関には助成金が供与される。3）国家政策に非常に興味があり、更に参加意識の高い機関」と述べている。

　連邦政府が全米の教育事業に広く携わるには、それに見合った規模の機構を確立しなければならない事は明白である。更には、教育は基本的に連邦政府とは別次元である州自身の機能として組織されてきた。故に、連邦政府は教育機関に対しなんらの権限も保有していなかったのである。しかしながら、連邦政府は教育分野から分離すべきと、法的には明文化されていない事実も忘れてはならないとの解釈をしたのである。

　実際には、19世紀の中頃から連邦政府により発展してきた教育分野もある。特に農業、機械等の職業訓練、そして、貿易及び産業に渡る分野に顕著に見られた。既述したようにNew England協会は最初に設立されたが、1952年まで協会自身認可団体という意識は皆無に近かった。しかし、協会のメンバーシップこそが教育機関としての基準に達していたという証明でもあり、また他の地域協会にも認められたという意識を確立していた。

　第一次世界大戦後の1920年代は、軽い風潮が蔓延した時代でもあった。大学内でも学生生活を満喫しながら、学位を取得という極めて教育目的とは掛け離れたものになってしまった。Hillsは彼の評論 "討議：大学の基準" で、大学、特に学部学生の質について「学生は大学の一般教育、文系及び理系において満足な学習成果を挙げていない[15]」と述べている。キャンパス活動のみ興味を示す傾向にあったことは事実であろう。この動向は英国的観念である教養としての人格形成、全人教（whole man）とドイツ的概念の学問知識（Intellect）のディレンマを招く結果となった。その反面、専門及び技術機関は近代社会の激しい競争に対する、より徹底的な教育機関に成っていった。

　1930年代の学生の実体は、更に悪化傾向にあった。この頃、各地域協会は基本的な目的を修正する動向にあった。つまり、今後の地域協会は、大学の質の向上に努めることを第一目的とした。と同時に、協会の旧認可基準自体、社

会に広く疑問視され始めていたことも事実である。この新動向に応えるかのように North Central 協会は1926年に「大学としての真の価値を評価するには、先ず現基準の不適格たることを認識せねばならない」とし、「大学は、如何に社会に対する貢献度を高めるかを目指し、認可高等教育機関として総力的原型を確立しているか[16]」等の教育機関としての総力と持続力を強調、それは学外への刺激啓蒙に繋がる。しかし、個々のプログラム認可ではなく、機関を総合的に評価するとしたのである。

Middle States 協会はこの新認可基準こそ大学内の自己評価、啓蒙を促すものとし第二次大戦後は10年周期の評価実施を採用した。6地域協会はこの新認可基準実施に関してもかなりの相違もあったが、次の4項目は共通基準として設定された[17]。

1. 共通入学基準。
2. アカデミック最低基準と地域間の多様性。
3. 教育機関の自己啓蒙（Self-improvement）。
4. 多岐に渡る学内外の困難、窮迫に対する相殺機関（Countervailing force）としての奉仕。

特に、第4項目が最重要視されたのである。ただし、現時点では第2項目（地域間の多様性）については余り重要視されていない事を明記しておきたい。米国では、高等教育機関の目的を破壊（subvert）しえる平衡力（Counter-balance）としての政治的、経済的、社会的影響力に対して教育機関として充分な力を持つ必要性が認識されたのである。

新基準設定と同時に、高等教育機関としての優秀性（Excellence）に関する討議が繰返されていた。Flexner は「大学の最も重要かつ厳粛な目的として知性教育を提言できる。多くの人材を見出し、訓練することは緊急課題である。これは共に、余りにも不完全と言える程に実行されていない[18]」と厳しく指摘した。更に、Schmidit は "大学とは何か" という大変興味のある論評を発表した[19]。

　　大学とは学者のコミュニティーである。最も優秀な学者を魅了する大学の能力は給料の増減にある。しかし、偉大な学者は金額も施設をも犠牲にし、ただ一つのこと

のみを願う。それは学問の自由である。それに、教育の目的は学生に既成事実を知識、知性として詰め込むのではない。学生の意識改革でもなく、楽しませるでもなく、諸分野のエキスパート、技術者を造り出すものでもない。教育とは、思考する事を教えることであり、もし可能ならば彼等自身の事を考えさせるものである。

とかなりイングランド的な論評を掲げ、理想主義的な啓蒙を試みた点はかなりの評価を得たのではと想像できる。

# 3. 1940〜1952年：認可制度及び協会の改革

この期間に連邦政府は三大条例を成立させた。また、地域認可協会による認可過程は統治形態で高い信頼を得つつあった。この期間に産業と情報が発達し、人口増加と都市集中化は、教育体制の近代化に拍車をかけることになる。大学の近代化とは専門性を強調しながらも、実質的に経済的生産力の向上、および個人の成功に貢献することでもあった。しかしながら、高等教育機関の職業教育傾向、動向に対して論議・物議を醸した時期でもあった。

Schmiditは "高等教育への挑戦" という論評で、以下のようにドイツ的教育について言及している[20]。

米国の高等教育は大学間で提供している教育内容が余りにも異なってきている。事実、どの分野でも教養／自由教育（Liberal education）を受けることは不可能となりつつある。多くの学科、特に規模の大きな教育機関では、人間教育よりも学科専門科目（Subject matter）に傾倒しており、更に教授よりも研究に興味を示している。教授達は、教師としての学問的な研究業績無くして大学での講義は不可能であると結論付けている。今日、最優先すべきことは高等教育機関の科目の総合、知識分野の統合である。他の科目と無関係に存在しうるものは皆無である。

とドイツ的高等教育を批判し、産学協同政策にも警告を与え、人間教育を強調し、総合的なwhole man教育をここでも論じている。

最初の連邦政府条例は「1941年の選別制」であり、優秀な学生には一時的な兵役猶予を与えるものであった。Marshは、米国教育協議会（American Council on Education, ACE）の副会長として、次の4つの問いを挙げて、それに答えを試みている。1）防衛とは何を意味するのか、2）防衛のために大学は何をしたのか、3）現在何をしているのか、4）登録担当者は何をすることができるのか。これらの論点に対し、次のように結論づけている。「高等教育は、人間を自由にするために、血と財貨を使って何をしたかを学部生によく理解させ、その自由を守るために現在の課せられた勤めとより深い献身をもたらすよう、今よりもっと、もっと多くのことをしなければならない。[21]」

　第二の条例は1944年、軍人の再復帰で、資格退役軍人として教育を受けられる恩典を与えるものであった。

　Waltersは全米1,686の高等教育機関に第二条例に関する公開質問状を送付、その結果「既に150万の退役軍人から教育機関に入学願書が出されている。その内、約半分の75万は今秋に高等教育機関に入学する意志がある」[22]と発表した。Johnesは "大学のディレンマ" という批判的な論文をForumで、次のように述べている[23]。

　　政府は金の力で何でも実施できる。大学教育を欲している者は、金銭的に保証されるという気前のよい法律が議会を通過した。大学は何名でも受入れ、そして毎学期確実に金が入る。殆どの者は何等かの形で大学と関係を持つことができるであろう。では、高等教育機関の基準とは何であるのかという問題が生じて来る。

と教育理念との矛盾を指摘した。

　この時期は地域協会による認可制度はかなり定着してきたが、また不満の意を表する動向も見逃してはならない。Donaは特に私立高等教育機関同志の協力体制の確立を強調した[24]。

　　更に重要な事は、革新的教育理論と実践を大胆かつ強固なる意思を以て実施すべきことである。即ち少数単位で教育を施し、個々の学生と深い人間関係を築くべきで

ある。大学自身の目的を再評価し、新時代の要望に答えるべく奉仕と組織の再検討を実施すべきである。大学間の協力こそが一層の大学近代化を助ける。

と論じ、改革思考の確立を訴えた。

　教育の進歩という基本目的に加えて、地域協会は他の機能をも果たしていた。前途有為な学生、親権者、カウンセラー、教職員に対して補助金の供与を実施していた。更に、全米規模の専門分野協会をも間接的に補助していた。しかし既述のごとく、この認可制度自体、その影響（influence）と管理（control）という面に対する疑問は戦前戦後を通じて至上の問題であり続けた。ランド・グラント大学（Colleges・Universities）と全米州立大学協会は改革動向に対応すべく合同委員会を発足させた。この委員会は種々雑多な基準団体の乱立に困惑と憂慮の念を表明している。また全米大学（Universities）協会と都市大学（Urban Universities）も合同委員会を発足させ、改革動向に積極的に取り組んだ一つであった。

　改革に際して論議を醸しだしたポイントは、教育の質を維持または進歩させるに当たり、伝統的理念である教育を受ける平等の機会との矛盾点である。しかし、幸にして公立（State supported）と私立高等教育機関が存在する。そこで、後者は高等教育の質に対してのみ奉献でき、前者は質と平等の機会を実践及び提供しうるとしたのである。

　他の議論は公立大学として何を社会は求めているのか、既に19世紀中頃から討議されてきた点、いわゆる教養としての教育なのかまたは職業教育に重点を置くのかという問題である。だが実際、公立機関では実用主義教育が余りにも重要視され、教養としての教育価値は余りにも蔑ろにされてきた傾向があったとしている。しかし、Kendelはこの問題に触れて「教養教育は職業教育であったし、職業教育もまた教養教育に成り得た。つまり、双方共に損害を与えてきた」[25] と明確なる区別の難しさを述べている。

　1949年初頭、全米教育審議会（American Council on Education）は全米大学及び中等教育基準審議委員会を発足。続いて地域協会も全米地域協会委員会を発足させ、協力体制の推進と認可大学の全米名簿発行を意図としたのである。

更には、前記の二委員会が合同で全米認可基準委員会（National Commission Accrediting）（以下、「Commission」という。）の組織を発足させ、それが既存の教育秩序と基準の理念は刷新の概念、多用性、実験、そして自治に取って代わったのである。Commissionは会員である大学に対して、Commissionの助言無しに新規の認可団体を招聘しないよう要請した。これは、既存の認可団体の整理または改革を目的としたものである。特に、混乱の根源になっていた専門分野の団体に対して粛正を要求し、認可組織としての役割、機能を減じ、6地域協会に一任すべきだと主張した。1950年、改めて地域協会はCommissionの憲章で正式に認められたのである。地域協会と専門分野団体の理に適った役割設定はCommission発足以来、混乱の原因と同時に最大の難題であった。1951年、米国短期大学協会と教育大学協会は認可協会のメンバーとなる。

　第三の連邦条例 "朝鮮戦争退役軍人法"（Korean War G. I. Bill）が1952年に議会で承認された。この条例も第二条例同様、教育補助法案であり、当然のごとく教育界、社会全体に波紋を投げ掛けたのであった。

## 4. 1952年以降：連邦政府の干渉と認可制度のディレンマ

　1945年以降、連邦政府の高等教育機関への役割は増大した。顕著な例としては、大学内での軍事教育課程の設立を挙げることができる。組織力と財政力で全米の民間教育機関に浸透し、勢力を拡げたのである。この新しい勢力に対して、Allenは軍国 "主義は高等教育を脅かすのか"（Is militarism a threat to higher education ?）という論評で下記のごとく厳しくその動向に警告を与えた[26]。

　　軍隊は静かに高等教育機関乗っ取り計画に着手し始めている。学問の自由と民主主義的教育方法が脅威に曝されている。彼等が目指すものは、連邦政府承認及び後援の科学研究、ROTC（予備役将校訓練団）、軍部宣伝活動、そして機関管理者としての軍人等の育成にある。国防という名のもとに、軍部は我々の高等教育機関の揺るぎない基礎を毀損し始めている。

更に、高等教育機関を断片的に認可する専門分野協会と、全体的評価をする地域協会という二団体の存在は予想通り深刻なディレンマ及び矛盾を生じ、即刻の解決を必要としていた。（Dickey ＆ Miller（1972）の著書で詳細を紹介しているので参照されたし）1952年、Commissionは解決案として次の事を提示した。専門分野団体は高等教育を断片的に評価しているゆえ、地域協会への顧問団として機能すべきであり、機関の情報は地域協会からのみ入手すべきであると主張した点は興味深い。

　解答として、ほとんどの専門分野団体は地域協会との協力は惜しまないとしながらも、別団体としての権利を強く主張したのである。しかし実際の所、多くの高等教育機関はこの二協会の関係及び役割について、どのくらい理解していたかと言うと、甚だ心もとないものであったようである。Commission代表の多くの学長達は当然のごとく専門分野団体の消滅を強調したが、大学の教職員は、すべての団体を排除する必要はないと異なった見解を示した。しかし、Commissionは1954年1月を以て特定の協会以外は廃するとの譲歩的結論を出すに至る。ここに、Commissionは、認可制度を、参加希望のすべての高等教育機関への指導、助言供与を以て、健全な政策と統一実施の中枢機関としての役割を持つものと明確に定義付けしたのである。

　次にCommissionが直面した問題は教育者養成の専門分野団体との関わりであった。討議の結果、公共に有益であると判断し、その存在を承認した。そして、1956年、Commissionは6地域認可協会と19専門分野団体を正式な認可機関として認め公表した。これは、まさしく伝統的地方分権下の高等教育機関に対し、認可制度の原理または哲学を全米に統一化させ、基準の一律化を図る事により、不統一という弱点を修正改革するという重要な起点となった。

　その間1952年から、連邦議会は認可校に対し諸々の連邦資金補助に関する法案を制定した。その反面、1950年代に連邦政府の高等教育機関に対する露骨な直接介入があり、過去に於いて経験の無い苦難の時期を迎える。いわゆるマッカーシー上院議員による反共産主義運動（Anti-Communist movement）であった。Aldoはこの政治的介入動向に対し明確に次のように大学人の反応を述べている[27]。「マッカーシー議員の勇猛果敢な共産主義陰謀に対する戦いは、

当然大いなる論議を呼び起こした。全米大学の教員及び学生の大多数はこの動向に反対の意を明白に表明していた。」

Pullaiansは彼の論評 "Accreditation in Higher Education as Guidance" の中で「現認可体制は、高等教育機関の活気ある発展に対し、その要望と精神に充分適合しているとは言えない。それにもかかわらず、画一された具体的かつ専断的な基準は、機関の新設置に対し大いなる脅威と成っているのが現状である」と述べ、更に「そのためには、新設及び弱体の高等教育機関に対しては最低基準を適用すべきであり、強力な機関には卓越、傑出した質向上へのガイダンスとしての既定基準を適用すべきである」[28]と認可制度に対する弱点を指摘し、実施改革を促した。

Dewey, B. S. も、この間の認可体制に対する論評を書き、その制度の意味と機能を定義し、1949年以降の業績を評価すると共に、「認可機関となるべく特に弱体機関はただ単に次のような過程を採る傾向がある。(a) 質よりも学位 (Ph.D.) 取得者を採用、(b) 認可獲得のために装備、施設を拡張、(c) 資金を弱体プログラムに一時的に移行」していると厳しくその弱点を指摘。「認可制度は二流の崇拝観念を造り出すであろう。事実最低基準保持のみを苦慮し、優秀な機関と成るべき道筋には成っていない」と批評し、更に、多様化した高等教育の質の相違の中における認可体制問題に波及して、

> 煩瑣な教育哲学的徴候として高等教育機関間の多様性を促進してきた。教育における自由と多様性は機関の質とは必然的に同等には成り得ないと言う事実を認識する必要がある。自由と多様性を取り入れまた批判から逃れるためには、地域認可協会は大学に対し、機関としての目的を明確に設定するよう指導すべきである。[29]

と提案し、事実その後の変革に絶大な影響を与えた事は事実である。

1960年代は連邦政府の資金援助でマスプロからユニバーサル教育へと飛躍的発展を遂げた時期であった。特に、国内外の変革に依り科学、数学、外国語、技術畑の教育研究機関に金がつぎ込まれた。

A. A. U. P. の機関誌、1964年12月号で高等教育機関の認可制度にける教授陣の役割を討議し、標準化を進めるよう奨励している。教育機関の評価は高等

教育機関と認可協会との協同事業であると謳い、認可制度の最も効果的な事業は資格のある教職員（faculty and administrators）の協力的な努力が必要だと強調されている。その具体例として次のように列記されていた。[30]

1. 機関内の教授陣の全体的責任にいて委員会を組織し、大学全体を自己評価（self-evaluation）の準備をする事。
2. 自己評価は下記の事項を含むべし。
   a. 学問の自由と教職としての定年までの任命（tenure：終身在職権）の状況.
   b. 管理運営の教授陣の参加状況.
   c. 教授陣の地位、士気、風紀状況.
3. 自己評価の認可協会提出前に機関内の全教員に配布する事。
4. 教授陣の代表者は協会派遣委員と会合する事。
5. 協会派遣委員会は報告書を教授陣全員に配布する事。
6. 評価結果は全内容を教授陣に報告する義務を負う。

地域認可協会に対する認可基準標準化も明記されている。
1. 協会派遣委員会は常勤の教育–研究者である教授陣を加えなければならない。
2. 当委員会は下記の事項を明白に報告書に列記しなければならない。
   a. 学問の自由と教職としての定年までの任命（tenure）の状況.
   b. 管理運営の教授陣の参加状況.
   c. 教授陣の地位、士気、風紀状況.
   これら3事項に関して顕著なる問題点及び是正を要する事は全て報告する義務を負う。
3. 前記の3事項で問題が生じた場合は他の分野との関連性も調査する。是正への努力と容認できうる期間内で適切なる処置を裁可する事を確約する。
4. 著しく学問の自由、テニィア体制を侵害しており、速やかに是正の処置を下さなかった機関は認可取り消しの裁可を受けるものとする。

米国高等教育史における劇的な変革の一つは、1964年の基本的人権の保証

である公民権法（The Civil Right Act）の成立であった。学内にける少数派の学生差別を禁止し、分離政策は平等ではないとの判断が下った。更に、1965、68両年に人権法の積極的差別是正措置法（Affirmative Action）として高等教育機関にプログラムを設置した。それに伴い、Commissionの認可制度における役割と機能は公共利益の保護遂行を最優先すべきとの条項を盛り込んだのである。更に、1965年の高等教育法は広く地域社会へのサービス・プログラム設置や、学生への財政援助等を目的としたものであり、1972年の教育修正法は広く高等教育機関に連邦資金援助を実施したのである。

　このような連邦政府の財政援助の増大により、認可制度はより正式化し各協会は最低4年毎に認可機関名を公表する義務を負うことになる。認可高等教育機関のみが連邦資金援助を受けられる有資格校（institutional eligibility）と成ったことも重要な要素であった。1971年の高等教育法延長に際し、連邦議会で討論された。Publishers' Weeklyは論評で「民主、共和両党議員は高等教育機関への財政授与、学生への補助金の狙いに関する問題で対立した。米国高等教育制度は栄養不良の恐竜と成っており、徹底的な改革が必要である」[31]と現状を厳しく批判した。

　1971年のNewman Reportは連邦政府側の意見として、有資格機関の決定権は連邦政府に帰すべきであり、認可協会とは切り離すべきだと強調し、更に、取り敢えず現状の修正としては既存の地域認可協会に政府の代表者も加えるべきである。連邦、州両政府は認可協会による連邦政府補助金の授与資格校決定権を縮小すべきだと結論付け教育界に衝撃を与えたのである[32]。

　1972年の教育修正法−基本教育均等補助法（Basic Education Opportunity Grants）とは、直接学生に補助金を供与するという性質のものであったがゆえに、学生の高等教育機関の選択権が増大し、過去に経験の無い新局面を迎えたことは特筆に値する。これら一連の動向は、連邦政府の高等教育機関に対する行政上の介入であった。その結果、認可制度は社会的通念としての責任を持ち、教育問題に関する解答を与えるに限定している。中央、地方政府との協力体制も不可欠となった。事実、認可協会は連邦政府補助金授与に関する有資格機関決定になんら機能的義務を保持していない。

第2章　米国・英国の大学からの管理運営に関する示唆と影響　　157

その後、詳細に渡る認可制度の方法と過程はかなり統一化され、認可団体は極めて忠実に実践する事により、米国教育局（U. S. Office of Education）と後中等教育審議会（the Council on Post-secondary Accreditation）（Commissionと Federal Regional Accrediting Commission of Higher Educationとの合併）の承認と公表を求めるに至ったのである。1977年、教育局は正式に承認されたとして、認可協会、団体名を年次報告書に公表した。これらは6地域協会（Regional Institutional Accrediting Associations）、53専門分野協会（National Institutional & Specialized Accrediting Associations）、そして12公立職業教育協会であった[33]。

　その直後、教育局がH. E. W.（Health, Education, and Welfare）から独立して教育省昇格の決定があった。教育機関に対する連邦政府介入に繋がるものとして危機感を招いた。特に、認可制度の重要な要素は中央政府統制からの自由が保証されてこそ、公共社会に奉仕でき得るとの信念があったからである。Haplerinはこの教育省設立に関して「高等教育が現在より効果的かつ狡猾的に、統制及び要求してくるかは想像に絶する」[34]と将来に対する愁いを表明した。もし高等教育機関自身が、自治権としての認可制度の目的と機能を守る意志が強固なら、当然ながら現時点より効果的な模索が必要になるであろう。

　Seldenは先の動向を見越して、認可制度の立て直しを遙か前より訴え続けていた[35]。

1. 公共への義務を効果的に履行せよ。
2. 現在、将来の社会の要求を見通せよ。
3. 判断、測定技術を磨き、指針を洗練する事は必然的に教育の質の向上に繋がる。
4. 社会のニーズに答え、また連邦資金を獲得するためには地域認可協会は共通の政策と実施方法を採用せよ。

今後の認可制度にける基本的な指針となり原点としての教訓となるであろう。


## おわりに

　米国の高等教育は地方分権下、地域自治で発展してきた。しかしながら、教

育の質の点では不統一であり、事実、社会の要望、連邦政府の期待に応えているとは言えなかった。高等教育機関自身の意識改革に頼るしかないことから、認可制度を設立したが高等教育機関内外、特に連邦政府からの批判の的になってきた。高等教育史では連邦政府は常に介入政策を打出したが、憲法第10条修正法の存在は重く、またその解釈により最小限に押さえている事は特筆しておきたい。

　認可制度の目的は、その教育機関が最低基準に達していることを保証し、教育の質を将来の学生、両親、そして社会に広く知らしめることである。民間レベルにける認可制度とは高等教育機関の自治権確立の証明であり、自由及び廉潔を保持する手段でもある。しかしながら、この認可制度は高等教育機関のランク付けを意図しない、多様化した高等教育では不可能でありまた意味のないことでもある。

　認可過程は次の4段階の任務がある。

1. 標準基準を公表する、学生の業績、教職員の能力及び資格、教育課程、図書館、設備、そして財政状。
2. 適任の教育者を訪問させ教育機関全体を監察及び評価する。
3. 査定を合格した機関は認可校として承認し公表する。
4. 定期的に訪問し再評価する。

　認可過程では評価される教育機関自身が財政的負担の責任を持つ。1970年代以降、コストは増大したが連邦政府の同過程よりはるかに廉価であった。

　反面、認可制度改革及び進歩における妨げとなってきたものは、教員の郷愁とも言えるアカデミック理想主義と学問の自由への頑固な態度であった。更に、高等教育機関多画化と多様化への変革、社会とのより複雑な関係化等もその一因となった。問題は不充分な指針と有効、優秀性を測る技術不足であり、広く高等教育全体の運営よりも狭義たる専門分野と己れの教育機関への固執であった。そして1952年以降の連邦政府の介入政策の増加を加える必要がある。これらはすべて米国高等教育機関誕生以来、最も激しく討議されてきた自治と学問の自由という問題と何らかの関わり合っていることが確認できる。

　認可制度の将来の展望としては、激しく変動する教育、それと社会の変革に

応えてこそ活力のある建設的な役割を果たし得る。多様化した高等教育機関の評価過程における方法・技術を常に研究し、課題としなければならない。やはり、教育機関としての教育方法と質こそ評価対象として最優先されるべきである。それには、制度の全過程における体系的な研究調査も不可欠であることは議論の余地はないし、機関の総合評価として最も有効性のある必須の要素である。更に、協会間、Commission、連邦団体とで高度に洗練された協力体制を確立すべきである。

　連邦政府は近年、高等教育のカリキュラム、教授法、研究課題等に対して介入の度合を高めてきている。当然この介入政策の懸念は干渉と管理統制への畏怖に繋がる事は否定できない。認可制度の歴史は浅く、現時点でも試行錯誤の段階であると言っても過言ではない。それゆえに、認可制度の未来は指導者達が高等教育の基準を地方、州、連邦、それに地球的規模と、どのレベルに焦点を合わせるかに大きく左右されるだろう。

　最後に、米国における認可制度の情報源は下記の刊行物が信頼に値するので紹介しておきたい。

1. 高等教育における認可機関（Accredited Institutions of Higher Education）年2回発行. The American Council on Education.
2. 米国の4年制と短期大学（American Universities and Colleges and Junior Colleges）4年毎発行. The American Council on Education.
3. 教育機関名簿. 第三部：高等教育. Education Directory. Part Three：Higher Education）年一回発行.（The U. S. Office of Education）.
4. 認可高等教育機関（Accredited Higher Institutions）4年毎発行. The U. S. Office of Education.

## 【引用（参考）文献】

1) Hofstadter, E. D. & Smith. W. *American Higher Education：A Documentary History (vol. 1)*. Chicago：The University of Chicago Press, 1968, 13. P.148.

2) Selden, W. K. *Accreditation : A Struggle Over Standard in Higher Education*. New York : Harper & Brothers, 1960, p.30.

3) Selden, W. K. "Nationwide standards and accreditation" *AAUP Bulletin* December 1967, 50, 311-316.

4) McConn, C. M. "Academic standards versus individual differences-the dilemma of democratic education" *American School Board Journal*. December 1935, 91, 44.

5) Selden, W. K. *Accreditation : A Struggle Over Standard in Higher Education*. P.30.

6) *The North Central Association Quarterly* (vol.1). June 1926, The North Central Association of Colleges and Secondary Schools.

7) Hisdale, B. A. "System of admission to universities and colleges" *The School Review*, May 1896, 4, 301-03.

8) Parker, G. G. *The Enrollment Explosion*. New York : School & Society Books, 1971.

9) Schmidit, L. B, "Mr. Chamberlain on the functions of university" *Science*, August 1901, 14, 226-27.

10) Ferry, F. C. "The national conference committee" *Science*, June 1913, 37, 939-945.

11) Rudolph, F. *The American College and University : A History*. New York : Vintage Books,1962, p.432.

12) *The North Central Association Quarterly* (vol.1). June 1926.

13) Greenlaw, E. "The university crisis, a way out" *The Nation*, September 1917, 105, 256-59.

14) Capen, S. P. "The Colleges in a nationalized educational scheme" *School & Society*, May 1919, 9, 613-18.

15) Hills, E. C. "Discussion : college standards" *School & Society*, May 1922, 15, 509-11.

16) *The North Central Association Quarterly* (vol.1). June 1926.

17) Selden, W. K. "Nationwide standards and accreditation" *AAUP Bulletin* December 1967, 50, 30.

18) Flexner, A. "Purpose in the American colleges" *School & Society*, December 1925, 22, 729-36.

19) Schmidit, L. B. "What is a university" *School & Society*, May 1935, 41, 711-14.

20) Schmidit, L. B. "The challenge to higher education" *Education*, March 1943, 63, 417-22.

21) Marsh, C. C. "Higher education and national defence" *School & Society*, September 1941, 54, 145-51.

22) Walters, R. "Enrollment capacity for veterans in colleges and universities" *School & Society*, April 1946, 63, 316-17.

23) Jones, P. "College dilemma" *Forum*, March 1946, 105, 621-22.

24) Dona, E. H. "Co-operation among colleges" *Education*, April 1945, 65, 503.

25) Kendel, J. L. "The public is polled on higher education" *School & Society*, September 1949, 70 186-87.

26) Allen, M. P. "It's militarism a threat to higher education ? " *School & Society*, August 1950, 72, 113-16.

27) Aldo, R. "The American universities and senator MaCarthy" *American Mercury*, December 1954, 74, 137-42.

28) Pullaians, E. V. "Accreditation in higher education conceived as guidance" *College & University*, February 1956, 41, 41-7.

29) Dewey, B. S. "Accreditation : its problems and its future" Teachers College Record, October-May 1960, 62, 629-41.

30) "The role of the faculty in the accrediting of colleges and universities" *AAUP Bulletin*, December 1964, 53, 414-15.

31) " Congress debates higher education act" *Publishers' Weekly*, May 1971, 109, 35-6.

32) Newman, F. *Report on higher education U. S. department of HEW*. Washington, D. C. : U.S. Government Printing Office （ED. 002219）, 1971.

33) U. S. Office of Education, "Annual report 1977, advisory committee on accreditation and institutional eligibility" *The U. S. Department of HEW*, Washington, D. C. : Government Printing Office, 1977.

34) Halperin, S. "The federal future in higher education" *Change*, February 1978, 24-6.

35) Selden, W. K. " Nationwide standards and accreditation" AAUP Bulletin, December 1967, 50, 311-16.

**補足文献**

1) Baldridge, J. V. *Policy making and effective leadership*. San Francisco：Jossey-Bass, 1978.

2) Dickey, F. G. "Accreditation：colleges" *The Encyclopedia of Education（vol. ）*, Deighton, L. C.（Ed.）. Washington, D. C.：The MacMillian Co., & the free press, 1971, pp.56-7.

3) Dickey, F. G., & Miller, J. W. *A Current Perspective on Accreditation*. Washington, D.C.：The American Association for Higher Education, 1972.

4) Knowles, A. S.（Ed.）. *The International Encyclopedia of Higher Education（vol. 1）*.San Francisco：Jossey-Bass Publishers, 1977.

5) Pennock, J. R., & Champman, J. W.（Eds.）. *Voluntary Associations*. New York：Atherton Press, 1969.

6) Rubb, F. C. "Accreditation：schools" *The Encyclopedia of Education（vol. l）*, Deighton, L. C.（Ed.）. Washington, D. C.：The MacMillian Co., & the Free Press, 1971.

7) Tewksbury, D. *Funding of colleges and universities before the Civil War*. New York：Columbia University Teachers College, 1932.

8) Tyack, D. B. *Turning Points in American Educational History*. New York：John Wiley & Sons, 1967.


**付録**

1. The New England Association of Schools and Colleges.（1885）
2. The Middle States Association of Colleges and Schools.（1887）
3. The North Central Association of Colleges and Secondary Schools.（1895）
4. The Southern Association of Colleges and Schools.（1895）
5. The Northwest Association of Colleges and Schools.（1917）
6. The Western Association of Schools and Colleges.（1924）

＊米国ニュージャージーにある大学の認定状況の確認依頼をしたところ.上記2のThe Commission on Higher Educationから返信があった。次頁に参考として掲載する。

## COMMISSION ON HIGHER EDUCATION

3624 Market Street/ Philadelphia, PA 19104/ Tel (215) 662-5606/ Fax (215) 662-5950

September 6, 1991

Hideo Takemura, Director
Office of International Cooperation Programs
Obirin Junior College
3758 Tokiwa-cho
Machida, Tokyo 194-02
Japan

RE: CENTENARY COLLEGE

Thank you for your letter of August 30, 1991.

Centenary College has been accredited by the Middles States Association of Colleges and Schools Commission on Higher Education since 1932. The most recent reaffirmation of the accreditation occurred in 1990, at which time the Commission did not express concern regarding finances or academic program quality.

Sincerely yours,

Alan Gold
Administrative Assistant for Records Management

AG

The Middle States Association of Colleges and Schools is a non-profit association serving elementary, secondary and higher education institutions through programs of self-study, evaluation and accreditation, and other developmental services.

第3節

# 先進国のFD活動からの示唆
## ―FD／SD活動の再定義への提案―

　大学文化の特徴の一つとして、大学教育職員は研究思考の性格が根強く専門領域と、所属する学部に強い帰属意識を持ち、大学自体に対する忠誠心はほとんどないと言われてきた。その上、学生の教授法に関する研究は念頭になかったといっても過言ではない。よく言われてきたことだが、伝統的な大学教育観とは、いわゆる教育の場である「学校」（中等教育機関）を卒業し、最高学府である学問の場（高等教育機関）に入学してくる学生相手である。よって教師の本分は講義を通して研究者としての学問の成果を提示することであるという考え方は大学文化であると認知されてきた。伝統的に授業は軽視されてきたのである。

　一方、蛇足だが多くの大学では伝統的に大学運営の中枢の部署である学生部長、教務部長、就職部長、図書館長などは教育職員がアドミニストレーターとして大学運営に関与しているという不思議な文化もある。この現象は、教育職員と事務職員間の不平等意識存在の元凶になっているといえば言い過ぎであろうか。

　しかしながら、90年代に入ると大学文化にメスが入れられ、特に1991年の大学設置基準大綱化以降、教員の意識が少しずつ変化し始め、大学自体の変革気運が高まり始める。さらに、98年の大学審議会答申で、「教育内容・授業方法の改善」について組織的な研究・研修が必要であり、大学設置基準で努力義務化するよう提案されたことは、加速の条件となった。その後、行政側（法的手段）からの強い意向もあることから、研究・研修内容はともかくとして、このFD（Faculty Development）という米国生まれの単語が大学界で市民権を得たことも事実である。

穿った見方をすれば、各部署で教育職員がアドミニストレーター（この単語もきちんと定義づける必要はある）として関与しているという大学文化を考慮すれば、当然職員（教育職員と事務職員）というくくりで捉えるべきで、欧州諸国では主流となっているSD（Staff Development）の用法こそ妥当性があるのではないだろうか。しかし、このSD展開は日本の大学文化の本質を変えることであるので、慎重に取り組む必要があることも事実である。

　本節では、日本の大学教育職員の専門性重視からくる学部帰属意識、当然のごとく学部教授会単位のFD（教授団開発）を展開していることと、米国のFD活動の内容と展開を比較検証することで、両国のFDのあり方、考え方の違いなどを整理してみたい。これらの整理を分析・考察することで、今後のFD研究展開および発展に資すべき内容の提示を目指したい。

　先ずは参考のために欧州の大学の現状も紹介してみたい。片岡、喜多村（1992）は『大学授業の研究』で独、英、豪のFD展開を以下のように端的に説明している。

## 【ドイツ】

　ベルリン大学（近代大学の祖）創設以来、研究を重視してきており、19世紀後半以降学問中心に躍進し、研究中心の大学観は世界的に広がり影響を与えた。しかしながら、1960 年代から大学教育が問題にされ始め、授業改善を主眼とした以下の改善策を模索する動向があった。

　1) 授業の改善、2) 教育の改善、3) カリキュラムの体系的検討、4) 授業と教育効力の観察、5) 教授―学習の条件の科学的分析、6) 新しい授業方法の体系的吟味、7) 授業研究の実践的成果に関する情報の教員への提供。そして、1967年、「大学教授学協会」が創設され、授業方法の研究は科学的に展開されている。

　一方、アングロサクソン系の大学観は教養教育中心にして教育を重視する傾向と伝統がある。ドイツモデルの大学観が風靡する時代においても、また専門分野が大学の中に制度化され研究主義が進行する時代においても、イギリスのチューター制や米国のリベラル・アーツ・カレッジにおける教養教育などを中心に教育への根強い関与が認められ、少なくとも教育と研究との調和を模索す

る動きが認められた。

## 【英国】

1960年代（世界的に大学教育は黄金期を迎える）、大学教員養成の推進策として「大学教授方法」と題する研究が進み、次のような現実的な必要性が認識された。1) 高等教育の拡大で学生の多様化が進むと教員需要が高まる、2) 視聴覚機器活用した授業改善の必要性、3) 効率性・合理性など企業経営の概念が大学に導入された。

1963年：大学教員対象のコース開設、1963年：エセックス、ロンドン大学に高等教育研究ユニットが設置、1964年：高等教育研究協会創設、1965年：ロンドン大学で授業方法ユニットが設立された。そして、1970年代には教授法に関する書物が多数出版されている。馬越 (1982) は、英国の大学教授法の研究やスタッフ・デベロップメント活動は、他国には例をみないほど体系的に行われているが、全国一律の画一モデルがあるわけでもなく、各大学で開発しているとし、事例を提示しつつその具体的なプログラムを提供している。1975年から新任教員に3年間の試補期間が設置された。ちなみに、イングランドにはFDはなくSDのみ機関内に存在する。

## 【オーストラリア】

授業改善に取り組んだ背景として、以下のように社会変化を重要な要因だとしている。1) 学生数の増加と多様性、2) 学生団体の批判力の高まり、3) 知識の爆発的増大、4) 地域社会の価値と期待の変化、5) 専門職、卒業者の雇用者、政府などの要求変化、6) 大学の組織的性格の変貌。

1960年代：メルボルン、サウスエウルズ大学にセンターが設置され、1970年代：SDユニットが開設、その後19大学にSDユニット開設されている。

## 【米国】

米国の大学も1960年代まで、「大学教授団のための専門職的開発」(professional development faculty) が追求されたが、出発点 (1870年以降) は学位取得をめざす講師への援助を始めた。更に、研究休暇 (sabbatical leave) の提供などもあったが、これらの動向を広義的に解釈すればFD活動であるといえる。しかしながら、やはり教育者というよりも研究者の側面を重視していたこ

とは否定できない。当時はドイツに触発された大学院を中心にした研究水準の向上も意識し始めた時代に入っていくのである。

　研究者は養成されるという概念が普及した反面、教育者について等閑に付されたまま、養成できるものではないとの共通認識が確立しつつあった。当然、授業は術であり、科学ではないという思考回路完結的な認識であったが、1960年代（高等教育の爆発的拡大）から教師としての専門職観が台頭してくる。つまり、教育こそ大学教員の重要な役割であるべきとの認識から、授業の改善は必須であるとの意識改革へつながったのである。当然「授業改善のための教授団開発」（FD for instructional development）が認識されつつあったが、1960年代後半にわずか14大学で授業改善プログラムがあっただけで、結局本格的な動きは1970年代中期以降まで待つことになる。

　このように欧米では、1960年代から1970年代初頭には大学教育、授業の改善を目的としてFD/SDが始まり、研究と実践が展開されるようになったのである。教育者としての役割や授業方法・技術の向上・促進、授業評価が強調されたが、冬の時代を迎えた1980、90年代は教授団の「活力」と「サバイバル戦略」が指摘され、以下のような問題に対処する必要が強調されている。1）教員の活力の高揚、2）教員の代替キャリアの発見、3）新しい学生層を惹きつけるカリキュラムの再編成、4）大学の活性化と競争力の強化など市場原理を優先せざるを得ない取り組みとなった。しかしながら、FDの原点はやはり、授業の活性化が基本であるが、米国でFDが必要になった社会背景は以下の通りである。

　1）少子化、2）教員ポストの減少とテニュア（終身在職権）獲得の困難さ、3）学生の質の低下と多様化、4）新しい教育方法の登場、5）教育内容の学際化。

## 【日本】

　日本の大学も冬の時代を迎えた1990年代後半から、FD活動についてリーダー的存在として、「財団法人大学セミナーハウス」発行（1999）の『大学力を創る：FDハンドブック』の序文で絹川正吉はFD活動を以下のように整理している。

　1）大学の理念・目標を紹介するワークショップ。

　2）ベテラン教員による新人教員への指導。

3 ）教員の教育技法（学習理論、教授法、講義法、討論法、学業評価法、他の支援）。

4 ）カリキュラム改善プロジェクトへの助成。

5 ）教育制度の理解（学校教育法、大学設置基準、学則、単位制度、学習指導制度）。

6 ）アセスメント（学生による授業評価、同僚教員による教授法評価、他）。

7 ）教育優秀教員の表彰。

8 ）教員の研究支援。

9 ）大学の管理運営と教授会権限の関係についての理解。

10）研究と教育の調和を図る学内組織の構築の研究。

11）大学教員の倫理規定と社会的責任の調和。

12）自己点検・評価活動とその利用。

さらに、絹川は大学における本来の営みは、知的創造活動であるとし、教授法はそこに中心をおかねばならないと示唆を与えつつ、教育者として主体的活動と学者としての創造の主体的接点としての教授法の開発に、FD活動の目標を定めるべきだと結んでいる。

寺﨑（2002）は1998年の大学審議会答申の「FDの努力義務化」という提案文書は実質的義務づけと読むべきであると指摘し、形骸化を危惧している。更に、さまざまな形で研修会が開かれているが形骸的なものになりやすいし、また現実にそうなっているのではと疑問を呈している。特に大学教員の研究活動が専門性に立つ自由なものになるためには、次の要件が必須となると述べている。

1. 研究活動が実践的必要に即した共同のものであること（実践性と共同性）。

2. 実践的必要性に即しているか否かの評価は実践主体である教師自身の判断に依拠していること（テーマ設定の自由）。

3. 参加に関して自発性が保障されること（参加の自発性）。

つまり、大学教育学会ではFDに関する研究の蓄積があり、上記の3点は保障されており、ボランティア精神に近いもので決定される段階であることを認識すべきであると、注目すべき警告を与えている。

具体的な授業のあり方について実践例を中心にして授業設計などを論じてい

る研究書のなかで、安岡、他『授業を変えれば大学は変わる』(1999)は授業展開に多くの示唆を与えている。さまざまな事例をみると、やはり、授業の展開しだいで学問研究は効果的な授業と対立するものではないということは明確である。さらに、宇佐美(2004)は非教育的な授業として以下の8点を提示している。大変ユニークな考察であると同時に言いえて妙の感がある。

　1) 規律・ルールを無視している、2) 約束を守らせない、3) 必要な強制が欠けていて、学生は野放しにされている、4) 身体に配慮がなされていない、5) 礼儀を教えようとしない、6) 言葉の指導が欠けている、7) 学生は、到達すべき目標を意識できていない、8) ぼんやりしていられる空白の時間がある、等と教育思想を欠いた授業であると指摘していることは一考の価値はあろう。

　米国でも1960年代から、FD活動の要として「Teaching Tips」(McKeachie,1951)と題する指導書が流布し始めた。FD研修の指南書として大学教員に大いなる影響を与えた。要点をまとめると以下のようになる。先ずは、教師として米国大学文化、研究と教育、教育の中の研究の位置付けの理解から始まり、以下のような項目を提示している。

　　・授業の準備過程と展開、講義初日の重要事項、教授法、効果的な討論技術。
　　・教師の役割と役目、実験・演習授業の研究、課題研究方法と自由研究。
　　・契約と基準、教育機器と技術、教職課程と実習授業。
　　・タームペーパー、レポート、インタビュー実地調査(見学)。
　　・模擬実験、事例研究、試験方法、評価方法、意欲、ルール、規律、秩序。
　　・カウンセリングと個人指導、クラスサイズと教授法、教授方法と倫理基準。
　　・教室内の動機づけ、学習力、認知力、学生と教授者特質と教育的戦略。
　　・教育と学問研究評価の基準。
　　・学生による授業及び教授者評価。
　　・講義、教育力の改善。
　　・教師の姿勢と効果的授業。

　以上、多岐にわたり本格的なFD活動の具体的な項目を構築してきた。当然、日本の大学人にも影響を与えたことは確かである。日本でも多くの指南書が発行されたが、かなりの部分を米国から取り入れて展開していることは否定でき

ない。1990年代以降、多くの大学は米国型のFD研修および活動を受け入れて、可能な限り実践に結び付けている努力に対して評価すべきであるとしながらも、一方期待したほどの結果は出ていないとの厳しい批判にも耳を傾けるべきである。このことは、池田（2001）も指摘しているように、具体的なFD活動、特に授業改善作業に入ると、米国とは大学文化があまりにも異なっているこことが見えてしまうことから、授業の改善への「秘訣」習得以前の問題が障壁なってしまうようである。例えば、「カリキュラム」、「単位の空洞化」、「厳格な成績評価」、「学習支援体制」、「学習環境の整備」、「シラバス」、「授業評価」、「研究（業績）と教育（授業）」、「教員評価」等、基本的なバックグランドが違いすぎることから、理論的には納得できても改革や実践に結び付けるには現状の制度上リスクが大きすぎると判断せざるをえない。つまり変革するには制度的に柔軟性に欠けることから、躊躇してしまう項目の方がはるかに多いのではないだろうか。

　今後、日本の大学教育におけるFD活動の活性化を促すためには、米国大学内で活発に展開しているFD活動項目を再度精査することは重要である。しかしながら、それだけならば学部組織中心の教授団によるFD展開は限界があることは実証済みである。そこで、カリキュラムや教授法の改善を目的とした大学内に大学教育研究所・センターを設立し、Faculty DevelopmentやStaff Development活動と密接に連動することが重要である。もちろん、授業改善を模索することは「単位の空洞化問題」、「厳格な成績評価」、「シラバス」の精査をして再構築することが肝要である。特に、シラバスや授業展開方法などは是非学生を検討委員会のメンバーにすべきである。事務職員が積極的に取り組んでいるSDも、可能な限り協働活動することで、効果的な展開が期待できる。この考察では大学教育研究所などが主体となったFD（職員［教育職と事務職］と学生委員会）活動の具体的な展開方法を提示することを目的としたい。最後に、可能ならば片岡・喜多村が紹介している、授業や学習の環境改善をめざす「組織開発」（organizational development）の展開についても模索する価値はある。

　大学教育職員だけのFD活動には限界があるのではないだろうか。日米大学のFD活動の展開を比較分析・考察することで、21世紀の日本の大学における

FD／SD活動を再定義し、再構築できるのではないだろうか。

　蛇足であるが、長年大学人として大学教育の変革を求めてきた阿部は異なるアプローチであるが「文系と理系は明治の遺物」と題して、「ますます文理の壁を厚くしています。私も大学人でしたが、もう大学には期待していません」と絶望的な表現で結んでいるが、これは叱咤激励、つまり究極の啓蒙的警鐘であると受け取るべきである。

　2008（平成20）年、中教審答申「学士課程教育の構築に向けて」の第3章2項で以下のように提案している。

　　学術的な経歴や素養が求められるものもあり、教員と職員という従来の区分にとらわれない組織体制の在り方を検討していくことも重要である。……教職員の協働関係の確立という観点からは、FDやSDの場や機会を峻別する必要は無く、目的に応じて柔軟な取組をしていくことが望まれる。

　しかしながら、学部組織中心の教授団によるFD展開だけでは限界が明白になり、SD実施体制も脆弱であり根本的な改革に繋がっていないことは実証済みである。その結果、行政側は大学側の怠慢姿勢に業を煮やし、2016（平成28）年3月「大学設置基準等の一部を改正する省令（平成28年文部科学省令第18号）」により、各大学における「SDが義務化」［翌2017年4月施行］されることになった。さらに、文部科学省高等教育局27文科高第1186号、平成28年3月31「大学設置基準等の一部を改正する省令の公布について（通知）」［翌年2017］に以下のように指導している。

　　大学は、当該大学の教育研究活動等の適切かつ効果的な運営を図るため、その職員に必要な知識及び技能を習得させ、並びにその能力及び資質を向上させるための研修（第25条の3に規定するものを除く。）の機会を設けることその他必要な取組を行うものとすること。（第42条の3関係）

　ここで特筆すべきこととして「対象となる職員について」と題して、次のよ

うに明示している点は高く評価できる。「『職員』には,事務職員のほか、教授等の教員や学長等の大学執行部、技術職員等も含まれること。」大学人、特に教員は教育職員としての意識改革が必須となる。

　21世紀中葉に向けて、改めてFaculty DevelopmentとStaff Development活動は密接に連動することこそ肝要であり、常に重要な課題を引きつけて、教育職員と事務職員の資質・能力向上を組織的に推進し学長のリーダーシップの下で教職協働チームとして大学運営に取り組む体制を構築する必要がある。

## 【参考文献】

阿部謹也「文系・理系は明治の遺物―二分法やめ新たな学問を」日本経済新聞, 2000年5月15日.

池田輝政, 他（2001）『成長するティップス先生授業デザインのための秘訣集』玉川大学出版部.

宇佐美寛（2004）『大学授業の病理FD批判』東信堂.

片岡徳雄, 喜多村和之（編）（1992）『大学授業の研究』玉川大学出版部.

喜多村和之, 馬越徹, 東曜子（編訳）（1982）『大学教授法入門―大学教育の原理と方法』玉川大学出版部.

財団法人大学セミナーハウス編（1999）『大学力を創る・FDハンドブック』東信堂.

寺﨑昌男（2002）『大学教育の可能性教養教育・評価・実践』東信堂.

McKeachie, Wilbert J. *Teaching Tips : A Guidebook for the Beginning College Teacher*, Seventh Edition, Canada : D. C. Heath and Company, 1978.

安岡高志, 他（1999）『授業を変えれば大学は変わる』プレジデント社.

文部科学省高等教育27文科高第1186号,「大学設置基準等の一部を改正する省令の公布について（通知）」平成28年3月31日
https://www.mext.go.jp/b_menu/shingi/chukyo/chukyo4/038/siryo/_icsFiles/afieldfile/2016/04/25/1369683_05.pdf

## 第4節

# 英国の大学における質保証システム
## —教員能力基準と評価を中心に—

## はじめに

　第二次世界大戦後、英国政府は教育改革を最重要課題の一つとして取り組んできた。高等教育について、1963年ロビンズ報告：Robbins Report（保守党政権下）は大学の制度的な拡充・拡大（学生数を10年間に2倍に）及び経済格差によらないアクセスの平等化政策を打ち出した報告書である。この勧告は高等教育にとって戦後最初のターニング・ポイントと位置付けられている。

　その後、保守・労働両党は高等教育の発展に関する政策を次々に打ち出した。特に、20世紀末の経済状況及び来る21世紀の知識基盤社会、知識主導型経済における国際競争激化到来の中、専門職業人の人材育成は必須の課題であった。先進諸国における高等教育の現状として、「マスプロ」から「ユニバーサル化」ステージを目指すことは自明の理となっていたが、実際1990年頃まで英国の高等教育はエリート段階であり、授業料を無料にするどころか、生活費支援（給付制奨学金）政策をとっていた。

　1988年以降、ポリテクニク（高等教育機関）等の大学への昇格の影響もあって、1990年代に急速に拡大した高等教育機関に向けた新たな政策が必要となった。そこで、1997年の「デアリング報告」（21世紀の高等教育の将来）は高等教育の拡大を一層推進するとともに、それに応じた拡充策として財政改革が必要となることから授業料の導入等を提言した。更に、画期的な提言として、高等教育の質保証と維持における教育内容や教授法の改善及び教員の能力向上を求めた。高等教育政策において、それまで必ずしも重視されなかった「教授・学

習」(teaching and learning)に注目した点でも画期的な勧告であった。この「デアリング報告」を受けて、専門職向上の取り組みとして、教員能力基準（教員研修プログラム開発）への勧告がなされ、各高等教育機関は「教員評価システム」を取り入れていくことになる。更に、後出の高等教育白書「高等教育の未来」(2003年)で専門性を開発するプログラム基準の作成を促した。

　本節では、大学教員の専門職向上に向けた基準と具体的な指針である2006年「高等教育教員教授能力基準の策定」の内容の提示をし、さらに、大学内の質保証に資する教員評価の具体例を紹介したい。そのためには教員能力向上と評価の推進政策の理解を深めるために、大学の入り口と出口の概観紹介に、かなりの紙面を割く必要がある。

# 1. 大学進学に必要な資格

## 1) GCSEの意味と意義

　先ずは、英国の教育（初等・中等教育機関）には卒業という考え方はない。当然ながら、卒業証書も存在しない。あるのは、「中等（義務）教育修了証書」と「Aレベル証書」という名の資格である。大学進学を目指すには義務教育［義務教育は5歳〜16歳、計11年］修了後、Sixth Form（中等教育後期課程：第6年学級）に進学するために、全国統一試験である「GCSE」(General Certificate of Secondary Education)（義務教育修了一般資格）(8〜10科目を受験、A〜Gのグレード評価）を受験する必要がある。ただし、スコットランドは異なる試験を実施している。

　ちなみに、このGCSEを2015年度から大幅に変更する予定で保守党は抜本的な改革計画を立てたが、結果的に大いなる後退を余儀なくされた。しかしながら、2015年度から実施可能な改革として、「11年生の学年末に受験一回限り、主要科目のコースワーク廃止、採点基準が上がる、構成内容は英国の伝統的価値観を強調」とすることは採択されている。これまで「イングリッシュ・バカロレア」を導入し、GCSEを廃止する計画が何度も浮上してはつぶれ、その度に国民は振り回されてきたという不信感も拭えない。その経緯について

はWebsite（BBC News Education & Family：Planned switch from GCSEs to Baccalaureate in England 'abandoned'）を参照されたし。

参考：<u>イングランド</u>では、2015年に義務教育期間が18歳までに引き延ばされた。理由として、若者の失業率が上昇し、ニート［MEET：Not in Education, Employment, or Training］（就労・就学・訓練をしない若年者）の問題への対応を目的としている。

## 2) GCE・As レベルの持つ意味

　GCSEの後、大学進学希望者は一般的にSixth Formと呼ばれる2年課程教育機関（中等教育後期課程：日本のような高等学校は存在しない）に進学し、基礎科目や専門科目を進学希望の大学の専門分野と入学条件に合わせてGCE・AS/A2（General Certificate of Education, Advanced Level）（大学入学資格試験）レベルの科目を選択する。1年目の終わりにASレベルの試験を受け、A2レベルの科目を決定するが、通常履修に3～5科目に絞り専門的に学習する。2年次に全国統一試験である「GCE・A2レベル」を例年6月に受験し、8月の中旬に結果（A～Eのグレード評価）が公表される。2014年度は30万人が大学進学資格を取得したと報じられたが、この人数は多いのか少ないのかの検証はできていない。ちなみに、1年次末にGCE・ASレベルを受けることも可能であるが必須ではない。特筆すべきは、現時点でSixth Formの過度な専門化について生徒が幅広い知識や技能を身に付けるうえで阻害要因となっているとの批判も無視できない。やはり、スコットランドは異なる教育システムが採用されている。

　これらの資格試験は個人の能力伸張が目標であると考えられており、試験自体に比重を置いている点に特徴を持つ。本来の目的、特にGCE・Aレベル試験は大学進学のための位置付けではなく、中等教育修了資格としての意味合いがあることを忘れてはならいと強調されている。履歴書にも資格として記述するようである。しかしながら、実態としてGCSE、SCE・Aレベルの試験の成績は、大学進学への必須条件であり、大学からの学位とそれに付される成績と同様に、生涯有効な資格とされている特異な制度であるといえる。結果的にはイングランド社会で「資格アイデンティティ」として通用している現状がある。

## 2. 大学への入り口

### 1) 審査基準

　現在のイングランドの大学数は100校（総合大学）足らず。1校（Univ. of Buckingham）を除いてすべてが国立（王立）である。英国全体のUCAS（Universities and Colleges Admissions Service）の基準では288校となっている。各大学の専攻分野の研究・教育内容に関するランキングは意図していないが、評価したものを公表している。（NISS：National Information Services and System参照）

　ラッセル・グループ（24研究型大学）、ロンドン大学連合など、それぞれの審査基準がある。それに、オックスフォード、ケンブリッジの両大学は唯一2次試験や面接がある。イングランドの旧大学のトップはやはりOxford大学、Cambridge大学であり、19世紀の間に、教養教育自体の概念に変化が生じ始め、学問領域の重視は大学ごとに異なり、それが伝統として受け継がれている。2大学は教養教育中心のカリキュラムから脱却して専門分野教育の拡充・拡大への改革に相当な議論と時間を要した。しかしながら、現在でも伝統的にOxford大学では古典学を、Cambridge大学では純粋数学を重視している。Cambridge大学では18世紀末以降の学位試験制度に数学試験を優先し、重要視されてきたようである。現在でも、この旧2大学Oxbridgeでは「GCE・Aレベル」以外に、各々の大学伝統が読み取れる独自性を出しているようである。William Whewell（1837）はこの2旧伝統大学の教養教育内容の重要性と必要性を理念的に分析している。イギリス高等教育研究の基礎文献の一冊であり、時代背景としてエリート段階どころか、「貴族主義教育」のステージを意識して読み解くと実に説得力のある良書である。

　2013年10月23日にCambridge大学の面接試験の内容（一例だと推測）が公開された。これは、口頭試問と書かれているが、メモをとって良いのか否かは明示されていない。一見したところ、算数レベルかと思いきや、図らずも高等数学であることが判明した。面接内容から純粋数学を重視している証左である。（資料1、195-97頁参照）

各大学において入学を許可する権限は有しているが、「選抜」するという考え方は存在しないことを特筆したい。独自の考え方として、Sixth Formを修了しているか否かは関係なく、GCE・Aレベルの資格またはIB（International Baccalaureate）取得が第一要件となる。大学のアドミッションズでは書類審査を通して、入学の合否を決定するが、教員にも判断を求めるケースもあるようである。通常、一人平均4〜5大学に入学申請することから、定員枠に対する合否の判断（足切り）が毎年苦慮するようである。他方、2000年に「職業Aレベル：AVCE」が導入されたが、2005年から「GCE・Aレベル応用科目」と称され、近年では、社会人を含む下位の社会階層出身者からの進学拡大のため、職業教育資格取得者の入学など進学ルートが多少なりと多様化してきている。ちなみに、イギリスは9月から新年度であるが、入学式というものがない。

## 2）授業料の受益者負担原則の確立

　1998年度から授業料£1,000の徴収を開始し、2006年度から£3,000（上限）まで授業料を課すことが認められた。その後改革が進み、2012年度からは大幅な財政政策を打ち出した。大崎　仁はこの改革の骨子は、「授業料は国が肩代わりして大学に支払い、学生は卒業後所得に応じて国に返済する（大崎2012：日本経済新聞）」ことになり、卒業後£21,000以上の年収を得る時点から返済が始まる。卒業後、30年間で完済できない額は返済義務が消滅する。これは卒業生や修了生は大学教育の受益者であり、その利益を得る収入と考えることができる。つまり,受益者負担という考え方が明確にされている。

　更に、大崎 仁は、この改革（学生中心のシステム）には（大﨑 2012：日本経済新聞）、もう一つの重要な特質があると述べている。それは、大学教育機関間競争を促進し、そうすることで教育の多様化と質の維持・向上を図るシステムにつながることであると分析している。

　ちなみに、2024/25年度から£9,250まで授業料を課すことが認められ、卒業後£25,000以上の年収を得る時点から返済が始まる。卒業後、40年間で完済できない額は返済義務が消滅することに変更された。

# 3. 授業・単位・成績

　英国の大学には一般教養課程はなく、3年間専門分野の学習／修となる。このカリキュラム構成から、大学のレベルが高いという評価の要因となっているが、一方、繰り返しになるが、Sixth Form課程において、専門分野に関わる年齢が早すぎるとの根強い批判もあることは無視できない。

　授業形態はレクチャー（大教室）、セミナー（少人数教室）、そしてチュートリアル（tutorial：担当教員から指導を受けながら独自に学習／修を進める）がある。履修として、それぞれの学部で提供されている科目がモジュール制になっており、コア・モジュール（必修科目）、オプショナル・モジュール（選択科目）でクレジット（単位）を計算して進めていく。試験は一般試験と事前に問題が公開される試験がある。一般的に、80%以上（High First）、70%以上（First Class）、60-69%（2、1）、50-59%（2、2）、39%（Fail）というスケールがあり、70%以上がAであり、60%以上がB、39%以下が不合格となる。しかしながら、試験の採点は大学の教授の一任ではなく国の機関へ一旦送られ、不正が無く公平に採点される仕組みになっている。（London Study Abroad Centre：ロンドン留学センター）

# 4. 学　位

　大学の学士学位は修了試験の結果に応じて、所定の成績を収めた者に優等学位（より専門化した、高度な水準）があり、優等学位の水準に達していない者に普通学位が授与されるのが一般的である。更に、優等学位そのものにも1級、2級（2級の上または下, division1 or 2）、3級の4段階の区別があり、普通学位と合わせて学生の達成度を重視した学位の序列（degree classifications）で表している。当然、1級と2級の上以上でないと大学院の受験資格も無く、就職も一流企業はそこまでのランク者しか雇用しないという不文律は確立しているようである。社会では一生その成績はついてまわるという、厳しさがあるようである。

（The Student Room）

　卑近な例として、政治家は大学の学位（公開の義務があるとか）における1級（あるいはそれに順する2級の上）を取り損ねた者はその資質を問われる場合があるようで、その上、資格・（最終）学歴による賃金格差も大きく、差別化とも区別化ともいえる。しかしながら、社会人がGCE・Aレベルの勉強をして大学に入学しなおし、学位を取得したり、成人後に技師や医師や弁護士などの資格取得に挑戦したりすることも比較的容易である社会制度及び大学文化は高く評価できる。これは大学で学び直し、つまりリカレント教育推進への柔軟な制度・政策として学ぶべき点は大きいのではないだろうか。

## 5. 学習／修成果の重視

　英国では高等教育の質保証に関する考え方として、「研究評価」を質保証には含めない。つまり、大学評価と同列ではないという普遍的な共通認識がある。質保証とは教育、「教授と学習／修」に特化している。大森不二雄は「質保証システムと学習成果アセスメント」について整理しているので（大森 2012：75）要約すると、全国的な制度・政策として学習成果重視の質保証システムが構築されており、国家レベルの事業として学習成果に基づく質保証の先進事例と言って差し支えない。学位課程の構成要素（カリキュラム、教授法、評価法等）を「システム的に統合」することである。学習成果を生み出すことこそ重要であり、評価はその手段の一部にすぎない。

　更に、大森は学習成果に関する用語、特に「エンプロイアビリティ」（就業力）は、盛んに用いられているとし、高等教育におけるエンプロイアビリティの育成が政策課題として取り組まれており、各大学での実践事例も豊富であるとしている。「学生の獲得するものを最大化するには、ジェネリックな能力を、アカデミックな文脈の中に位置付けられなければならない」、「学問を基盤としたエンプロイアビリティの育成」という理論枠組みを示していると言える。また、実践面でも、プログラムごとまたは全学的なカリキュラム全体モデルの取組も見られる。すなわち、エンプロイアビリティの育成に関しても、「システム的

統合」の考え方が活かされていると評価している。

# 6. 分野別評価から機関別教育評価へ

1988年、教育改革法（Education Reform Act）によって大学補助金委員会（UGC）を廃止し、総合大学財政審議会（University Funding Council：UFC）を設立。国庫補助金の配分を通じての総合大学の経済、社会の要請に即応した教育、研究の促進、効率化を図っている。1993年には、イングランド高等教育財政審議会（Higher Education Funding Council for England）（以下、「HEFCE」という。）として一本化し、評価も担っていたが、1998年からは「高等教育質保証機構」（Quality Assurance Agency for Higher Education）（以下、「QAA」という。）に引き継がれた。QAAは、1997年に政府と英国大学協会（UUK：Universities UK）等によって共同で設立された非営利法人である（大森 2012：76）。

高等教育機関による「内部質保証」（internal quality assurance）に対するガイドラインとして、「アカデミック・インフラストラクチャー」（Academic Infrastructure）と呼ばれる参照基準のセットが、QAAによって開発・提示され、法的拘束力はないものの、事実上の規制力を持った規範（ソフト・ロー）として機能している。

QAAによる教育評価の基本的方針：評価課程において、機関による内部審査（internal review）を基本としつつ、QAAによる外部検査（external scrutiny）を実施し、両者の有機的な共同事業とする。2006年の評価活動の指針として、機関監査によること、学生の意見重視、大学院プログラム等を評価するが報告書公表まで含む監査期間を短縮すると明言している。詳細は（大学評価・学位授与機構2010：5, 33-9）参照されたし。

英国の大学における高等教育の基準を守り、質の向上を目指す品質保証機関で「第三者評価」に近いものを、大森不二雄は次のように整理している。（大森2012：76）

1993年に「質アセスメント」（Quality Assessment）という名称で導入され、1995年

には「分野別レビュー」(Subject Review)と名を変え、評価方法等に変更もあったが、いずれも分野別教育評価であり、分野別レビューは2001年まで継続された。大学や教職員の負担が大きく、評価疲れも指摘されるとともに、専門分野ごとの評価という大学教員にとって最も身近なレベルで自律性への脅威を感じさせるものであったこともあり、2002年以降は、「機関監査」(Institutional Audit)と称する機関別教育評価に取って代わられた。評価方法等の詳細は省略するが、分野別評価と機関別評価のいずれも、基本的に自己評価を踏まえたピア・レビューである。

## 7. 質保証の基本的概念

「外部質保証」(external quality assurance)システムは、以下の4つの施策によって構成されている。(Universities UK, 2008a)
①高等教育機関の教育評価：機関別評価に転換.
②アカデミック・インフラストラクチャー（Academic Infrastructure）：高等教育機関の内部質保証のガイドライン.
③教育情報の公表：大学の成果指標と各課程情報.
④「全国学生調査」：最終学年満足度を含む質問紙調査（questionnaire survey）.
「内部質保証」は、日本でいう「自己点検・評価」よりも広義の概念があり、前述の②のアカデミック・インフラストラクチャーのガイドラインは以下の4つから構成される。(Universities UK, 2008b)
①質の維持のための「行動規範」(Code of Practice)（グッド・プラクティスのガイドライン）.
②学位等の共通性を担保する「高等教育資格枠組み」(Frameworks for Higher Education Qualifications).
③学問分野別の知識・能力等とその実現のための教授・学習・評価並びに学位に要求される能力等のベンチマーク基準を設定した「分野別ベンチマーク・ステートメント」(Subject Benchmark Statements).
④課程修了者に期待される学習成果と達成手段等について、大学が各課程「プログラム仕様書」(Programme Specifications).

# 8. 高等教育教員の専門職能開発と教育活動の質保証

## 1) 高等教育の将来

　1997年「デアリング報告」(Dearing Report)(通称)でフルタイムの新人教員は、ILTHE（高等教育改善機関）の準会員資格を取得すべきと勧告された。日本の文部科学省(2003)は2003年英国高等教育白書「高等教育の将来」の「3. 教授・学習活動の質的向上　高等教育教授適格基準の設定」を次のように翻訳している。「高等教育教員に求められる専門的教授能力を示す高等教育教授適格基準(professional standards for teachers in higher education)を2004年に設け、2006年以降新教員はその基準に沿った能力証明を得るものとする。」

　更に、文部科学省は2004年「高等教育アカデミー」(Higher Education Academy)(以下、「HEA」という。)設立の経緯、特に目的について、「教授と学習の改善を目的に、教授、学習そして評価に関する取組を通して、スタッフの専門性の向上と学生の修学を支援している。(文部科学省 2010：112)」と記述している。現在は Advance HE という名称で活動している。

## 2) 高等教育教員教授能力基準計画（2006年、2011年）

　2006年「高等教育の将来」の提案を受けて、全英大学協会(UUK)、HEA、他、はNational Professional Standards Framework for Teaching and Supporting Learning in Higher Education（高等教育教員教授能力基準：文部科学省訳）(以下、「NPSF」という。)をまとめた。基本的基準は次の3項目に集約されている。

① 教授・指導水準：Area Activity undertaken by teachers and supporters of learning within HE.

②高等教育教員として備えるべき知識や理解：Core Knowledge that is needed to carry out those activities at the appropriate level.

③専門職としての姿勢：Professional Values that someone performing these activities should embrace and exemplify.

この2006年の基準策定は教授能力及び学習支援能力向上を意図した全国基

準であり、各高等教育機関の研修やFDなどでの活用を期待された。画期的な基準であると評価されたことも確かである。

　2011年、HEAは内容の訂正（2006年度版）を加えて「The UK Professional Standards Framework（UKPSF）for teaching and supporting learning in higher education」（以下、「UKPSF」という。）を公表した。この「基準枠組み」を加藤かおりは「（英国）全英高等教育専門職能の基準枠組み」と邦訳している（加藤2011：44）。この教授と学習／修の向上支援の枠組みの提示により、大学機関の幅広い専門分野に応用可能な基準枠組みであり、単純な「基準」の提示ではないと強調されている。この「基準枠組み」は以下のように5対象となっている。（HEA・UKPSF 2011：2）

①教育と学習支援活動にかかわる新任及び現職教員の専門職能の向上を支援．

②多様なアカデミックまたは専門分野での創造、改革、継続的発展を通して活動的な教育活動の促進．

③教育や大学は専門職能力を学生や保護者に証拠提示．

④教育活動の多様性、質、及び学習支援や補強実践評価の明示．

⑤教育活動のみならず研究及び管理運営責任を伴う教員と大学で公式に認識されたアプローチこそ、質の高い専門職能の更なる推進のために促進．

## 3) 基準の枠組み（Dimension of the Framework）

（1）5活動領域（5Areas of Activity）（HEA・UKPSE 2011：3）

A1　学習活動と研究プログラムのデザインとプラン（Design and plan learning activities and/or programmes of study）．

A2　教授及び／または学習支援（Teach and/or support learning）．

A3　成績評価と学習者へのフィードバック（Assess and give feedback to learners）．

A4　効果的な学習環境、学生支援・ガイダンスの開発（Develop effective learning environments and approaches to student support and guidance）．

A5　専門分野の科目と教授法の継続的な専門職能開発を学問、調査研究

及び専門的実践的活動の評価を統合（Engage in continuing professional development in subjects/disciplines and their pedagogy, incorporating research, scholarship and the evaluation of professional practices）．

（2）6コア知識（6Core Knowledge）

K1　担当科目内容の専門的知識（The subject material）．

K2　科目領域とアカデミックレベルでの適切な教授・学習方法（Appropriate methods for teaching and learning in the subject area and at the level of the academic programme）．

K3　学生は一般科目として学習するのか、専門分野科目として学習するのか、いかに学習するか（How students learn, both generally and within their subject/disciplinary area(s)）．

K4　適切なる学習テクノロジーの利用と意義（The use and value of appropriate learning technologies）．

K5　教授方法の効果の評価方法（Methods for evaluating the effectiveness of teaching）．

K6　教授におけるアカデミック的かつ専門職業的な実践力向上の質の保証と質の強化の意味（The implications of quality assurance and quality enhancement for academic and professional practice with a particular focus on teaching）．

（3）4プロフェッショナル価値観（4Professional Values）

V1　個々の学習者と学習コミュニティの多様性を尊重（Respect individual learners and diverse learning communities）．

V2　高等教育への参加と学習者の機会均等を推進（Promote participation in higher education and equality of opportunity for learners）．

V3　エビデンス情報に基づくアプローチ、及び研究、学問及び継続的専門的職能開発によるアウトカムズを活用（Use evidence-informed approaches and the outcomes from research, scholarship and continuing professional development）．

V4　広汎な高等教育機能と環境を認識し、専門的職業実践における意義

と影響を理解（Acknowledge the wider context in which higher education operates recognising the implications for professional practice）.

（4）ガイダンス・ノート

　高等教育アカデミー（HEA）はこのUKPSF（2011）の有効利用を目指して、「ガイダンス・ノート」を作成し、ダイナミックな開発推進を意図しているものである。更に、これらの基準枠組み内容について、教育活動現場の要望に応えるため拡大及び修正する用意はある。ガイダンスは以下のように提示されている。（HEA 2011：Framework Guidance Note 1）

The Guidance Notes answer the following questions：

1.（基準枠組みとは何か）What is the UKPSF？
2.（記述形式とは何か）What are the Descriptors？
3.（範囲とは何か）What are the Dimensions？
4.（いかに枠組みの変更がなされたか）How has the Framework changed？
5.（対象者は誰か）To whom does it belong？
6.（枠組みをいかに使うか）In what ways can the Framework be used？
7.（基準合格、認定）Accreditation.
8.（高等教育アカデミー認定における変更）What are the changes to Academy accreditation？

## 4）プロフェッショナル認定

　現在の英国では2006年「高等教育の将来」の提案、NPSF以降、大学教育のプロフェッショナル化が進んでいる。つまり、大学教育職としての専門職能力向上及び開発であり、教育政策として大学におけるティーチングと学習支援（for teaching and supporting learning in higher education）のプロフェッショナル認定である。加藤かおりは英国の大学教員の認定プロセスを簡潔に提示しているので、以下に要約する。（加藤 2012：259-60）

　　大学教員中心にその教育スタッフとして、その責任を果たすための能力を証明することを支援する仕組みである。認定方法の原則として、「UKPSF」に基づいて当

人が教育職能開発を実践した経験及び成果はエビデンスをもって証明する文書を「HEA」に申請し、HEA会員登録をする。エビデンスをもって証明する方法には3方式がある。1に、所属大学がHEAの認定を受けた教授資格証明取得の「教育課程：Postgraduate Certificate in Higher Education」を修了することで、HEAへの会員新申請の資格が取得できる。2に、HEA提示のUKPSFを基に、当人が能力証明を実施し申請する。3に、HEAが優れた教員に授与しているティーチング・フェローシップ制度でフェローまたはフェロー候補となることをもってHEA会員に登録される。

## 9. 教員評価の事例

### 1）Personal Development Review System

　Oxford Brookes University（以下、「OBU」という。）の教員評価は「the Personal Development Review System」（以下、「PDR」という。）「自己点検・評価」に極めて近い方法で実施している。以下に基本的なPDR systemの流れを提示する。

- ・PDR用紙（https://search.brookes.ac.uk/s/search.html？collection＝oxford−brookes−search＆query＝PDR 参照）に教員が記述作成し、PDR評価者（reviewer）は面接試問の一週間前に提出する。
- ・面接中、教員と評価者はフォームの記述内容について討論し、さらに評価者は教員の職業上の過去、現在、未来にわたる領域まで活発に展開する。
- ・面接試問の結果により、フォームの再提出を求めることもある。
- ・評価者はコメント欄に所見を記述・署名してコピーを当該教員に返却する。かつ学科長にもコピーを提示する。
- ・全教員のPDRフォームを整理して、学科単位で共通問題を見出すが、それが些細であろうと重大であろうと、改革の方途を探求する。通常、それらの問題・課題が学科を超えた事柄である場合はFaculty Executive、Human Resources及び大学上層部にあげる。

　OBUのDirectorate Human Resources（以下、「DHR」という。）からPDRの記述用のガイダンスPersonal development review guidelinesが次のURLに詳細

が提示されている（OBU 2011a：DHR）。更に、教員職用と事務員職用両PDRフォームがガイダンス等とともに面接試問やcode of principle、補足情報などの詳細が提示されている（OBU 2011b：DHR）。

## 2）PDRの項目と内容

　フォーム・ガイダンスに基づいて以下の7セクションを作成していくのである。（資料2、197–202頁参照及びOBU 2011b：PDR Forms）
　・セクション1　過年度における個人的な活動総括及び査定.
　・セクション2　昨年度のミーティング試問以降、着手した事柄及び継続中の活動、かつ専門職能開発の内容.
　・セクション4　評価者のコメントと勧告.
　・セクション5　次年度の目標.
　・セクション6　次年度の業務上目標達成及び専門的職能開発に関する具体的方途の明示.
　・セクション7　レビュー面接暫定日.
　学年度末（6月中旬）のレビューについて、1学科長にインタビューすることができた。先ず、レビュー体制について以下のような前向きなコメントがあった。

　　　通常、管理者は9〜10人の同僚教員のPDR業務を受け持つ。これらの会合は対面方式1対1で1時間実施される。この作業は全教職員に義務付けられている。理想的には、6月の末までに全ての業務を完了すべきである。年度末休暇、夏期調査研究や学会出張など前に毎日実施されるべきだと思っている。

　更に、取り組むべき姿勢を以下のように強調している。「経験上、reviewee、reviewerともに単なる強勢された書類提出処理ではなく、全力投球すべき極めて有意義なものである。我々にとっては、これらの書類やレビューを通して学科の発展と運営に結びつくことの意味は大きい。このプロセスは必須であると信じている。」
　注意点として、Research–active staff（研究開発教員）については、5年計画の

Personal Research Planning（PRP）の提出を求めるが、毎年評価対象となり数時間にわたる作業量計画を提示する。もちろん、PRPとPDRは連動している場合もある。

## 3) 一般教員の反応

　夏期休暇に入る直前（6月中旬）、研修のホスト校であったOBU大学では学位授与式が1週間続いた。この大学は4 Facultiesの中に11 Departments、6 Schools、1 Institute、計18プログラムあるので、1日3回で月から土曜日まで、計18回の授与式が執り行われた。つまり、学長は18回祝辞のスピーチをして全員と握手して、一人ひとりに声をかける。等級別の学位の取得に対する努力に敬意を表するという意味合いが強いのではないだろうか。しかしながら、問題も指摘されている。Mid-term breakがあり、試験期間が一週間以上もあり、その上学位授与式が一週間あるので、授業は実質12週間しかないので学生に申し訳ない、と多くの教員が感じていることは確かのようである。そこで、「単純に夏休みが長すぎるのでは」と苦言を呈したところ、明らかに無視された。

　この授与式の週にレビュー面接が実施されていたようである。レビューと言いながらも、教授及び学習支援の質保証及び専門職能開発と社会の要求に応えるため、現在の教員評価であると捉えているので、書類書きが膨大な量になるという声もかなりあった。一方、数人の教員は年度の反省と次年度の計画が教授・上級講師との面接でしっかりと確認できる良い機会であると、前向きにとらえるべきだと主張する教員も少なくなかった。厳格な教員評価であって当然であると、強調していたことに感慨深いものがあった。しかしながら、昇進、テニュア取得及び給料などに、いかように反映、影響するのかの質問に対する返答はなかった。しかしながら、教員としての資質及び能力に問題が認められる場合は次項のような対応手段をとるようである。

## 4) レビュー結果より不適格な教員への対応

　学科長、上級教員に不適格な大学教員への管理者としての対応を尋ねた。当然ながら、大学教員としての不適格の範囲を教育・研究、特に教授と学習／修

支援における専門職能力に限定することにした。要約すると、過去、不適格であると判断せざるをえない教員は数人存在したことは事実である。ただ、アカデミック分野は特殊な面が多々あり、民間業種のように一言で退職の勧告はできない。よって、書類などの再提出を求めるところから始め、学期中定期的に事ある毎に当該教員と会合を持ち、是正改善を促し、具体的な改善策や方途を厳格に要求する。当然ながら、学科内の同僚評価、管理者評価、学生評価など多くの情報に基づいて発展的な解決に結びつける姿勢が必要である。つまり、かなりの時間を掛ける努力は必須である。結果的に、不適格、不適正な教員は、このたび重なる会合を経ることで、自ら退職の意思表示に繋がっている。

　他の上級教員からの対応姿勢と経緯も同じようなものであった。学科長や学部長にあげる前に、当然ながら、書類査定、学部や学科内の業務遂行状況、同僚からの評価、そして、学生からの評価、研究業績など、多くの情報を整理して、当該教員とのミーティングで問題点や課題などを提示するプロセスは必須であるとしている。つまり会合を持ち続けることが肝腎であることを強調していた。やはり、大学は特殊な社会であるという意識が強く、1大学（Univ. of Buckingham）を除き、大学は国立（王立）であることから、経歴に負となる記述があると他の高等教育機関への移籍はかなりの困難が伴うようである。ゆえに、進退に関する結論は極めて慎重に出すべきであるとの共通認識があることは確認できた。

## おわりに

　1990年代に大学教育機関はマーティン・トロウのトロウ・モデルでいうエリート段階からマス段階（準制約的：制度化された資格等）に入り、財政的及び政策対応が必要となる。それにもまして、学生の増加にともなう課題として、高等教育機関の質の維持と保証における教育内容や教授法の改善、特に教員の専門職能向上、開発が喫緊の課題として浮上する。更に、2000年以降、社会人や下層階級の入学拡大を促した「職業Ａレベル」及び旧ポリテクニック校の教員と学生のteachingとlearning間の乖離が問題となっている事実も指摘されて

いる。

　質保証のクライテリアとして、あくまでも「教育と学習／修」に特化、つまり学習／修成果重視、アウトカムであると明確にしており、教員評価は重要な手段の一つとしての位置付けである。特筆に値することは、この質保証システム統合を国家政策事業として取り組んでいる姿勢は先駆的な事例として、大いなる示唆に富んでいる。

　全英高等教育専門職能の基準枠組及びガイダンス・ノートは大学教員のプロフェッショナル認定プロセスとして確実に専門職能向上につながると同時に、高等教育アカデミーの会員資格を取得となることから、かなり有効的に機能している。これらの基準を基に、教員評価を実施している大学の事例を紹介することができたが、それらの内容やシステムから大いなる示唆を得ることができた。しかしながら、2006年に基準策定があり、2011年に高等教育アカデミー（HEA）による訂正がなされてから7年の実績しかないことから、更なる精査が必要であり、基準の枠組みについては教育現場に応えるべく、今後も修正や訂正に向けた姿勢はあると明言している。


## 【引用（参考）文献】

・Educational in the UK, the history of our schools and universities
　https://education-uk.org/documents/robbins/robbins1963.html
・Educational Career「イギリスの教育の制度・特徴は？サッチャー政権の改革で作られた地域で異なる教育制度」
　https://education-career.jp/magazine/data-report/2020/uk-edu/
・大﨑 仁（2012）「英に学ぶ大学改革」『日本経済新聞』6月4日（首都圏版）.
・大森不二雄（2012）"第4章 英国の大学の質保証システムと学習成果アセスメント".
・深堀總子研究代表『学習成果アセスメントのインパクトに関する総合的研究《プロジェクト研究 研究成果報告書》』, 国立教育政策研究所（2012）：72-105.
・加藤かおり（2011）「大学教員の教育力向上のための基準枠組みStandards Frameworks

for Professional Teaching in Higher Education」『国立教育政策研究所紀要』［第139集］平成22年3月.

・加藤かおり（2012）「英国における大学教育のプロフェッショナル化」『名古屋高等教育研究』［第12号］.

・大学評価・学位授与機構, 2010,『諸外国の高等教育分野における質保証システムの概要 Overview of the Quality Assurance System in UK Higher Education 英国』（http://www.niad.ac.jp/n_kokusai/qa/1191803_1542.html, 2013,9,25）

・文部科学省（200）英国高等教育白書「高等教育の将来」（The future of higher education）の概要（http://www.mext.go.jp/b_menu/shingi/chukyo/chukyo4/gijiroku/030301db.htm, 2014,8,11）

・文部科学省（2010）『諸外国の教育改革の動向Recent Reforms in Education Overseas―6か国における21世紀の新たな潮流を読む―』［教育調査第140集］ぎょうせい.

・ロンドン留学センター（http://www.london-ryugaku.com/o_card/ ,2014,8,20）

・BBC News Education & Family：planned switch from GCSEs to Baccalaureate in England 'abandoned'（http://www.bbc.com/news/uk-21363396, 2013.8.23）

・HEA（The Higher Education Academy）・UKPSF , 2011,"The UK Professional Standards Framework for teaching and supporting learning in higher education（2011）"（https://www.heacademy.ac.uk/sites/default/files/ukpsf.pdf, 2013.9.5）

・HEA "Framework Guidance Note 1"（https://www.heacademy.ac.uk/sites/default/files/downloads/What_is_the_Framework.pdf, 2013.9.12）

"Framework Guidance Note 2"（https://www.heacademy.ac.uk/sites/default/files/downloads/What%20are%20the%20UK%20Professional%20Standards%20Framework%20Descriptors.pdf, 2013.10.23）

"Framework Guidance Note 3"（https://www.heacademy.ac.uk/sites/default/files/downloads/What%20are%20the%20dimensions%20of%20practice.pdf, 2013.11,.26）

"Framework Guidance Note 4"（https://www.heacademy.ac.uk/sites/default/files/downloads/How_has_the_frameworl k_changed.pdf, 2013.12.15）

"Framework Guidance Note 5"（https://www.heacademy.ac.uk/sites/default/files/downloads/Uses_of_Framework.pdf, 2013.12.28）

"Framework Guidance Note 6"（https://www.heacademy.ac.uk/sites/default/files/ downloads/Accreditation_explained. pdf, 2014.1.16）

・Trow, Martin. 2003. "On Mass Higher Education and Institutional Diversity"（https:// www.neaman.org.il/Files/1-108.pdf, 2014.7.14）

・OBU：2011a, Academic Staff PDR Forms（http://www.brookes.ac.uk/services/hr/ pdr/pdr_form_academic.doc, 2013.5.14）

・OBU：irectorate of Human Resources, 2011b, "Personal development review guidelines" （https://www.brookes.ac.uk/services/hr/pdr/form_guidance.html, 2013.5.14）

・OBU：Directorate of Human Resources,2011c,"Personal development review"（https:// www.brookes.ac.uk/services/hr/pdr, 2013.5.14）

・PGCHE：Postgraduate Certificate in Higher Education（http://en.wikipedia.org/wiki/ Postgraduate_Certificate_in_Higher_Education, 2014.9.8）

・QAA "safeguarding standards and improving the quality of UK higher education"（http:// www.qaa.ac.uk/assuring-standards-and-quality, 2014.6.19）

・QAA "The UK Quality Code for Higher Education"（http://www.qaa.ac.uk/assuring-standards-and-quality/the-quality-code, 2014.6.20）

・QAA "Code of Practice：Analytic Quality Glossary"（http://www.qaa.ac.uk/ assuringstandardsandquality/code-ofpractice/Pages/default.aspx, 2014.7.12）

・QAA "The Quality Assurance Agency for Higher Education"（https://www.google. co.jp/#q=UK+QAA, 2014.7.21）

・The Student Room（http://www.thestudentroom.co.uk/content.php ？ r= 4461-exam-results 2014.1.30, 2014.9.3）

・The Guardian：RAE 2008：results for UK universities（Rankings for UK universities in the Research Assessment Exercise 2008）（http://www.theguardian.com/education/table/ 2008/dec/18/rae-2008-results-uk-universities, 2014,8,29）

・University UK（2008a）" Quality and standards in UK universities：A guide to how the system works"（http://www.universitiesuk.ac.uk/Publications/Pages/Quality-and-standards-in-UK-universities-A-guide-to-how-the-system-works.aspx, 2014,8,14）

・University UK（2008b）"Assuring standards and quality"（http://www.qaa.ac.uk/

Assuring Standards And Quality/Academic Infrastructure/ Pages/default.aspx, 2014.8.14)

· Whewell, William. "On the Principles of English University Education" London and Cambridge, 1837.

**【資料1】**

We have selected a selection of interview questions posted online by Cambridge Univ.'s Prof Richard Prager.

Q.1 I start with a pint glass full of lemonade. I drink half of it and give it to you. You then drink half of what is left and give it back to me. I then drink half of what is left, and pass it back. We keep drinking half of the remaining lemonade then passing it across until there is a negligible amount of drink left. In total, what proportion of the pint did I drink？

1／3   5／8   ✓2／3   3／4   none of the above

Q.2 On a clear day, you are on an aeroplane which is at 38,000 ft. above the middle of the Pacific Ocean. Taking the radius of the earth as 6,400km, what is the approximate distance between you and the horizon of the earth？（1ft＝0.3048m）

130km   ✓390km   700km   1,300km

Q.3 A helium balloon is held by a light string in the middle of the back of a very powerful truck. The back of the truck is sufficiently large that the balloon cannot hit the sides if it sways forwards or backwards on the string. The back of the truck is completely enclosed with no windows or ventilation from the outside. The truck now accelerates rapidly forwards. What is the motion of the balloon relative to the truck when the truck is accelerating？ Does the balloon sway forwards, backwards or remain at the same position？

✓The balloon sways forwards   The balloon sways backwards   The balloon does not move

Q.4 My office is 3.5m wide, by 3.5m high, by 7m long. I have 200 books and 7m of A4 size files on the shelves. The office also contains a two-draw filing cabinet, a desk, a table

第2章　米国・英国の大学からの管理運営に関する示唆と影響　　195

and a computer. My office is in Cambridge which is near to being at sea level. Estimate the total mass of all the air molecules in the office.

1kg   10kg   50kg   ✓ 100kg   None of the above.

Q.5 I have 28 black and 8 brown socks in my sock drawer. If it is completely dark and I cannot see the colour of the socks that I am picking, how many socks do I need to take from the drawer to be sure that I have at least one pair of socks that are the same colour ?

✓ 3   4   14   18

Q.6 Without using a calculator, calculate $4020 \times 3980$

1,600,400   ✓ 15,999,600   16,000,000   16,000,400   None of the above

Q.7 Three male prisoners are sitting in a line one behind another. They are shown 2 red and 3 green hats, and a hat on is put on each man's head so that each cannot see his own hat, but can see the hats on the other prisoners ahead of him. As a result, the front prisoner cannot see anything ; the middle prisoner can see the front prisoner's hat and the back prisoner can see the hats on both the front and middle prisoner. They are told that they will be set free if any of them can get his own hat colour right without communicating with any other prisoner. The front prisoner becomes aware that both the back and middle prisoners have chosen to remain silent. Assuming that all the prisoners make optimal logical decisions throughout the challenge, what is the best action that can be taken by the front prisoner ?

Say that his hat is red   ✓ Say that his hat is green   Remain silent   None of the above

Q.8 An unbiased cubic die has numbers 1 to 6 inscribed on each side. On average, how many rolls will you need in order to get a 6 ?

1   3   ✓ 6   8   None of the above

Q.9 Consider a large metal sheet, 5mm thick, with a 20cm diameter hole in the middle. You can assume that metal expands when heated. The metal sheet is placed in an oven and heated from room temperature to 100celsius. What happens to the diameter of the hole as the sheet is heated : does it decrease, increase, or stay the same ?

The diameter of the hole decreases　✓The diameter of the hole increases

The diameter of the hole stays the same

Q.10 What is the minimum number of guests that need to be present at a party so that there is a more than 50% chance that two of them have the same birthday ? Note that they do not necessarily have to be the same age ; they just must have the same birthday. We can assume that a year consists of 365 days and that the probability of birth is equal for each day.

10　　✓23　　188　　366　　None of the above

## 【資料2】

OXFORD

**BROOKES**

UNIVERSITY

### Personal development and review

| Name : | |
|---|---|
| Job title : | |
| Faculty / Directorate : | |
| Reviewer : | |
| Date of meeting : | |

第2章　米国・英国の大学からの管理運営に関する示唆と影響　197

The University's personal development and review （PDR） process is designed to support staff in a discussion and reflection on the past year, how far the objectives set for the previous year have been achieved, to plan for the coming year's objectives and to identify personal development that will support the achievement of your objectives and support your career.

The strategy and goals for the University are summarised below and can be viewed at www. brookes.ac.uk /

The guidelines for completing this PDR form are available at www.brookes.ac.uk / services /

## The strategic goals for the University are： Student Experience

We will be a university that enables a student experience of the highest standard possible. We will：

- Ensure that learning and teaching are at the leading edge and relevant to contemporary contexts.
- Provide an environment where students are proactively engaged in shaping their experience through influencing learning and extra-curricular policy, processes and outcomes.

## Research and knowledge transfer

We will be a university that is committed to externally recognised world-leading research which is exploited and disseminated for the benefit of our communities.

We will：

- Focus on the areas of research which are, or have the potential to be, recognised as world leading and encourage multi- and interdisciplinary research activity across the University.
- Increase the exploitation and dissemination of the highest quality research and collaboration with other Higher Education Institutions and the public, private and third sector.

## External

We will be a university dedicated to improving the human condition in Oxfordshire and around the world.

We will：

- Harness the creativity, knowledge, and commitment of the university's academics, staff and students to benefit urban and rural communities principally within Oxfordshire.
- Further develop mutually beneficial partnerships to facilitate the application of the university's education, research, and knowledge transfer nationally and internationally and to prepare the university's graduates to be engaged global citizens.

### Infrastructure and services

We will be a university characterised by its sector-leading, high quality, sustainable and cost-effective services, operating within a culture of continuous improvement.

We will :

- Manage our activities to achieve self-sustaining and robust finances and a strong position relative to the HE sectors.
- Develop and enhance the quality and efficiency of the university's infrastructure and services.

### Faculty / Directorate Objectives

### Personal Development Review

For detailed information on the completion of this form, please refer to the PDR Guidelines at www.brookes.ac.uk / services / hr / pdr /

1 Personal reflection and assessment of the past year

1.1 Reflect here on how your work has gone over the past year, how far you were able to meet your specific objectives, and factors which were particularly important in supporting your achievements or which created difficulties.

1.2 For colleagues with management responsibilities, please reflect on your work as a leader or manager in relation to :

- Providing direction
- facilitating change

第 2 章　米国・英国の大学からの管理運営に関する示唆と影響　199

- working with people
- using resources
- contributing to the University's objectives

2 Continuing personal and professional development (CPPD) undertake since last meeting.

2.1   Please record here the outcomes of your peer enhancement and professional dialogue activities during the past year as well as other professional development activities.

| | Date/duration | |
|---|---|---|
| Development undertaken | | What difference has this made to you in carrying out your work ? |

1.2   What training and development have you undertaken in the past year to extend your knowledge and understanding of equal opportunities and diversity issues and the University's policies on equal opportunities.

| | Date/duration | | |
|---|---|---|---|
| Development undertaken | | What difference has this made to you in your role ? | Would you recommend this to others ? |

1.3   For colleagues involved in teaching and learning, use the following prompts to reflect on how your contribution will be enhanced in future years :

a) How will your plans to enhance your teaching, assessment or support of student learning for the coming year build upon :

a.  Use of students' evaluation of your teaching

b. Your engagement in the University's PETAL scheme

c. Professional dialogue with colleagues

b) What support or development would be helpful to you or your team to take forward these enhancements ?

c) Which elements of good practice would you like a wider group of colleagues to know about in relation to your teaching and learning practices ?

**1.4　For colleagues involved in research and knowledge transfer, use the following prompts to reflect on how your contribution will be enhanced in future years：**

a) What research plans do you have in the forthcoming year which will enable you to maintain or work towards research excellence ?

b) What international or inter-disciplinary opportunities are you exploring to enhance your research activities ?

c) What opportunities are you exploring which will address the impact agenda related to your research ?

d) What support or development would be helpful for you in taking forward these enhancements ?

**3 Career／／Continuing Professional Development**

**How would you like to see your future career develop, and what would be the best forms of professional development that would support that development ?**

**4 Reviewer's comments and recommendations**

**5 Objectives for the coming year**

| Strategic Objective | Personal Work Objective | Output Measure | Target Completion Date |
|---|---|---|---|
|  |  |  |  |

**6** Identified personal and professional development for the coming year which will support the achievement of your work objectives and your professional development.

| Development | Link to Objective | Benefits | How will you evaluate the difference to your role ? |
|---|---|---|---|
| | | | |

**7 Date of interim review meeting**

| Signature of : | |
|---|---|
| Reviewer : | |
| Reviewee : | |
| Date : | |

第3章

# 21世紀中葉の大学未来像

―向かうのは成熟期か衰退期か―

## 第1節

# 21世紀の学士課程教育を求めて
## ―教育型大学とリベラルアーツ―

## はじめに

　21世紀中葉に向けて少子化は、人口減少や高齢化、経済縮小、社会保障制度の崩壊など、様々な負の影響をもたらすと推測されている。このような状況に対応するためには、どのような教育、特に大学教育が必要となるであろうか。大学の数は、文部科学省（以下、「文科省」という。）によると、2023年度（5月1日時点）で、国立大学86校、公立大学99校、私立大学607校、合計793校である。私立大学の倒産数は、ここ数年で増加傾向にあり、文科省によると、2013年から2021年までの間に、私立大学を運営する学校法人の解散命令や廃止許可が計14件出された。そのうち、学生が在籍する大学が廃止されたのは3件である。ちなみに、日本私立学校振興・共済事業団の調査では、2023年度末までに破綻する恐れのある学校法人が21法人、将来的に破綻が懸念される学校法人が121法人に上るという。

　国立大学の経営も厳しくなっており、統合や再編の可能性も否定できない。2003年、中教審大学分科会「国立大学の再編・統合の現状と今後の取り組み」で2004年国立大学法人化直前から着実に進展している状況を紹介している。次のURLを参照されたし、[https://www.mext.go.jp/b_menu/shingi/chukyo/chukyo4/gijiroku/030301e.htm]　統合・再編が現時点では東京工業大学と東京医科歯科大学の統合は、2024年10月に東京科学大学として誕生した。

　20世紀末から大学は学部学科改組及びカリキュラム改革に着手しており、学内の各部署で改革構想委員会を立ち上げ真摯に論議を重ねてきたことは確か

である。21世紀に初頭から、次の重要な答申を受けて更なる検討を進めてきたのである。

# 1. 21世紀初頭の大学教育に関する答申

2002（平成14）年8月に文科省大学審議会（以下、「大学審」という。）答申「大学の質の保証に係る新たなシステムの構築について」の重要なポイントは、大学の質を保証するために、大学の自己評価と外部評価を組み合わせた新たなシステムを構築することである。ほとんどの大学は自己点検と呼び学部評価を実践していることは朗報である。

2008（平成20）年12月に文科省中央教育審議会（以下、「中教審」という。）答申「学士課程教育の構築に向けて」（学士力答申）の重要な提言は、「学位プログラム」を中心とした大学制度の再構築であり、グローバル化する知識基盤社会において、学生の学習／修の視点に立って学士レベルの資質能力を備える人材育成をめざして、学位の国際的通用性を担保する学士課程における三つの方針を明確化する提言であった。その三つの方針は次の通りである。学位授与の方針（Diploma policy）、教育課程編成・実施の方針（Curriculum policy）、入学者受け入れの方針（Admission policy）である。

更に、学士課程教育の構築に向けての重要なポイントとして以下の要素が挙げられている。・知識・理解（文化、社会、自然等）・汎用的技能（コミュニケーションスキル、数量的スキル、問題解決能力等）・態度・志向性（自己管理力、チームワーク、倫理観、社会的責任等）・総合的な学習／修経験と創造的思考力と提示している。

2012（平成24）年8月に中教審「新たな未来を築くための大学教育の質的転換に向けて〜生涯学び続け、主体的に考える力を育成する大学」（未来答申）の答申では、教養教育の重視、専門教育における基礎・基本の重視、厳格な成績評価、登録単位数の上限設定、教育内容・教育方法の改善、教育活動の評価が挙げられている。特筆すべきは、以前から提示している重要な内容として、学士課程教育の現状と学習／修時間（1単位15時間）、学士課程教育の質的転換への

方策、質的転換に向けた更なる課題、今後の具体的改革方策などを提示することで、大学人に対してかなり強めに突っ込んだ意識改革を求めていることである。

2022年3月、中教審「新たな時代を見据えた質保証システムの改善・充実について」では、以前の答申から10年後の現状をみて、大学の自己改革を促進するための支援、大学の質保証システムの改善・充実、大学の教育・研究の質の向上について再度専門教育における基礎・基本の重視や厳格な成績評価など、学士課程教育の質向上への意思改革を促している。更に同年9月に文科省は「大学設置基準の改正について～学修者本位の大学教育の実現に向けて」と題して、大学教育の多様性と柔軟性を向上させるための重要なステップとして大きな改正に踏み切ることとしたのであるが、以下にその主な理由を挙げている。

①多様な教育プログラムの編成：大学が時代や学修者のニーズに応じた多様な教育プログラムを迅速かつ柔軟に編成できるようにするため。

②リカレント教育の推進：多様な学生を受け入れるためのリカレント教育の推進。

③実務家登用：社会のニーズを踏まえた教育を展開できるようにするための実務家登用の促進。

## 2. 「学部教育課程」から「学士課程教育」への再整理

学士課程教育という用語の初出は2008（平成20）年の中教審の「学士力答申」であり、2006（平成18）年から大学分科会を中心として行われた審議の成果を反映したものである。学士学位取得に至る教育課程という定義を採用し、その質保証の重要性を提起している。その後、この用語は大学業界では浸透しているが、市民権を得ているとは言い難い。しかしながら、大学教育関係者も学士課程という用語を十分理解しているとは言い難い。学士号が学位と認定され、その質保証確保の基本理念であるにも係わらず単位の空洞化、安易な成績評価、卒業率の異常なる高さ等に対する改革への意識が低いことの証左である。

先ず、学士課程教育を再度定義する必要があろう。学士課程教育（undergraduate education）とは、まさしく大学院教育課程（graduate education）

の下部組織である。つまり、典型的な米国式の2層高等教育機関構造から定着したものであり、戦前の旧制大学の1層構造とは異なる。この1層構造とは、学部に置かれる研究科の総合体であって、授業よりは学部卒業者が研究に従事する場として位置付けられていた。学生は教養教育を旧制高等学校（高等教育機関）を修了してから、大学の専門学部に入学した。大学院は学部から分離しておらず、専門学部があっての大学院であるとのタテワリ専門教育色の意識が強く、小規模であり進学者も少数であった。

　戦後、1949年以降の米国型の大学は主として「リベラルアーツ教育」と「基礎専門教育」を学び学士号（BA：Bachelor of Arts, BS：Bachelor of Science）（Baccalaureate）を取得する制度であったはずである。しかも、この学位は高度学術専門及び高度専門職能力を証明するものではなく、専門的能力を証明するには学術系大学院またはプロフェッショナル・スクールで修士、博士号を取得する必要があった。

　この1、2層構造の説明は、バートン・クラーク及び清水畏三の著書に詳しく解説しているので参照されたい[1]。私見であるが、日本の旧制大学はドイツの近代大学（専門的分裂）とフランスの技術系高等教育（グランゼコール）から取り入れたもので、典型的な1層構造であったと同時に学部概念は両国の複合的産物であった。当時は、ごく限られたエリートのみ大学教育（象牙の塔）を享受でき、また社会全体が発展途上にあったことから制度的には十分機能しており、近代国家建設に多大なる貢献があったことは事実である。しかし、政治、経済、文化とともに成熟し先進国の一角を占めるまでに至った現在では、ドイツ的（大学教育は大衆化しない）な学歴や職業意識からは余りにも乖離している現実を認識し精査することで、本来の大学教育・研究機関への構築に向けた改革が必要となる。次にリベラルアーツについて整理しておきたい。

## 3. 専門教育とリベラルアーツの相互関係

　桜美林フォーラム第2号で、「リベラルアーツと大学における人間形成」[2]と題して以下のような論議が交わされていたので要点のみを提示したい。

大学教育におけるリベラルアーツとは一般教育、一般教養がそのままリベラルアーツなのか疑問。教養部は旧制高等学校の名残であり、教養部復活論が幅をきかせている。リベラルアーツとして何を求められているのかの議論が必要である。

　リベラルアーツと基礎教育・専門教養の関係について、リベラルアーツは基礎教養ではない。専門教養はリベラルアーツと捉えるならば、それ自身の基礎教養が必要であるから、基礎教養、専門教養で包括されることでリベラルアーツとなる。ならば、専門とは何かと問うなら、専門があって教養があってこそ、リベラルアーツといえる。

　授業の中でのリベラルアーツとは自己表現に関わる命題である。自己表現を通して自己実現・自己確立につながる。リベラルアーツのコンセプトはこのあたりにありそうである。専門教育とリベラルアーツとの違いとして、専門教育は特定の分野や職業に関連する知識や技術を深く学習／修することを目的とする。専門に分かれる前に受ける「一般教養課程」とは、さまざまな分野の基本的な知識を身につけることを目的にしており、専門を学ぶための前段階の学習である。リベラルアーツ教育は、人文科学、社会科学、自然科学の分野や、外国語、芸術などの幅広い学問の視点を身に付け、スキルアップのために、多種多様の知識・視点からの理解と思考を促進し、多角的な考え方を修得する目的であり、つまり何を学ぶかということになる。リベラルアーツ教育は、グローバル化が進む世界の諸問題を解決できる人材育成に役立つと期待されている。自由で知的探究のためのディスプリン（学問・専門分野）の総称と位置付けることも可能である。

　専門分野・領域から見たリベラルアーツとは何かと問われれば、特定の専門領域に関連する知識やスキルを深めることができ、歴史、哲学、社会学などの知識・知見を持つことで、背景や理論などの発展根拠、かつ問題・課題点を理解することができる。たとえ専門領域に直接関連しない知識やスキル（文化、芸術や語学）を身につけることで、創造性やコミュニケーション能力を高めることができる。さらに、専門領域を超えて他の分野と連携することができ、狭い領域の知性偏重に陥らず学際的な知見を得ることができる。もちろん、極め

て狭い専門領域の内容も学生に思考回路の路線を適宜に提示することで、リベラルアーツ教育になりうるが、高度な教授法の確立が必至となる。

リベラルアーツと各教育機関の建学の精神及びミッションとの関連性について、先ずは機関の建学の精神はすでに確立していることから、この論議を続けても堂々巡りになってしまい意味がない。未来を見据えたミッションとして「大学教育・研究として何をするか」の論議が必定ではないだろうか。行動力のある、異文化の世界に躊躇なく飛んでいける、異文化の人たちを最大限のキャパシティーで迎え入れることができる知性を目指す。それはグローバルな長年の課題として「多様文化の共有」「人権及び人道主義」「多国間主義」の確立するために、リベラルアーツとミッションを包括して定義する必要がある。

## 4. 21世紀中葉に向けたリベラルアーツの再整理

ここで前述の論議に対して補完的説明を提示するには紀元前のギリシャから5世紀の7自由科（3学4科）を経て、12世紀以降の中世大学、19世紀の近代大学、そして米国型リベラルアーツ・カレッジと大学院教育まで歴史的展開を整理する必要がある。平易に述べるならば、一般教育（general education）、教養教育（liberal education）、自由学芸（liberal arts）といった表現があるため、大学人の間で現時点でも混乱をきたしている観は免れない。それは時代の変遷にともない「専門分野への準備教育的」であったり、また「職業教育への入門段階」と位置付けたり、更には「学士課程教育全体」を指したり、多様に理解されてきたので一言での定義づけは難しいという他ない。しかしながら、いつの時代でも、いかなる国家機構でも、いかなる文化背景でも、共通点は学校教育のあるところ人間の知識・感情・意思のバランスを重んじる「全人教育」という教育理念は踏襲し続けてきたことだけは確かである。ゆえに、現代の時代に即したリベラルアーツがあってもよいはずであるというのが、一つの答えに成り得るかもしれない。

やはり、今後大学教育課程の充実のために、教養教育とリベラルアーツは同等に考えることはできないことを整理しておく必要がある。「教養教育」は、社

会人として生活や勤労ために必要な基本的な知識や情報を学習することを目的とした教育である。一方、リベラルアーツは、明確な答えがない問題や課題に対処するために、幅広い分野の知識やスキルを身につけることを目的とした教育である。現代社会の複雑化に対応するために必要不可欠な教育と言える。教養教育は専門教育の前段階に位置付けられることが多いのに対し、リベラルアーツは専門教育と並立する一つの学問体系として捉えられるべきである。

　現代の人間の精神は「知的能力」「感情能力」「意思能力」といった実態的能力から成り立ち、その能力を陶冶するに有効であるリベラルアーツの構築であり、とどのつまり現代社会のリベラルアーツとは、高校までの基礎学力の修得の上に立った「高度教養人育成」のための専門教育そのものではないだろうか。

　付け加えて、大分言いつくされたことであるが、戦後日本の大学への「一般教育」は米国から間違った解釈で取り入れたばかりか、成果も挙げられずじまいであると認識すべきである。21世紀に向けて寺﨑昌男は以下のようにと問題点を指摘している[3]。

　　アメリカの背景には、Humanitiesの教育……しかもそのHumanitiesは古い形のHumanitiesではなく、新しい現代的なHumanities、これを日本の大学にいれようとgeneral educationとして、いわゆる課題を立てて教育するというのではなく、歴史、哲学その他の、日本語で言えば「科目」時には基礎教育科目と言われた旧態依然たる科目が沢山並んでいる一般教育科目の課程が全国で生まれた。

　つまり、旧制高等学校や大学予科で実施していた課程をそのまま大学教育の前期課程として持ち込んでしまったのである。

　そこで、一般教育（general education）の定義づけをするなら、善良な市民養成のための一般的な教養教育といえる。学士課程教育では「基礎演習」と位置付け、次のように整理できる。

　・専門基礎教育：専門分野を学ぶセンスやスキルを学ぶ。
　・リメディアル教育：高校で未履修、あるいは補習的意味合い。
　・転換教育：受け身の教育形態から、能動的な学習形態へ。

・基礎学力の育成：学習スキルの教育と企画、計画、実行のプロセスとノウハウを学習し、更に問題意識を仮説化し研究テーマにする能力を養成する。

　リベラルアーツ教育を日本の大学で導入するにあたっては、大学教育課程の中で、リベラルアーツ教育と専門分野の教育をどのように両立させるかが課題となった。大学でリベラルアーツを取り入れる方法としては、いくつかの方法が挙げられた.
　①全ての学部生が、一定の学年または全学年でリベラルアーツを学ぶ。
　②学部教育の前半で様々な分野について学ぶことができるカリキュラムを編成する。
　③リベラルアーツ学部を設置する。
　④全学共通のリベラルアーツ科目を充実させる。
　⑤ダブルディグリー、副専攻制度でリベラルアーツ専攻を選択できるようにする。
「The日本大学ランキング」https://japanuniversityrankings.jp/topics/00091/

# 5. 大学をとりまく現状と意識改革

　現在、大学教育はユニバーサル・アクセス・ステージに突入し、しかも少子化による全入に伴い学力低下が著しいのに加え、大学教育機関の淘汰、F（フリーランキング）校、国立機関の独立法人化など、未曾有の状況下に置かれている。
　このような状況下でも、高学歴動向は更なる拡大を続け、21世紀中葉には社会構造や意識変化で「一億総高学歴化」現象が生じるかもしれない。中等教育（前期・後期）の一貫教育が定着化し、義務教育化の可能性もある。その場合、大学は現在の高等学校レベルと同程度であるとの社会的認識が定着する中で、現在のような1層構造では成り立たなくなってくることは必須であろう。もちろん、学力低下というよりも学習／修基準が著しく低下し、大学に進学しても自己責任で学習／修することができなくなる。現時点でもこの現象を見ること

ができ、新入生に対する学習援助が必要となってきている。高大連携の必要性、及び大学間の単位互換、学部／群の共同実施制度（共同で教育プログラム編成する授業科目）、連繋開設科目（国公私立大学間で連携先の大学の科目を履修）も増大していかざるを得ない状況になることは必然である。

　前述の人間の「実態的能力」のバランスにも変化が生じている。かつて、マクルーハン理論[4]のHot Media世代からCool Mediaへの世代移行してから久しいが、現在及び近未来は「高度な映像人間、ゲームとバーチャル、ネットやSNS世代」に大きく変化している。この新世代に対応した「帰納法」に立脚したアプローチが不可欠となる。具体的には、現実とシンボル（物と言葉）、あるいは現象と本質の区別ができない。ゆえに、読書能力や文章作成能力の低下をきたしてきているので、基本的技能修得のカリキュラムが必要である。学士課程教育は、何のために学問をするのかという思考様式の発達と自己確立を中心とすべき時代になったと認識すべきである。

# 6. 社会の変化に対応する学士課程教育の確立

　カリキュラムは、社会状況や学生の能力に応じて組み替えられるべきであり、決して固定的に構築するものではない。したがって、メニューの多様化、弾力化が要求される。

　産業界は、学士課程教育に専門教育の高度な質はほとんど期待していないようである。創造性に富んだ教養を重視した人間教育・教養教育を期待し、次のような教育を大学に望んできている[5]。「想像力に富む」、「豊な人間性」、「独創性・創造性」、「問題発見・解決能力」、「グローバリゼーションに対応できる能力」、「リーダーシップ」などである。

　このような経済界の動向に対して、寺﨑昌男は以下のように言い得て妙なコメントで結んでいる[6]。

　　かつてあんなに専門、専門、専門と言い続けて、学生達の学力が足りない、経済学
　　部を出たはずなのに、経済学のケの字も知らないとか、法学部を出たはずなのに何

の法律の知識もないとかって言っていたその彼等が、やっぱりそれでは駄目だと思い始めたんだと。これはそういうSOS信号だと思いました。

更に、「恐らく日本経済の将来に対して最も鋭敏な危機感を持っている団体が気づいて、求め始めたんだ。これは大きい進歩だと思う」と、産業界の妖怪変化的（戦後を通して大学は翻弄され続けた）な動向を評価しつつ、大学人に対しても意識改革の必要性を促している。

今後大学の方向性は「研究型大学」「教育型大学」「意欲喚起型大学」の三種類に区別されていくと予想できる。それ以上に多種多様化が進み、個々の大学の独自性が明確になり、生涯教育を提供する教育機関となろう。そのための周到な準備に着手すべきである。もちろん制度的に、機構的に問題は山積している。その中で最も厄介なのは「教学部門」であろうが、この意識及び機構改革は避けては通れない。

現存するほとんどの公私立大学は「教育型大学」として確立すべきである。かつて桜美林大学の佐藤東洋士学長は「学部教育は一つのユニットと考えた方がよい。……教養学部にする必要がある。学部在学時代に幅広い学習をさせ、その中で新しい関心を喚起し、課題発想を持つことのできる人材を育てられれば、いわゆる元気な大学であり続けることができる」[7]と明言している。つまり、典型的な「教育型大学」のカテゴリーに入り、リベラルアーツ教育を志向していることが明らかであった。

ここで、大学教育の本格的な氷河期到来の2005年前後（2010年では遅い）までには、学士課程教育をリストラクチャリングしておく必要があった。そのためには、何といっても研究型大学ではなく、「教育型大学」であることを証明する必要があろう。とはいっても、リベラルアーツ教育機関においても自由学芸教育を擁護する教員は極めて少数であった。やはり、教員職は学科及び学部に所属し、様々な会議体および委員会において、所属である専門・専攻教育の利益を代表する体質を伝統的に保持していることから、誰がリベラルアーツの旗を振るかと問われれば、教学部門の最高責任者でもある学長以外になかった。過去に経験したような外圧による変革は期待できないことから、社会の情勢や

ニーズを「内なる外圧」と認識するならば、変革の可能性は充分ある。この冬の時代と来る氷河期を乗り切るには、米国流の学長の強力なリーダーシップに期待せざるをえない。

　教育型大学の教育課程の考え方をまとめておきたい。先ず、リベラルアーツ科目は基礎専門教育のための入門教育ではない。学生自身が自分のアイデンティティを創り、課題探求能力と批判的思考能力の育成を目的とする。当然ながら、教職員がリベラルアーツを語ることが重要であり、職業教育・資格教育とリベラルアーツは対置するものであるが、教育内容の組み直しが必要となる。大学は職業人を育成する目的もあるが、いかなる職業人を育成するかということである。リベラルアーツ教育を行う場合と行わない場合との違いは大きい。ここで、最重要課題として必然的に浮上してくることは、「基礎専門教育とリベラルアーツ教育との境目」であろう。専門教育とリベラルアーツの区別は存在しないという観点から出発する必要がある。リベラルアーツの先駆者であるICU（国際基督教大学）は教養学部（Liberal Arts College）というくくりになっているので参考になるであろう。一般教育に対する考え方は一つの手本にもなるので紹介しておきたい[8]。

　　ICUの一般教育科目は単なる概論や入門講座ではなく、それぞれの学問の核心に触れながら、リベラルアーツの真髄を体験できる機会です。そのため、各自の関心や学習進度に応じて4年間を通じて履修できます。専門科目と並行して一般教育科目を履修することで、専門を別の角度から捉え、他の領域と関連づけて考えることが可能になります。専門のための入門教育ではなく、総合的な視野からの、いわば学際的な内容や、専門を異にする複数教員による共同講座などの工夫がなされ、専門科目と有機的に連動させながら学生は4年間の任意の時期に履修するように、つまりこれから専門を学ぶ学生にも、すでにある程度専門を学んだ学生にも意味のあるプログラムとして設定している。ICUで一般教育科目を担当するのは、それぞれの分野で専門の科目を教えている教員です。

2023（令和5）年度時点でリベラルアーツ教育を実践している大学は以下の

ごとく確認できるので参考されたし。

　　＊国立大学：埼玉、千葉、お茶の水、東京、東京医科歯科、東京工業、他

　　＊私立大学：立教、立命、早稲田、上智、他

　　＊学部、群、学科を持つ大学：玉川、帝塚山、山梨学院、桜美林、他

　寺﨑教授は、リベラルアーツとは「専門性に立つ教養人育成」であると提言している。まさしく、現代の日本の大学に根ざしたリベラルアーツなのであり、2010年までに、2層構造的な大学院大学、大学院、専門大学院、専門職大学院などが都市部中心から徐々に地方にも拡充・拡大していくであろう時代の趨勢を見越し、今までの「教養ある専門人の育成」は大学院にまかせ、大学教育の目標を少し一つ下のところで考えて学士課程教育を立ち上げるべきであるとの示唆である。

　この「専門性に立つ教養人育成」を学士課程教育のキーワードとし、大学院（専門教育の探求の場とし、2層構造確立）につなげていくべきである。繰り返すが、今までの「教養ある専門人育成」は大学院課程へと移行する。大学では専門性を完結するという考え方はとらず、高度な教養人を養成するという考え方が必要である。つまり、学士課程教育では、現行の専門教育はリベラルアーツと並列し基礎専門教育として位置付けることこそ、本来の高等教育として機能していくと考える。

# 7. 学部改編とCollege of Arts and Sciences（文理学部）またはCollege of Liberal Arts（教養学部）構築への提言

　21世紀中葉に向けて多くの大学はリベラルアーツ教育の重要性を認識し、実践に向けた改組・改編が活発になるであろう。しかしながら、構築への障壁は学部の既成概念と既得権益の主張である。現行の学部間の壁を低くし、かつ各学部の独自性を確保する方途を模索しても、学部縦割り構造が存続する限り共通科目と専門科目との有機的な関連性における溝は埋まりにくい。ならば「全学必修科目、20単位構想」と「フレッシュマンプログラム」を構築し、将来の学部・学科の再編成を視野に入れた改革案で実施することは可能である。そ

れでも、この改革構想は経過措置として多少の評価できるが、もう少し踏み込んだ提言を試みたい。

カレッジとは「教育組織」であり、デパートメントとは各専門領域の「教育職組織」であり、学生が学位プログラムとともに「教育活動の場」に所属するという定義づけをしておきたい。その上で、学士課程教育を4年間ないし3年間の教養教育（共通教育・基礎専門）とし、全教育職員が担当する。デパートメントは主専攻、副専攻科目として各教員組織が基礎専門を担当する。以下の構造になる。

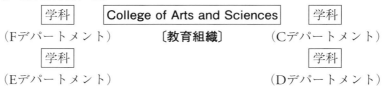

学士課程教育の提案として、以下のカリキュラム構成は、College of Arts and Sciencesの構築が想定できる。

◆〈リベラルアーツ基礎課程：学習／修技術〉（10単位）

現代人が共通して当面する実践的問題の解決をめぐって、関連ある諸学問の異なった視点と研究様式の相互関係を認識する。科学的文化と人文学的文化の横断、「共通文化の創造」（ハーバード大学の提案）を探求する。

・学習／修技能養成コース（Study Skill）：テキストの読解技能、レポートの書き方、資料検索・整理・保管方法、時間管理（学習方法の改善研究）、プレゼンテーション、スピーチ、ディスカッション、ディベート等

・言葉を磨く、社会のマナー、数の理解、名著講読、情報リタラシー、やり直しの英語、基礎演習等

◆〈多様文化理解・共生プログラム〉（10単位）

多様言語の修得と多様文化交流の促進をめざし、そのために比較文化、言語

と文化、外国語学習、フィールドワーク、海外研究、海外ボランティア、世界にはばたく等

◆〈総合科目課程：人権・生命・宗教・環境・自然に関する課題〉（20単位）
地球市民の育成をめざすために、人間を考え、地球を知ることを目的とする。現代社会が直面している多くの複合的な問題に対する多様な接近法の中から、次第に自分の選択する専門性を見つける。思考様式の確立が必要である。つまり総合的思考の訓練が不可欠である。共通に当面する実践的問題の解決をめぐって、客観的に人間、社会を取り巻く諸問題を整理し、相互関係を検討する。2番目のキーワードは科目設定ではなく、「課題を立てた教育の構築」である。

- ・宗教と哲学
- ・現代社会と人権
- ・キャリア開発
- ・ジェンダーの比較社会学
- ・環境問題関連（例：環境と共生）
- ・エネルギー・環境
- ・生きものたちの世界
- ・人間と環境
- ・資源循環論
- ・社会の統計学
- ・自大学の歴史
- ・現代社会と危機管理
- ・女性と社会
- ・社会学
- ・地球科学と宇宙科学
- ・気象と環境
- ・エコロジーへの招待
- ・環境法学
- ・ケミカルと人間社会
- ・途上国の開発と福祉

◆〈基礎専門学術科目：学問分野の基本的な要素とその学問の展望を提供〉（44単位）

- ・各学科のガイダンス科目
- ・各主専攻・副専攻科目からの一部

（各科の基礎専門科目履修レベル、100、200、300、400のナンバリングを付ける）

◆〈自由学習科目〉（40単位）

**計124単位**

1950年代までは、エリート集団であった学生達は、ここで勉強文化をつく

ることができた。しかし、大衆化された現在、その上に指向性の多様化、社会構造の複雑化、価値観の多様化現象下では学生にとって大学は自己発見の場となってきている。ゆえに、学習／修や生活面で学生自身が選択し、責任体制の確立が必要となったのである。そのためには、学習／修環境面での整備が急務となる。学士課程教育の構築こそ、大学教育の質の問題、出口の優秀性・卓越性を確保できるのである。現行の履修方法、学生の評価、特に単位計算方法も再度精査する必要がある。21世紀中葉（2040年：急激な人口減少により、18歳人口が約88万人になり、大学進学者数も約51万人に減少するという予測）に向けた新しい大学教育機関として生まれ変わることは喫緊の課題として浮上している。

　最も難題である教科目の中身の精査こそ必要であることに異論はないだろう。大学教育とは教育職員からの一方的な講義内容の提示で、学生からの意思は反映されてこなかったことに問題があるのではないか。教育型大学と標榜するからには、学生が「何を求め、何を学びたいのか」を可能な限り把握することではないだろうか。具体的な方法として、学生と教育職員と事務職員参加の「シラバス内容の研究グループ」を設置し、教育職員が作成したシラバスの内容や教授法を検討しフィードバックする。この作業を通して活性化されたシラバスが出来上がる。このような活動を経ることで、教育職員は学生の目線に立った教育課程の構築および授業展開が実現可能となる。

　しかしながら、繰り返しになるが、最も重要な課題として共有すべきことは、社会から卓越した大学であるとの評価を得る、特に国際的にも学位に相応しい質への信頼を得ることにある。それには公正な成績評価、単位の空洞化の是正、そして厳格な学士号に相応しい質の担保（GPA、卒業試験、学士論文の基準評価を含む）への実践に尽きる。これらの厳格な活動成果を大学は積極的に国内外に伝える努力が肝腎であり、結果的に国内外から理解と信頼を得ることができる唯一の方途であると確信している。

　もう一点ここで強調しておきたいことは、重要課題の一つとして「保険・体育」の必修科目設置についての再考である。これらの科目は1991年の大学設置基準の改正により多く学士課程の必修科目からはずされた。当時の文部省の

基本方針として「心身ともに健康な国民の育成」かみても看過できない改悪であったと言える。学問体系として確立されたリベラルアーツ教育は幅広い分野を学び、問題発見・課題解決型の実践的な学習スタイルを採用しているため、「保健・体育」の科目を学士課程教育カリキュラムに組み込まれること自体、極自然である。

## 【引用（参考）文献】

1) Clark, Burton. (1983) *The Higher Education in Cross-National Perspective*, Univ. of California Press.
   清水畏三・井門富士夫（編）（1997）『大学カリキュラムの再編成―これからの学士教育』玉川大学出版部, 80-81頁.

2) 桜美林大学（2002）『OBIRIN FORUM―桜美林フォーラム』第2号, 国際学研究所・大学教育研究所, 82-99頁.

3) 寺﨑昌男『日本の大学の一般教育―崩壊か再生か』FD・GE Faculty Seminar（ICU）. 2001年10月の講演.

4) 竹村健一（1967）『マクルーハンの世界-現代文明の本質とその未来像』講談社.
   （マクルーハン［H. Marshall McLuhan］は複雑な社会の諸現象をただ一つの根本的理論によって解明した。メディアを「ホット」と「クール」に分け、ラジオや新聞のように多くの情報を伝達するメディアはホット・メディア〔視覚型人間〕であり、テレビやコミックス〔触覚型人間〕と定義して、能動型・受動型の世代変化まで言及し理論的に紹介）

5) 日経連『新時代に挑戦する大学教育制度』日本経済新聞, 1995年4月.

6) 前掲　寺﨑昌男 2001年.

7) 前掲　（2002）『OBIRIN FORUM』3-5頁.

8) 国際基督教大学 https://www.icu.ac.jp/academics/undergraduate/generaleducation/

## 第2節

# 21世紀型文理融合のリベラルアーツ大学が求める学生像

　2022（令和4）年度から高等学校の新学習指導要領に「総合的な探究の時間」、つまり「探究力」を通して「生きる力」を育成することが明記され、授業名が変更している。旧科目の「総合的な学習の時間」の問題・課題を諸々の角度から精査の上、新科目を設置したのである。新科目の目標として「総合的な学習（探究）の時間は、変化の激しい社会に対応して、探究的な見方・考え方を働かせ、横断的・総合的な学習を行うことを通して、よりよく課題を解決し、自己の生き方を考えていくための資質・能力を育成することを目標にしていることから、これからの時代においてますます重要な役割を果たすものである。」[1]と明記している。

　2022年10月中旬に朝日新聞は「『探究力』評価　大学入試手探り」と題して、「探究力」を評価する入試が広がっており、その先駆けである桜美林大学を取り上げているので、要点を整理して紹介したい。「答えがない世　生きる力測る」のサブタイトルで2022年度に始めた「探究入試 Spiral」の内容は「受験生に高校時代の経験を振り返ってもらい、書類とプレゼンテーション、面接で評価する。……学んだことを整理し、自らの気づきや成長を伝える力が問われる。」

　2008（平成20）年から「生きる力」という理念は高等学校でも共有（「知識、技能」「思考力、判断力、表現力等」「学びに向かう力、人間性等」を育む）しており、授業内で「主体的・対話的で深い学び」という指針が示されている。この「主体的・対話的で深い学び」と密接に結びついて「探究学習」へと発展している。桜美林大学の入試部長である高原幸治氏は以下のように探究力入試の狙いを述べている[2]。

答えがない世の中を生き抜く力をみたい。桜美林大学の学生は「偏差値では真ん中ぐらい」。だが受験勉強では突出していなくても好きなことには努力を惜しまない学生が多い。「好きを社会と結びつけ、課題を設定し、解決する力がつけば、予測困難な時代を生き抜ける人材に育つのでないか—。」

　今春「探究入試」で入学した在学生の体験と意識変化を通して、「自分のための勉強で楽しかった。大学でもこんな学びをしたいと思い、桜美林大学を選んだ」と述懐している。更に、この「探究入試」について新学習指導要領の影響でこの入試方法は拡大すると述べ、次のように結んでいる。「探究学習は、これまでの学習に自身を失った子どもたちに、改めて学びの面白さ、必要性を感じてもらえる機会となる。いずれは定員の約3割の入試で探究的な要素を盛り込みたい。」

　大学の「入口主義文化」の代表格である大学入学共通テストの評価や内容が取り沙汰される中、この「探究入試」は普遍化しつつあった知識偏重入試文化に "風穴を開ける" と言うか "新風を吹き込む" 更なる追い風になることになるのではと期待したい。大事なことは、受験生や高校側に大学がいかなる学生を求めているのか、中等教育機関の「学習指導要領」を重視し可能な限り具体的に提示することが肝要である。できれば、課題、仮説、解決策の思考的展開具体例の提示を望む。

　女子大学のトップレベルと評価の高いお茶の水女子大学について「入学者好評、専攻は手間多く」と題して、AO入試を抜本的に改革し2017（平成19）年から実施している「新フンボルト入試」が同紙面上に紹介されている[2]。探究入試の成果として、「図書館の本が使い放題で、休憩も自由。こんな入試があるんだって驚きました」と在学生の一人が述べている。

　　新フンボルト入試は理系と文系に分かれている。文系の試験は、一次試験で教員による講義を受け、リポートを提出。2次試験は「図書館入試」と呼ばれ、図書館でテーマに従って論文を書き、面接で質疑応答をする。3年前に出されたテーマはこれだ。「よい人生とは何か。よい人生を送るために、どのような学びが必要か？ 自

由に論じなさい」

　大学での学びと同じ力をみていたと述懐している。この入試は人気があり、倍率は10倍前後を保ち続けているようである。やはり、知識偏重の入試からの脱却の意思表示であろう。

　課題として、「大学側の負担は大きい。常勤の教員約180人のうち、毎年約半数が関わる。一方、定員は文理合わせて36人で、全体の1割にも満たない。」とし、この入試方式は手間がかかるので、新たに始める大学は多くないであろうと予測している。しかしながら、各教育職の所属する専攻に探究力を持った学生を望むなら、それに見合った手間ひまをかけることは当然であるとの意識改革を望む。

　ちなみにこの新フンボルト入試とはいかなる内容であるか、確認したい。潮木守一はフンボルト理念を紹介している[3]。

　　　近代大学の出発点となったベルリン大学（1810年創立）の基本構想を作ったのは、ヴィルヘルム・フォン・フンボルトであり、近代大学はこのフンボルト理念から始まった。フンボルト理念の中核は研究中心主義にある。つまり、大学は教育の場である以上に研究の場であるという考え方は、このフンボルトから始まった。

お茶の水女子大学の「新フンボルト入試」は以下のように掲載している[4]。

　　　新フンボルト入試の名前は、近代大学の祖とされるベルリン大学の創設者、ヴィルヘルム・フォン・フンボルトの名前からとっています。フンボルト、また初代学長となったフィヒテは、大学における学問とは、既存の知識を教え込むのではなく、知の応用にある、としました。理系は実験室での実験を通して、文系は様々な資料のある図書館でのゼミナールを通して学問の真理が生み出されるとしています。この理念をもとに、これまで学んだ知識を駆使して自分の関心事を探究していく、さらには、社会に出てからも知を縦横に活用していけるような、ポテンシャルを持った学生を選抜したいという思いを込めて、本学発の新しい総合型選抜を新フンボル

ト入試と名付けました。

引用（参考）文献2）の紙面上に、東北大学の倉元直樹は「探究入試」について「情報様々　求める学生像確認」と題して、重要なコメントを以下のように述べている[2]。

> 1990年度入試で、慶応大学の2学部が、学力試験のないAO入試を始めた。それから約30年。文部科学省によると、2021年度は一般選抜による入学者が半分以下になった。学力試験だけに頼らない選抜はすでに広まっている。……今回は「探究力」がキーワード。だが、概念はあいまいだ。受験生や保護者は様々な情報が入ってきて不安になると思う。落ち着いて、先ずは高校の進路指導担当に相談してほしい。そして、それぞれの大学がどういう力、学生を求めているのか、確認してほしい。

文理融合のリベラルアーツ大学が求める学生像（中等後期課程を終了する18歳前後の生徒を対象とし、社会人対象のリカレント教育関としては他の研究者に委ねる）は以下のように整理できる。

広範囲な知識とできごとに興味を持つ生徒。文理融合であるリベラルアーツ大学のカリキュラムの特徴は、自然科学や技術だけでなく、芸術や人文社会科学も含めた多様な分野の学習／修が提供される点にある。そのため、学生は自分の専門分野だけでなく、他の分野にも関心を持ち、異なる視点や方法論を学ぶことができる。つまり、21世紀の複雑で多様な社会に対応するために必要な能力をもてる人材である。

創造性と問題解決能力を持つ生徒。知識を単純に受け取るだけでなく、発見・試行錯誤・創造・共有のプロセスを通じて、自分のアイデアや作品（知見）を生み出すことができる。さらに科目や分野の垣根を超えて、創造性と問題解決能力を発揮し、未来を描く力や変革・改革を創造できる可能性のある人材である。

批判的思考力と洞察力を育成できる人材。事実や現象をそのまま容認するのではなく、その背景や意味、価値や影響を考えることを期待するので、生徒は

自分の思考や判断を根拠や論理に基づいて表現することができる。さらに重要なこととして、他社の多様な視点や感情にも配慮することができる人材である。

　以上のように、文理融合のリベラルアーツ大学が求める学生像は、幅広い知識と興味を持ち、創造性と問題解決能力を発揮し、批判的思考力と洞察力を育成できる可能性を持った人材である。ここで重要なのは、これらの人材を求めることを中等教育機関および教育界全般に広く知らしめる努力が必要である。最も重要なことは入学試験を通した選抜よりも、高等学校における学習内容や成果および課外活動を重視することを明言すべきである。

　大学入試については第6節でも言及するが、今後20年間で大学入試の一般的な方法が大きく変化することは確かである。本節で記述している大学の他全ての大学は一般入試以外の入試方途を模索している。しかしながら、求める有能な学生の確保は大学にとって死活問題であるが、入学試験の名目で中等教育機関のカリキュラム学習内容を乱さないことを何よりも優先すべきで、特に学習指導要領に沿う選抜方法であることが肝要である。憂慮すべきは、初等教育機関にまで入学試験の弊害が及んでいるという事実を否定できないことである。選抜方法は後期中等学校3年間の学習内容を重視したものであるべきであり、その上で学位プログラムの基本理念に立っていかなる学生を求めているかを重ねて明示すべきである。

　しかしながら、現在の推薦入試が今や大学入試の主流となっており、学生確保に向けて大学側が積極的に取り組んでいる一方で、入試のあり方について疑問（公平性、多様性、そして教育の質に）も投げかけられている。中等教育機関に一般入試への対応とは異なる学習方法や進路指導となっており、その影響について賛否両論がある。賛成派は、推薦入試が学生と大学のマッチングを重視し、学校の評定や課外活動など多面的な評価を行うことで、学生の潜在能力を見出せると主張している。一方、反対派は、推薦入試が学力のみでなく、他の要素を評価するため、公平性に欠けると指摘しており、総合型選抜と学校推薦入試が増えることで一般入試の枠が減少し、受験生にとって選択肢が限られることも懸念されるとの主張である。［注：AO入試について文科省は2020年度から総合型選抜と名称を変更し学力評価（書類、小論文、面接、プレゼン）を必須とした。一

部の大学では共通テストや学力試験も課し、高校の平均評定も一部の大学で重要視]

　朝日新聞の調査報道によると、2023年度で総合型選抜と学校推薦型選抜（12月までの年内入試）で入学した学生が定員の半数（50.7％）を超えた。刮目すべきは、国立大学の対応状況を次のように提示している。総合型選抜と推薦型選抜入試は「国立大学でも広がりを見せる。2024年春の入学者向け試験では、……82大学の内64大学（78％）が総合型選抜を実施。学校推薦型選抜は今年度、77大学（93.9％）が行う。[5]」年内入試を巡って以下のような批評が紹介されている。

　　課程の経済力や居住地によって、選抜に有利とされる海外留学などの「体験」に差が出てしまう、……一方出身地やジェンダーの観点から多様な学生が確保できる、と評価する意見もある。……入試の多様化は受験生によってはチャンス拡大の面があり、一定の意義がある。ただ、大学側がゆるく運用すると、受験生本人の能力を測って合否を決めるという大学入試の公平性の規範を揺るがしかねない。

　総合型選抜の問題点として、中等教育機関の学業成績の基準が不明確（高校は偏差値でランク付けされている）で選考基準の不透明さを招いているようである。書類審査、面接、小論文など多面的選考方法がることから、評価の主観性が高まるリスクがある。

　学校推薦型選抜の問題点として、高校によっては推薦枠が限られているため、学内選抜競争が激しくなっていることは想像に難くない。厳格な成績基準や推薦条件のあることから少数生徒のみの享受となる。最も危惧すべきは指定校制の場合、専願制のシステムであることから、入学許可を取り消すことはできない。これらの問題点に対して、大学側は透明性のある選考基準を設け、公平な評価を心がけることが重要であるが、受験生や高校に対して納得のできる説明責任を果たせるのか疑念が残る。

## 【引用（参考）文献】

1）　文部科学省「高等学校学習指導要領（平成30年告示）解説総合的な探究の時間編」平成30年7月. https://www.mext.go.jp/content/1407196_21_1_1_2.pdf
2）　「『探究力』評価大学入試手探り」朝日新聞, 2022年10月15日.
3）　潮木守一「『フンボルト理念』とは神話だったのか？－自己理解の "進歩" と "後退"」（No.246）2006年6月14日, 日本私立大学協会. https://www.shidaikyo.or.jp/riihe/research/246.html
4）　「新フンボルト入試」お茶の水女子大学. https://www.ao.ocha.ac.jp/ao/body/d004561.html
5）　「『年内入試』で入学半数越国立大学でも総合型選抜広がる」朝日新聞, 2024年2月19日.

第３節

# 専門知識を有する大学職員の養成：大学アドミニストレーション専攻

## ―院生と創る新しい大学院像―

## はじめに

　21世紀前半に18歳以下の人口は減少期、つまり冬の時代に入ることは明白であり、これまで以上に大学間の競争が激しくなると予想される。大学事務職員が大学の管理運営の専門家となるべきであるという判断に至り、大学事務職員の役割や能力に関する議論が浮上した。大学事務職員は、教育や研究に直接関与しないが、大学の管理運営に必要な業務を担う極めて重要な職場・職域である。

　本題に入る前に重要な点を明確にしておく必要がある。本来、大学職員とは、大学の教育・研究・運営にかかわる様々な業務を担う職員のことであり、当然ながら教員（教育職員）も職員であることは改正前の大学設置基準で明示されていた。しかしながら、本節では基本的に事務職員を対象に論考をすすめる。

　大学職員には、教務、入学、情報処理、研究推進、学生、スポーツ振興、就職キャリア支援、国際連携、図書館、社会連携、企画・広報、総務、施設、財務、経営企画などの部署があり、それぞれの専門分野に応じた知識や技能を持つことで多岐にわたる役割を果たしている。その上、大学事務職員は大学のビジョンや目標に沿って、効率的かつ効果的に業務を行うことが期待されている。しかし、大学事務職員の役割や能力には、さまざまな課題や問題が以下のように整理できる。

　大学を取り巻く環境や行政からの制度が頻繁に変化する中で、大学事務職員の業務内容や責任も増加し、専門性やスキルの向上が要求される。しかし、大

学職員の研修はともかく、教育制度は未整備であるといっても過言ではない。大学事務職員は、学務関係で教育職員や学生とのコミュニケーションや協力が重要であるのに、教育職と事務職の関係は対等ではなく、教育職員の指示に従うことが不文律になっている現状がある。更に、学生との関係も、サービス提供者と利用者という関係にとどまり、学生の主体的な参画や意見交換が少ない。

　一番の問題・課題として挙げるならば、事務職員の負担になっていることは大学内での異動が頻繁に行われるが、異動先の業務に対する研修や引き継ぎが不十分である場合が多い。また、異動によって業務の内容や難易度が大きく変わることもあり、職員の能力や適性とのマッチングができない場合がある。つまり、特定の職場・職域の専門性の向上に繋がりにくい。特に、この最後の問題は大学文化の象徴の一つであり、各部署の専門家を育成（特に入学事務局におけるAdmissions Officerとしての専門職）などの論考は他の研究者にまかせることとする。

　20世紀末から大学の管理運営能力向上に資する教育・研究の場を大学事務職員に提供するカリキュラム構築を目指し、2001年度から桜美林大学大学院教育課程の一角を占めることになった。本節では、専攻の立ち上げの重要性を再認識することを目的として、2年間の経過（葛藤）を提示する。これが今後の新たな拡充・拡大への起爆剤となれば幸いである。

　大学時報2001年3月号の特集で、本学大学院部長より「都心で学べるサテライト大学院」と題して、本専攻「大学アドミニストレーション専攻」の立ち上げとその背景に関する報告がなされているので、本節は立ち上げ後の専攻課程の展開と完成年次を迎えつつある現状の問題及び課題について報告したい。

　専門知識をもって大学行政・管理運営を担当する事務職員こそ大学の危機を乗り切るために必要であるとの判断の基、「大学アドミニストレーション専攻」を立ち上げることになった。結果として、専攻は国内私立大学大学院中唯一の大学事務職員のための教育・研究プログラムとなった。

　2001年4月新専攻開講直前に大学教育研究の先達で、専攻内の重鎮であるベテラン教授が「入学者による授業や指導への評価はさぞ厳しいものになるだろう。……既設の専攻とは比較にならないくらいの厳しい授業評価がつきつけら

れよう。その結果は、狭い大学社会を直ちに駆けめぐる」、さらに「卒業生を
職場に送り込んだ上で、はじめて人材需要や学習要求がついてくる」と、警告
と受け取るべき内容を述べたことから、本専攻の教職員一同、期待と不安の心
境でスタートラインに立ったのであった。

## 1. 大学経営的戦略的MBAの目指すものと教育職／事務職の両輪走行の確立

　以下の内容は、報告という目的から逸脱し、かつ評論的な印象をもたれると
ことを承知の上で述べたい。なぜなら、新専攻立ち上げの理念のベースになっ
たことも事実だからである。教育職員は教育課程に関する知識・能力（しかし、
新風や改革を嫌い、前例と組織に拘束されがちである）はあるが、教授会が管
理運営の領域まで踏み込んできたこと自体不自然である。最大の理由として、
大学事務職員は高度専門職業人として育成されてこなかったという日本的事情
が存在し、やはり大学構造自体に問題があったのではないだろうか。現実に、
教育職員は一流市民、事務職員は二流市民という魔訶不可思議な階層意識に他
ならない。大学社会では、よく「事務方」という表現を使うが、まさに大学構
造を浮き彫りにする表現であり、前近代的所産の一つである。この階層階級の
中でも、冬の時代の状況下、今後確実にくる氷河期に大いなる危機感を抱いて
いるのは、教育職員より事務職員であると言っても決して過言ではない。

　これからの大学は経営戦略を練り行動に反映するシステムの構築、すなわち
教育職員の特化した知力と事務職員の総合的判断能力と手腕をフルに活用し、
教育職員車輪と事務職員車輪の両輪走行こそ必須である。もちろん、同直径の
車輪でなくては直進できない。この両輪走行こそ大学のサバイバルにつながる。

　ゆえに当該専攻の「設置趣旨」は、次のような文言となっている。「時代の要
請に応えられるような大学運営を考え、大学の危機を乗り切るのに必要な大学
職員の養成及び再教育に求められるカリキュラムに再編成した。」つまり教育
職員の意識改革もさることながら、教育職員に代わって事務職員が大学行政・
管理運営に責任を持てるアドミニストレーターの育成こそ急務であると確信し

たのである。すなわち教育職員の商品価値を高め、教育の場としてのアカンタビリティおよび研究の場としての「エクセレンス」を創造的探求可能な組織体制、つまり両職員の「車の両輪」体制の確立こそ、これから進むべき方向性であると確信したことに他ならない。

　当該専攻の教育課程の編成は、大学事情という基本的知識を養い、理解する必要があるとの認識に立って、コア科目を設定し、次のように専門科目への基礎科目として位置付けた。

　コア科目：高等教育・大学論、高等教育・大学教育史、高等教育制度比較研究、現代社会と大学問題（6単位選択履修）

　専門科目：大学カリキュラム比較、大学管理日米比較研究、高等教育政策比較研究、大学行政比較研究、大学アドミニストレーション研究、大学財政研究、学校法人会計研究、リカレント教育論、学生カウンセリング研究、学生リクルーティング、マルティメディアと大学

　特殊研究科目：学士課程研究特論、比較教育行政特論（専門・特殊研究科目は、合わせて14単位を選択履修、更に他専攻の中で必要ならば自由選択できる）

　個別演習I, II（各年2単位、計4単位）：春・秋学期の入学生のために科目をI, IIに分けて、学期完結型に設置されていることを明確にしている。修士論文コースは30単位、研究成果報告コースは32単位を修了要件単位と設定している。特に重要な点は、大学経営のMBA課程と標榜するからには、専攻の原理・原則として、あくまでも実践的な意味で業務に役立つ内容にすることであり、講義・演習担当者全員に徹底している。

　研究指導の方法として、院生の職場・職域の諸事情に合わせて、課題発想の仕方、リサーチ方法、研究テーマの組み立て等について研究指導している。更に、修士論文以外に実学的な研究成果報告コースを選択肢として設け、当然ながら修士論文と比較して、研究水準が低いということにはならず、テーマとアプローチが異なるだけであると考えていたのである。しかしながら、後日院生から研究成果報告基準の曖昧さを指摘されることになる。

## 2. 学生自治会とFD活動—緊張感と一体感の狭間

　開講直前の2001年3月に第1回「FD研修会」を開催（もちろん事務職員も参加）し、専攻の目的とカリキュラム内容及び各講義内容の確認をした。一同期待と不安はあったが、この時点では初年度に院生との壮絶な葛藤が待ち受けているなどとは予想すらできなかった。

　2001年5月スタートして一か月後に「院生自治会」と銘打って、次のような至急検討事項として要望書が提出された。学士課程段階では考えられない項目が列記されていたのであった。

　　募集戦略上受験料の無料化／企業人の特別講義の設定／活性化している大学学長の
　　特別講義の設定／完全なセメスター制の実施／図書や雑誌の充実／ケーススタディ
　　を通じて思考訓練を行う科目の設置／履修登録期間の延長／月賦制授業料の導入／
　　単位制授業料の導入／3学期制の導入／新宿サテライトの拡張／労働省認定職業訓
　　練給付金制度の対象校として認定

等の12項目であった。

　正直に言って、このような運営面まで入り込んだ要望書が提出されたこと自体、「青天の霹靂」の感があったことは事実である。しかし、いかなる内容であろうと、学生の意見や質問には誠意をもって答えるとの全学的な合意があるので、ともかく正直に実情を説明し理解を求めることとした。紙面の制約上、個々の要望に対する回答内容は記述できないが、その大枠は大学院部長名で制約のある場所における運営であり、しかも初年度であることから、ある期間の試行錯誤を経て是正したいと理解と協力を求めた。もちろん、直ぐに是正した事項もある。

　同年6月にも、院生から次の件で回答を求めてきた。「大学院の適正規模／補講が行われないことと授業を受ける権利の侵害／ピクチャーテルの不具合／授業期間内の期末レポート提出／図書館の利用／事務体制について」等、その内

容は誠に厳しいものであったが、当方が気づかなかった項目はもちろん、建設的な提案も多々含まれていたことが救いであった。結果的に、7月中旬に院生と「ざっくばらんな意見交換」の場を設けることになる。

第2回FD研修会は春学期終了後7月下旬に開催され、「春学期の反省と課題の整理」「秋学期に向けての改善点の整理」というテーマで議論した。圧巻はやはり院生の真剣さが改めて認識できたと同時に、既設のプログラムと異なった授業形態に戸惑いがあった等と共通の感想を持ったことであった。しかしながら、この研修会では、結局お互いの教授法を学び合うことで精一杯であったことから、積み残しの課題を整理するため翌年2002年1月に合宿FD研修会を開催することになった。

同年10月にも、院生から再度要望書の提出があった。この間にも、小規模な要望書は提出されていたが、紙面の制約上割愛する。今回の要望書の内容は、「教育訓練給付金の進捗状況／教育ローン制度／奨学金制度の充実／図書の充実／本専攻公開講座における院生の意見のさらなる反映／メーリングリストの設置／院生有志による修士論文、研究成果報告の発表会の開催と教員の出席」の7項目であったが幸いなことに、この頃から院生の専攻に対する要望及び提言が極めて善意から出ているものであることが次第に見えてきたのである。

第3回FD研修会が2002年1月伊豆高原桜美林クラブにおいて泊まり込みで実施された。今回は科目等履修生を含む院生による「初年度の専攻及び各授業評価」（16頁にわたる小冊子）が提出されていた。当然、この院生からの評価も踏まえて、初年度の反省と2年目への課題整理、つまり「完成年次以降のカリキュラム改革に向けて」のテーマに絞った。

第一部は、個々の授業報告（授業の様子と個別演習）と院生からの評価を中心に討論の場となった。院生からの改善に向けて率直な意見が述べられていると同時に、一期生として「このプログラムを成功させたいし、一緒に創り上げていきたい」という強い意思が感じられ、専任・兼任の教育職員全員が目から鱗が2枚も3枚も落ちた感じであった。

第二部は、専攻目標（ミッション）について再確認した後、SWOT手法による現状分析を実施した。先ず、専攻の持つ強み（Strength）、専攻の持つ弱み

（Weakness）、外的要因〔機会〕（Opportunity）、外的要因〔脅威〕（Threat）を合理的に項目別に整理し、次のステップに入る。そして、専攻改善目標設定と実践事項を整理し、（MUST DO）（TO DO）項目を構築した。

第三部は、カリキュラム再編成作業である。ここでは、院生からの声を集約してTO DO項目を整理する。カリキュラム編成は知育・技術のそれぞれで構築し、その有機的統合を図るべきであるとしながらも、重要なポイントは具現化可能でなければならないという大鉄則の合意があったのである。結果的に、次のような結論を導き出した。本専攻の履修モデル、つまり「専攻履修モデル」の構築であった。

＊法人経営関連コース：財務・会計、法務、広報、人事／職員マネジメント
＊教学的関連コース：教務学生支援、進路／就職、入試、特許／科研費支援、情報／IT化、大学開放／生涯学習機関化
＊教育開発関連コース：国際交流、研究支援、情報、カリキュラム開発

2002年3月に本学大学院全体のFD・SD研修会（事務職員も多数参加）が開催されたおり、本専攻自治会（前日に院生自治会として正式認可）の要望を突き上げであると解釈している他研究科・専攻の教育職員が多く、「先生方、大変ですね。大丈夫ですか」と同情の声があがったが、本専攻の教育職員は「確かに大変ですよ。しかし、本専攻の一期生はプログラムに対して真剣に取り組んでいると同時に、愛着があります。一緒に創り上げているとの意思表示です。これらの院生の声から学ぶことで、我々のFD／SD活動は活きてくるのです」と誇らしく応答できたことを報告しておきたい。

第4回FD研修会（2002年3月）では「2002年度のシラバス提示と内容検討」であった。特に、それぞれのシラバスの確認作業では、講義及び研究内容が重複している部分を調整し、更に各授業形態と方法について意見交換の場となった。

第5回FD研修会（2002年7月）では、「完成年次後のカリキュラム改革の再検討と確認」と題して院生の声に応えるべく、各科目の「学期完結」、つまりI, IIを廃止して4単位科目として週2コマ開講、あるいは学期ごとに2単位完結とし別名称にするということになった。

第6回FD研修会（2002年9月）では、「2003年度の新カリキュラム」の具体的

な青写真の提案となり、各教育職員から担当科目の2単位化に向けての名称の提出もあり、各科目を履修モデルにあてはめた討論の場となった。この研修会で大きな前進がみられたが、2002年度秋学期終了後には更なる検討が必要であることを確認した。

## 3. 大学院生の声からの所産

「本専攻の修士論文と研究成果報告の基準の設定」と研究成果報告の「公開・非公開」について、その概略だけを記しておく。まさしく院生の声からの所産である。

基準目安 〈修士論文〉 1）現時点における研究水準を理解・把握していること。2）その上で、研究成果を出していること。3）独創性は必須条件ではない。ただし、独創的な見解が盛り込まれることは期待する。〈研究成果報告〉 1）実務的な課題について、何らかのinnovativeな結論が出されること。2）そのための研究は実証的であること。3）分量としては、修士論文の70〜80%程度。

研究成果報告の基準について ：職場内及び職域等における特定の課題について文献調査、インタビュー、アンケート調査もしくは実験などに基づき、分析・考察した結果を論述したものとする。大学改革に貢献しうる論述展開を求めるものであるから、抽象的な論理展開ではなく、実践者からみて納得のいく改革手順が示されている必要がある。

研究成果報告作成プロセス ：基準目安を考慮すれば、研究方法もアプローチも多様にならざるを得ない。指導教授の指導により、個々の研究課題に応じ柔軟な作成プロセスをとること。

2001年度から、研究成果報告の「公開・非公開」についてもFD研修等を通して議論をしてきた。報告書は研究対象が組織の内部情報、個人情報、Know-howが伴い、更に「倫理規定」「守秘義務」に抵触する可能性もあることを本専攻の院生から認識させられたのである。もちろん、情報公開という法的側面の重要さも見据えながら慎重に検討した結果、以下のような結論に至る。

ガイドラインとして ：公開・非公開は指導教授と学生とが協議の上決定す

る。／非公開とするものは理由書（要指導教授認印）を提出する。／非公開でも、Web上にて公開する義務は残り、本編の非公開の旨を明示する。／非公開を選択した論文指導形態は（個別演習）については、学生の申し出により指導教授と協議するものとする。／中間発表及び最終諮問の実施方法は、主査と副査（2人）と学生の面接方式をとるが、主査・副査は守秘義務を負うものとする。／非公開の報告書は図書館には納めないが、大学院事務室にて厳重に保管するものとする。

この非公開方式は、他専攻（臨床心理学、老年学、健康心理学）こそ、人間が対象の教育研究であるため、同じような問題に直面することは自明の理である。まさしく、大学院生の声が先見性のある問題提起となり、FD活動の議論を豊かにし重要な結論に至ったと自負している。

※　　　　　　※

本専攻は社会人対象、現職の大学事務職員が多いことから研究意欲や問題意識、更にコスト意識が極めて高く、本専攻の教育課程、教育職／事務職員、施設に対する批判・要望・提言も多く提出されてきた。当初、本専攻担当者一同、翻弄され自信喪失に陥ることもあったが、院生自身もこの新専攻を創り上げているという参加型意識から苦言を呈していることが明白になるにつれ、特に教育職員と院生の間に前向きな緊張感が生まれ始め、と同時に本専攻プログラムを成功させたいという一体感も定着しつつあることは、完成年次後の発展に大いなる励みとなっている。

ところで、多忙を極める院生の一年目の単位修得状況は、平均31.2単位と驚異的な数字が出たことに注目したい。この数字は社会人対象の専攻として、夜間開講と新宿駅から0分の地の利だけで片付けられないことは確かである。やはり、学習／修意欲とキャリアアップ思考の顕れであると判断すべきではないだろうか。しかしながら、この驚異的な単位取得の数字に訴ったことも否定できない。当然ながら、質の問題として精査する必要に迫られた。

ちなみに、2002年7月実施された中間発表は、一期生22名中17名が参加し、その内11名が職場・職域に直結した研究成果報告であり、6名は修士論文に挑戦したのである。本専攻として、この6名の選択にも注目する必要があると判

断し、今後の課題としたい。その後、2名の院生はこの修士論文をもって他大学の博士課程に進学したのである。事務職員の博士学位取得は彼らの本務校において管理運営の中枢として活躍が期待できる。

　最後に、前出の「履修モデル」も、もちろん完成作品とは言い難い。専門職大学院として社会的認知を得るには、更なる精査が必要である。とにかく、完成年次以降も試行錯誤が続くであろうことは間違いない。この2年間は苦悩と模索の連続であったといっても過言ではない。1期生・2期生は、もともと大学事務職員としての立場から大学運営にかなりの問題意識をもっており、かつ是正のための具体的な提案を構築したいと願っている人材集団であった。当然本専攻の基本理念である両輪走行の確立の必要性を十分認識しており、ケーススタディを通して、問題の発見、整理、精査、判断、解決、特に問題処理能力の力量形成に精進している。事実、院生からの意見・要望などは本専攻の管理運営に大いなる示唆をも提示しており、その力量変化は明白である。

　1期生の言を借りれば、「教員の後方支援から、能動的な事務職員へ」「大学に対して提案できそうなことの〔種〕が見えてきた」「今後、提案書が書けそう」「教員、学生をクライアントとして位置付け、徹底した満足のいくサービスを対等の立場で提供できそう」等、アドミニストレーターとしての役割を確実に身につけている。つまり、学生の視点からカリキュラム、授業、演習等の内容・方法ばかりでなく、本専攻の運営にも積極的に意見を述べてきたこと自体、実践的なトレイニングとなり、これまで一番の弱点であり遠慮してきた教学面に関する管理運営に対して、事務職員としての資質向上につながっており、まさしく新しいタイプの大学事務職員としての力量が十分発揮しうる成長が見て取れる。しかし、今後の大学事務職員に求められるのはスタッフからアドミニストレーターへ、そして更にアドミニストレーティブ・オフィサーとして、大学行政・管理運営に関して「総合的判断」のできる人材である。本専攻の完成年次以降の方向性は見えている。

# 4. 2023年度現在のプログラム概要と未来に向けた再構築

　その後、地方の大学・高等教育の職員ために2003年度から大学アドミニストレーション専攻通信教育課程を設置する。2008年度、研究科への独立に伴い授業科目の見直しが行われ、2015年度から千駄ヶ谷キャンパスに移転し、アカデミックな科目と時代の変遷にも対応できる実務を行うための科目などを精査する。その後、ドリル的な科目、そして未だ配置されていない経営の根幹に係わる資源（人・物・金）に関する事項を体系的に修得させる科目や論理的かつ構造的に考えられる力を身に付ける科目を融合したカリキュラム検証・精査の紆余曲折を経て、2021年度から「学位プログラム」実質的に機能及び質保証確立のため、桜美林大学大学院の実践研究学位プログラムの一翼を担う改革を断行することになる。

　学位プログラムを実施するにあたっては、教育目標、教育課程、入学者選抜方針などのポリシーを明確にし、教育職員組織や学生組織、教学管理体制、内部質保証などの仕組みを整備する。「大学アドミニストレーション実践研究学位プログラム（通信教育課程）」の個々のポリシー（ディプロマ／カリキュラム／アドミッション）として以下のURLを参照されたし。

https://www.obirin.ac.jp/academics/postgraduate/administrations/policy.html

　2024年度入学者からは、講義科目は原則としてオンラインで開講される予定である。これにより、働きながらでも、遠隔地に居住していても受講がしやすくなる。

［https://www.obirin.ac.jp/academics/postgraduate/working/］

　2021（令和3）年、東京都で4年制大学は国立12校、公立1校、私立130校で計143校、短期大学は公立1、私立33校で計34校あり、専門学校は323校あり総合計で500校もあることから、近い将来の人口減少や予測不可能な社会の変化が大学崩壊につながることから、是非通学課程の復活を期待したい。そのた

めには、現在のプログラムをより効果的な「学位プログラム」に再構築する必要がある。教育内容の質の確保の観点から学士課程教育と同等またはそれ以上に実践に結び付く「単位制度の実質化」、「シラバスの充実」、「FD／SDの充実」「厳格な成績評価」に向け、継続的な精査・検証が大前提である。2001年度入学から通学及び通信課程修了者の多くは現在個々の高等教育機関において管理運営分野で中枢の立場で活躍していることを確認している。

第4節

# 課程制大学院としての再構築に向けて
## ―単位制と研究指導、新たなステージへ―

## はじめに

　大学院教育課程において、博士学位の取得者数は国際状況の中で決して多くない。博士学位取得者数は2006（平成18）年度の17,860人をピークに減少傾向となり、2015年度頃からほぼ横ばいに推移し2020（令和2）年度の15,564人と減少している[1]。その設置者別の内訳は、国立10,386件（66.7%）、公立1,076件（6.9%）、私立4,102件（26.4%）となっている[2]。取得者数について、その主要専攻別の内訳を見ると、「保健（医学、歯学、薬学及び保健学）」が最も多く、6,786人と全体の43.6%を占めている。次いで「工学」が3,345人（21.5%）、「理学」は1,322人（8.5%）となっている[3]。先進国の中では最下位となっている。

　現在、大学院教育課程から博士学位を取得するには、「課程博士」（課程修了）と「論文博士」（論文提出）の2方式がある。論文博士とは企業・研究所などの研究者や技術者等がその研究経験と成果を基に学位取得となる者と、大学院博士課程で研究上の諸事情により標準修業年限内に学位取得に至らなかった者が、後に論文審査に合格して学位を取得することである。

　第2次世界大戦後、1949（昭和24）年多くの大学は博士課程の設置を申請し、翌年50年に新制大学院博士課程開設が認可された。この教育改革において、米国式の大学院制度が導入され、博士学位は「大学院博士課程を修了した者に授与する」と明文化されたが、旧制大学院で実施されていた「論文提出の論文博士」による方式も残り、現時点まで是々非々の論議が続いている。1920（大正9）年の学位令改正（第3次学位令）により、学位授与権が文部大臣から大学に

第3章　21世紀中葉の大学未来像 ―向かうのは成熟期か衰退期か―　239

移管されるとともに、推薦制度が廃止され、全て論文審査によるものとされた。

　この論文提出とは文部省令・学位規則（博士の学位授与の要件）第四条第二項法第百四条第四項の規定により「大学院の行う博士論文の審査に合格し、かつ、大学院の博士課程を修了した者と同等以上の学力を有することを確認された者に対し行うことができる」と規定されている。この規定から、審査基準を学校教育法第百四条第三項の規定による「博士の学位の授与は、大学院を置く大学が、当該大学院の博士課程を修了した者に対し行うものとする」と明確にしているものの、形式的には1920年以降の旧制学位「論文博士」に相当する方式をとっている。

　戦中および戦後派の多くの大学教授陣は極めて豊かな学識と高度な研究能力及び指導力がありながら博士学位を保持しておらず、かなりの年月を重ねてから授与されていた現状、つまり長年にわたる研究業績の積み重ねが必須条件であり、努力賞の意味合いが絡む複雑な経緯が存在していた。特に、人文社会科学分野にその傾向が顕著であった。

　1974（昭和49）年の学位規則改正では「博士学位は、専攻分野について研究者として自立して研究活動を行うに必要な高度な研究能力及びその基礎となる豊かな学識を有する者に授与するものとする」となり、この改正は1975年4月1日から施行された。この改正により、博士の学位取得のための要件がより具体的で実践的なものとなり、学術界だけでなく、社会全体における博士の役割と責任が明確化された。この改正内容は米国大学院Doctoral Degree、特にDoctor of Philosophy（Ph.D.）分野の学位授与に関する基本理念に酷似しており、大きな前進と期待された。

　しかしながら、依然として博士課程中退はまだしも、「満期退学、単位取得後退学、単位取得後満期退学」等と記載されている履歴書、経歴書、curriculum vitaeが多く見受けられる。米国大学のABD（All But the Dissertation）「単位は全て取得済みであるが、博士論文未完了である」の模倣かと想像に難くないが、米国の博士課程では「論文博士」というカテゴリーはない。つまり、Doctoral degree after completing a course of study（課程博士）はあるが、Doctoral degree by thesis onlyは存在しない。課程博士と表記するからに

はコース・ドクターとしてコースワーク、つまり講義科目、演習科目等の設置が必要であることは自明の理である。1991年以降、課程博士甲号、論文博士乙号と表記することになったが、既述のごとく論文博士は廃止方向に気運が高まっているようである。

ちなみに、2020年度の論文博士は1,725人であり、1990年代前半まで課程博士より多かった。それ以降は課程博士数を下回り減少し続けている。理由として、博士課程入学者数の内社会人学生の増加現象、つまり論文博士取得を目指す人材は課程博士への変更に起因していると推測される。日本独自の論文博士制度について、学位に関する国際的な認識はさることながら、課程制大学院の根本的原理・原則と趣旨などを踏まえた制度改革が必要である[4]。

2005年頃以降、「課程博士」の取得が奨励されており、文部科学省（以下、「文科省」という。）も円滑な博士の学位授与の促進と題して、「課程制大学院制度の趣旨の徹底を図るとともに、博士の学位の質を確保しつつ、標準修業年限内の学位授与を促進する」ために大学人に対して意識改革と改善策を講じるべきと強調している。当然ながら、相当な研究経験及び知見的実績を有している社会人に対し、学位取得へ導く充実した教育・研究指導の課程構築も喫緊の課題である。

# 1. 博士学位取得者数の国際比較

主要国の博士号取得者について、2021年度のその数と人口100万人当たりの推移を文科省は提示しているので要約すると米国（285人）、韓国（317人）、フランス（137人）、ドイツ（338人）、英国（340人）であり、日本は123人と少数であることが確認できる[5]。更に、人口100万人当たりの博士号取得者の推移を以下のように分析している[6]。

次に人口100万人当たりの博士号取得者の推移を見ると、ドイツは2000年代初めの時点でも、人口100万人当たり300人程度の博士号取得者を出していた。英国は同時期、200人程度であったが、急速に博士号取得者の規模を増やしていった。2010

年度頃から、英国、ドイツが同じ水準になり増加していったが、2020年度では両国ともに減少した後、2021年度では2019年度の水準にほぼ戻った。日本、米国、フランス、韓国については、2000年代初めには同程度であったが、その後、米国、韓国が急速に博士号取得者の規模を順調に増やしていった。フランスは博士号取得者の規模を漸増させていたが、2019、2020年度では減少している。日本については2014年度以降、ほぼ横ばいに推移している。

　既述の統計分析から日本の博士学位取得者数が主要国の中で最下位になっている状況について、大学人には夢想だにしなかったことであろうか。特に、人文・社会科学系の博士号取得者数が他の国と比べて極めて少ない。当然ながら、日本の国際競争力を低下させている一因となっていることは明白である。21世紀中葉に向けて博士後期課程に向けて現状の曖昧な課程内容では極めて危うさを禁じ得ない。つまり伝統、習慣にこだわっていては進展どころか、容易に瓦解することは明らかである。

## 2. 博士学位取得者数の少ない要因と課題

　主要国の中では、日本のみ博士号取得者数の減少傾向が続いている。理由としてあげられる要因はさまざまである。文科省は「博士課程に進学のコストに対して生涯賃金等のパフォーマンスが悪い、大学教員の仕事に魅力を感じない、博士論文に値するテーマがみつけられない、現在の成績では博士課程への編入学・進学は難しい、大学よりも企業の研究環境が良い」等の進学を阻害する要因を挙げているが、その中で「博士課程終了後の就職が心配である、課程進学後の生活の経済的見通しが立たない」を根本的な要因として、博士課程在籍中の経済的不安と、博士課程終了後のキャリアパスの不安と考えられると端的に結論づけている[7]。

　産業界は高度人材を評価せず博士号を取得しても、高度専門家に十分な給与を支払わない傾向があり、つまり収入が増えないという現状がある。苦労して取得しても、それに見合うリターンが得られない。したがって、割に合わない

と多くの人々が博士課程への進学を躊躇していることは否定できない。特に人文・社会科学系の人材はoverqualifiedとの不文律が存在している。つまり、先進国にしては社会的ニーズが整っていない証左であると一言で片づけられない状況にある。このような低次元の認識が改善されない限り博士号取得者数の増加は期待できない。

　企業の研究者に占める博士号取得者の割合も他国に比べて低く、博士後期課程（理工系）修了後の進路として産業界の割合は約3〜4割（2016〜17年度修了者実績）にとどまっている[8]。ここでも理系博士学位取得者が少ない、企業内でコストがかかる、ことが最大の要因であると言える。

　更に、学術環境の変化に伴い、正規雇用で安定した研究ポストの減少が顕在化しており、博士学位を取得しても、その先の展望が描きにくい状況である。このような状況下で、修士課程を終えて博士課程に進む学生数の減少は避けられない。この傾向が論文数の減少への誘い水になっており、他の先進国と比べても減少している。毎年発表となる世界大学ランキングで単純に一喜一憂は避けるべきであるが、2024年度のランキング100大学に東大（29位）、京大（55位）と2大学のみ入っており、主要国の中でも最下位であるどころか中国、韓国よりも少ない結果になっている[9]。このランキング決定の主要な指標として「博士号取得の割合」及び「論文の被引用数」、つまり学術論文が他の研究者によってどれだけ引用されているかを評価などの項目が重要な位置付けになっていることは人文社会自然科学の分野の根本的な課題を論じることなしで人類の発展に寄与・貢献していなことは肝に銘じるべきである。

## 3. 課程博士制度の学位プログラム構築

　現行の博士課程は、一貫制、区分制があり、更に区分制博士後期単独の3制度が存在している。先ず、一貫制とは5年制で基本的に修士論文等は一部を除いて課されていないことから、当該課程で博士号を取れない場合には、学士学位のみとなる曖昧な仕組みとなっている。一貫制博士課程が圧倒的に少数であることは至極当然である。次の区分制とは博士前期課程2年と博士後期課程

3年となっている。そして、区分制・博士後期単独3年である。ちなみに、区分制修士課程単独は2年以上在学し、30単位以上を修得、修士論文または特定の研究成果の審査及び試験に合格となっている[10]。博士課程の目的を「博士課程は、専攻分野について、研究者として自立して研究活動を行い、またはその他の高度に専門的な業務に従事するに必要な高度の研究能力及びその基礎となる豊かな学識を養うことを目的とする。なお、博士前期課程及び後期課程に特定した教育目的に関する記述はない。」[11]

## 1）博士（後期）課程としての指導体制とカリキュラム面での改革

　現行の博士後期課程のカリキュラムは、指導教育職員の「研究指導」が基本になっているが、カリキュラムの体系性・透明性および指導水準の等価性が必ずしも保証されておらず、学位論文に向けての学生の系統的学修を刺激または積極的に後押しする体制になってるとは言い難い。そればかりか、閉鎖的になりがちとも言われ、博士論文作成までのプロセスが不透明であると指摘されて久しい。根本的には、大学院設置基準の規程の曖昧さに原因があると断言せざるを得ない。それ以上に後期課程は論文指導教員との1対1の旧態依然体制に問題があり、学位プログラム課程としての呈をなしていないと言える。

　こうした状況を改善、特に課程博士号学位取得者数を国際的なレベルに引き上げるには、現行の研究指導のあり方に改善を加えると同時に、専攻ごとに能力適正向上に向けたコースワークを立ち上げることを提案する。更に、大学教育課程の年度設計の根幹に係わる重要な改革として、早急に夏学期を開講する。冬学期も開講しクォーター制を設定することで、学生にとって授業科目を短期間で履修でき集中的な学修が期待できるばかりか、1年間を4回に分けて講義科目や演習が提供可能となる。つまり柔軟な履修計画が立てられ、かつ異なる授業の時間割りが重ならず、より多くの種類の授業を履修できるメリットがある。

　各大学院課程の研究科・専攻によって異なるが、一般的な学位プログラムへの構築として以下のような提案を試みる。

❖学位プログラムとして重要なことはアカデミック・アドバイザーと論文指導教育職員の指導体制構築である。もちろん修士課程からの研究テーマまたは

新規のテーマに関する論文指導教員を目当てに進学してくるが、あくまでも論文指導に留まるべきである。一人の論文指導教育職員に権限が過度に集中している現況（アカデミックハラスメント）が散見でき、長期間論文の指導放置、論文に関して指導内容が二転三転する。しかしながら、問題は指導内容が外から見えにくいことから、対応が後手に回ってしまう。アカデミック・アドバイザーは学位プログラムの研究計画、履修登録、コースワーク、論文の進捗状況、適性考査、学会関係、奨学金申請などの機関内でのサポート及びインターンシップや就職活動などのキャリアサポートを行う専門職（ベテラン教育職または学位を持った事務職）である。

　論文指導教育職員は複数制（主指導教員、副指導教員）を原則とし、3年間を6段階（春・秋の学期ごと）に区分して、それぞれの段階の指導目標・履修要件を専攻（コース）ごとに設定することも可能。しかしながら、本格的な執筆への指導は初年度または2年目以内の専攻科コア講義科目または研究科の共通（必修）講義科目に関する「予備試験」合格後に開始する。

❖学位プログラムとしてのコースワークは専攻により適切なカリキュラムを構築し、60単位を目安とすることを提唱したい。博士（後期）課程の教育職は国内外の博士学位取得者を原則とし、講義科目及び論文指導の主査、副査を担当する。アカデミック・アドバイザーとの密なる連携は必須である。例として、講義科目は専攻必修コア科目、専攻必修科目、他に研究倫理や研究方法論など科目。教育分野の教育職へのキャリア形成講義科目を例として挙げると次のような科目構成となるであろう。「教育調査・分析法」「教授法」「カリキュラム」「シラバス：授業細目提示・成績評価」「教育機関管理・運営評価」「教職員人事行政」などが講義や演習科目となる。院生の成績評価として、科目ごとに異なるが一般的な評価基準としてABCDFまたはS（Satisfactory, no grade assigned）、U（Unsatisfactory）評価の選択は各学科・専攻の規定により決定する。専門英語文献講読演習は、英語論文作成に向け履修を積極的に進める。GPAは3.00～3.30を学位授与の最低基準とすることを推奨したい。

❖「研究指導」は、課程博士論文作成に向け目的を明確にする。

例：研究指導-I（3単位）：博士論文テーマに関する調査・研究方法を検討

研究指導-II、III（6単位）：研究計画作成、学会などへ投稿論文の指導

研究指導-IV、V（6単位）：博士論文執筆指導、学位請求論文作成指導

## 2）予備試問と中間試問の設定および総合試問

❖2年目中頃までに専攻コア講義科目または研究科の共通（必修）講義科目に関する基礎的な知識を確かめる「予備試問」を受ける。合格後は研究に専念し研究成果をあげるべく、本格的な指導を受ける体制に入ると同時に、論文中間試問（2年次後半：公開）に向けて論文審査委員会を設置し「研究計画書」「論文概要」を提出する。認可を受け次第、論文執筆にとりかかることとする。

❖博士請求論文を提出し最終試問を受ける前までに、国内外のレフェリー・ジャーナルへ博士論文に関連するテーマの論文1本以上が掲載（内定を含む）されていることを原則とする。

❖最終試問の前に学力試験を受ける。専門分野に関する複数のテーマについての筆記試験を課す。専攻能力適正考査と位置付けられ、専門的知識、及び学識と才能を確認するための総合試験である。外国語は課す場合、英語を原則とする。

❖学位論文の長さについては、長年にわたり論争の的になっているが、長短にメリット・デメリットがある。文系と理系、つまり人文・社会科学系（研究の詳細な分析や多くのデータ及び広範な文献レビュー整理が、研究の背景や関連性を提示することが重要）と自然科学系（実験結果や観察データを最優先し詳細に記述する。仮説を検証し、結果を客観的に報告し他の研究者が同じ条件で再現可能とする）で目的、調査・研究方法、結果、考察方法が大いに異なる。要は論文の長短で、その価値や質を直接的に決定できない。重要なのは、研究の目的に応じて適切な長さを選び、内容を充実させることであり、専攻によって弾力的に設定する。文系分野だと大学ごとに「文字数の下限や上限」を定めていることもある。

## 3）審査委員会の構成と最終試問のあり方についての見直し

❖審査委員会は4〜5人体制（1人は他研究科または学外）とし、主査は指導教育

職員以外の学内審査委員に依頼することを原則とする。審査委員会の構成は、専攻が発議し研究科委員会の承認を得る。

❖専攻能力適正考査（総合試験）は筆記試験と口頭試問を受ける。この考査に合格した者に対し最終試問（公開）を受ける資格を与える。課程制度の学位プログラムとして、課程博士学位授与における質の担保が確保できる。審査委員会は、論文審査と最終試問を総合して合否判定を行い、合格者を研究科委員会に報告し、三分の二以上の賛成により博士学位の授与を決定する。

## 4）満期退学、単位取得満期退学などの呼称是正

　現行で博士後期課程に3年以上在学し、学位請求論文未提出または不合格の者に対して、「単位取得満期退学」や「満期退学」、「単位取得後退学」、「単位取得退学」などと称して、一般的に普通の学歴として通用している。個々に微妙な違いがあるようであるが、博士課程出身者のみ既述のような旧態依然の不合理な慣習から脱却できずにいる。特に文系は新規性や独自性のあるテーマ設定が難しく、研究業績の考証に困難が伴う分野が多く、満期退学が文系博士課程の特性であると言われることもあり、大学業界では至極当たり前に文系博士学位は「研究者及び大学人にとって定年退職及び引退前に授与する勲章」と容認されてきた経緯がある。よって、大学教員職採用の資格審査にあたっては不利な材料にならなかったことも事実である。よって、博士後期課程の指導教育職員に博士学位を保持していない指導教員が多く存在し、学位を授与している実態が確認できる。しかしながら現在、博士学位取得者が採用条件とする大学が増えてきていることは評価に値する。前述したように、理系の課程博士学位取得者は80%（含、保健）前後と高く、国際的にも高く評価されている。問題は人文社会科学、いわゆる文系分野では、人文科学系は約40%弱、社会科学系は約60%弱の低さであることは確認できる[12]。

　フリー百科事典『ウィキペディア（Wikipedia）』によると「単位取得満期退学」[13]に関して、制度上、法律上の定めや根拠はなく、通常の退学となんら変わらないとの解釈が一般的である。このような運用は課程制大学院や学位プログラム本来の趣旨にそぐわず、国際的に通用しないことは明白であることから、

文科省は、こうした誤解を招く呼称が制度的な裏付けがあるかのような評価をすることを不適切とした。特に人文・社会科学系大学院に対して課程博士学位の円滑な授与を求め、1974年以降、大学院設置基準や学位規則等を累次改正し、課程制大学院としての実質化とそれに連動した学位制度の実現を目指してきた。2019（令和元）年度の文科省学校基本調査によると、文系では「博士課程修了者」における単位取得退学者の割合は約45%に達している。人文・社会科学系大学院における学位授与率の向上を踏まえ、日本学術振興会は、特別研究員PDにおける「人文学・社会科学分野」に限り［単位取得退学者］も対象とする処置を、2018年度以降に廃止している。

　学位請求論文未提出または不合格になった場合、継続意志のある者を「単位取得満期休学」扱いが相応しいが、国際的に認知されやすい「ABD：All But Dissertation」の呼称使用を推奨したい。なお、ABD満期休学者はその時点から3年以内に限り、学位請求論文を再提出し最終試問を受けることができるとする。ただし、論文主題の変更を認めないことは妥当である。

## 5）博士（後期）課程の入試の再検討

　第一段階、博士課程への入学資格は博士（前期）課程または修士課程におけるGPAが3.00以上とする。第二段階は志望理由書に関する面接を行い、学位プログラムの学修・研究を通して課程博士学位取得を期待できるかを審査する。博士課程には厳格な評価方式があるため、志願者にそれらを乗り越える挑戦の機会を与えることを念頭に置くべきである。第三段階の外国語考査は「英語」を原則とするが、英語以外の外国語を選択した者に対しては、入学後「英語B（仮称）」試験を受けさせ、専攻の必要に応じて「専門英語文献講読（仮称）」等の科目（4単位）を履修させる。

## 6）課程研究生制度の実質化のための方策

　現行の満期退学後（資格試験［doctoral candidate］に合格した後のステータスを指す「課程研究生」いわゆる（「研究生待遇」のあり方）の研究指導を実質化し、課程博士論文提出を促進するために、大学院に在籍しながら研究を続けること

ができる有料の大学院研究生制度を充実させる。

　現在、博士学位が未取得のため就職活動、特に研究職や高等教育・大学教育機関のポジション獲得が不利になってきている。3年以内に限り、学位請求論文を再提出し最終試問を受けることができるが、大学院を離れて博士請求論文作成に向けて指導者不在の動機づけや目的意識の維持は難しい。更に、3年以上経った場合は論文提出先の大学を見つけられず、断念する論文未提出者を数多く見ている。確かに、経済的負担があるが、課程研究生として在籍することで論文執筆へのモチベーションが維持でき、博士学位取得の機会が格段に増えると断言できる。

　研究生規定の改正に向けての提案として、大学院入学前の志願者に対しては現行の「研究生」規程を適用し、満期退学後の研究生に対しては現行の「課程研究生」規程を改正することが考えられる。それぞれについて指導体制（年間4単位相当）を整え、体系的に指導することが必要である。指導教育職員に対しては、手当の支給ないしコマ数調整を検討することが必要である。課程研究生にはさまざまな実態と課題があるが、課程研究生と大学院側で最適な制度を確立する努力を期待したい。

## 7）大学院活性化に向けての諸方策の提案

❖課程博士取得者に対する優遇措置

　①課程博士取得者で常勤職がない場合、研究科（専攻）および学内研究所は、一定期間ポスドク研究員（仮称）または「助手」（学校教育法改正案における新規名称）として受け入れ、一定の手当（奨励金）を支給する。

　②課程博士取得者にはその出版が義務付けられており、科研（研究成果公開等による出版が期待されるが、それが困難な場合は、出版促進のために一定額の助成を行う。（刊行経費の20%程度）

　③博士後期課程担当教育職員のさらなる強化策として、博士後期課程担当教育職員の増員と教員資格（丸合）の高度化（博士学位取得の促進）を同時に実現する。

# 4. 大学院の位置付けと内容の整理

## (1)「大学院」という学校種はない

　大学院は、大学の一部として設置される教育・研究機関の位置付けである。大学という高等教育機関のDivision, Section。「大学の上に大学院がある」と誤解されるが、「学部」という学校種が存在しないのと同様に、「大学院」という学校種が存在するわけではなく「大学の中に大学院がある」ということになる。エリート教育スタイルのままで大衆化した大学を乗り切ろうとしたため混乱を生じてしまった。理由として18世紀前半のフランスの中央集権行政、19世紀中期以降のドイツの大学、そして20世紀の米国式単位制度などを取り入れて、個々独特の大学文化的特性を日本の大学に垣間見ることができる。

## (2) グローバル化への第1歩

　学期制、シラバス、FD／SD、授業評価等の国際的な通用性を受け入れてきた。次のステップは更なる「信頼」を得る努力が必要となり、それは厳格な授業評価、つまりGPAを採用することであった。

## (3) シラバスとは院生との履修上の契約（学士課程教育にも共有）単位の実質化

　シラバスから履修の意味をWork＝Creditに繋げる。学習／修評価方法はシラバスに明示することで、学生には単位取得に向けたWork内容を具体的にレポート、ディスカッション、参加度、プレゼンテーション、中間・学期末試験の配分を明示する。修士・博士課程でもコースワークの評価方法は絶対評価を推奨する。

## (4) 個々の履修科目は単にGP（グレード・ポイント）

　課程全科目のGPA（グレード・ポイント・アベレージ）が学位授与基準以上（3.3を推奨）のポイント取得で学位が授与される。これは学修の成果（教育・研究目標への到達度）を示し、学習／修意欲向上、厳格な成績評価、教育・研究の質の保証につながり、国際的通用性も向上するということになる。再度強調すべきこととして、学士課程教育、修士課程でも同じであるが、講義科目単位と学位は別レベルであるとの認識が必要である。本来の学位プログラムとしての

博士課程を実現するためには、論文セミナーと語学演習だけでは不十分であり、国際的に通用及び認知される博士課程の構築が望まれる。このように、博士課程の教育内容と評価基準を厳格にすることで、質の高い教育と研究を提供し、国際的な競争力を持つ博士課程を目指すことが重要である。

## 5. 2000年代にGPA制度を導入

### 1) 大学院における成績評価GPA導入の文脈

　1998（平成10）年、大学審議会答申「21世紀の大学像と今後の改革方策について―競争的環境の中で個性が輝く大学―」（21世紀答申）[14]で厳格な成績評価について、GPA制度を活用する取り組みが奨励された。

　2008（平成20）年、中教審答申「学士課程教育の構築に向けて」で成績評価の具体的な改善方策として、GPA等の客観的な基準を共有し、教育の質保証に向けて厳格に適応することが求められた。更に、国際的にGPAとして通用する仕組みとする（例えば、グレードの設定を標準的な在り方に揃える、不可となった科目も平均点に算入する、留年や退学の勧告等の基準とするなど）と積極的な実施を促している。[15]

### 2) GPAの誕生と意味

#### (1) 日本の成績評価は北米式GPA

　数量的解析結果に基づき、履修単位の実質化を図る。米国の歴史では1869年に選択科目制導入（ハーバード大学　Charles W. Eriot）し、1897年からGPAと単位制度を導入。Univ. of Pennsylvaniaも単位制度を1902年に導入。必修科目制の時は卒業要件不要であったが、選択制になり、学習量・成果の測定が必要となり、つまり卒業要件が必要となる。その後、学位と単位の構図が米国の大学全体に拡充・拡大した。日本には1953（昭和28）年に紹介されたが、普及に至らず。

#### (2) GPA導入（学士課程から修士・博士課程）

　2005年9月に中央教育審議会の大学分科会は「新時代の大学院教育―国際的

第3章　21世紀中葉の大学未来像―向かうのは成熟期か衰退期か―　　251

に魅力ある大学院教育の構築に向けて」と題して文部科学大臣に答申した。「知識基盤社会における大学院の役割と課題について分析し、具体的には、大学院教育の実質化と国際化を推進するための方策を提言している。」GPAの導入が学生の履修活動や学習／修態度の改善、厳格な成績評価の仕組みの整備に寄与することを強調している。また、修了時の質的な保障について社会的な説明責任を果たす重要な評価システム（grading system）として認識される。北海道大学、九州大学、一橋大学は学士課程からGPAの導入を始めている。

## (3) 大学院におけるGPAの活用状況

多くの法科大学院はGPAを導入している。2008年以降、中教審法科大学院特別委員会において法科大学院教育の質の向上に関わる審議が開始され、その中で、法科大学院修了者の質を確保するため、成績評価の厳格化の方針が打ち出された。

（例）・立教大学法務研究科

　　S：90〜，　A：80〜，　B：70〜，　C：60〜，　D：50〜（不合格）

　　（S＋A 30%）　B：40%　C：30%

・同志社大学法科大学院

　A+，　A，　B+，　B，　C+，　C

（15名以上）A：15%程度，　B+：20%程度，　B：30%程度を上限（相対評価）

　　A+, F：（絶対評価）・GPA1.5以上が進級及び修了要件

## (4) 大学院のGPA活用状況 ①

　＊東京農業、お茶の水、名古屋

　A：4（100〜80），　B：3（79〜70），　C：2（69〜60），

　D：1（60未満）(不合格)

　＊武蔵

　A：100〜80　到達目標を十分達成できている優れた成績

　B：79〜70 到達目標を達成できている成績

　C：69〜60　到達目標に最低限達成できている成績

　D：59〜　到達目標に達成できていない成績

## (5) 大学院のGPA活用状況 ②

　　＊麗澤

　　　S：4（90〜），　A：3（80〜），　B：2（70〜），　C：1（60〜），　D：0

　　　（50〜），　E：0（0〜49）

　　＊杏林（医学研究科）

　　　S：4（90〜），　A：3（80〜），　B：2（70〜），　C：1（60〜），　D：0

　　　（60未満）

　　＊日本女子

　　　A＋：4（100 〜 90），　A：3（89 〜 80），　B：2（79 〜 70），　C：1

　　　（69 〜 60），　F：0（59以下），　X：評価なし

## (6) 大学院のGPA活用状況 ③

　　＊明星

　　　S：4（90〜）特に優れている，　A：3（80〜）優れている，

　　　B：2（70〜）良好である，　C：1（60〜）最低基準を満たしている，

　　　F：0（60未満）不合格

　　＊和歌山

　　　研究科により，優　良　可　不可／A　B　C　不可／A＋A　B　C

## (7) 大学院のGPA活用状況 ④

　　＊早稲田大学（ファイナンス研究科）

　　　各科目の成績は、A＋・A・B・C・Fの評価し、評価内訳と成績得点は下

　　　記のとおりとする。

　　　［合　格］A＋：100〜90，　A：89〜80，　B：79〜70，　C：69〜60

　　　［不合格］F：59〜0

　　　相対評価：A＋（10％）・A（20％）・B（35％）・C

　　　演習科目や履修者数が著しく少ない科目などでは、この割合をとらな

　　　い場合がある。

## (8) 大学院のGPA活用状況 ⑤

　　新しいステージの事例

　　＊同志社

A+：4.5，　A：4.0，　B+：3.5，　B：3.0，　C+：2.5，　C：2.0，　F：0.0

（学士課程はABCDF）

＊大　　正

AA：最優秀，　A+ A A−：優秀，　B+ B B−：良，　C+ C：可，　D：不合格

＊武蔵野

S：4，　A：3，　B：2，　C：1，　D：0（修了要件：2.0以上）

## (9) 大学院のGPA活用状況 ⑥

＊北海道

5段階から11段階へ　①国際通用性向上　②きめ細やかな成績評価による（2015年より導入）履修指導、卒業要件の厳格化を図っている。
A+：4.3（95〜100），　A：4（90〜94），　A−：3.7（85〜89），　B+：3.3（80〜84），　B：3.0（75〜79），　B：2.7（70〜74），　C+：2.3（65〜69），　C：2（60〜64），　D：1，　D：0.9，　F：0

## 3) 米国の大学院成績評価制度

＊米国例 ①

・Univ. of Chicago

A+：4.0，　A：4.0，　A−：3.7，　B+：3.3，　B：3.0，　B−：2.7，　C+：2.3，
C：2.0，　C−：1.7，　D+：1.3，　D：1.0，　F：0

・Harvard Univ. ＆ Univ. of Ohio

A：4.0，　A−：3.67，　B+：3.33，　B：3.0，　B−：2.67，　C+：2.33，
C：2.0，　C：1.67，　D+：1.33，　D：1.0，　D−：0.67，　F：0

・Stanford Univ.

A+：4.3，　A：4.0，　A−：3.7，　B+：3.3，　B：3.0，　B−：2.7，　C+：2.3，
C：2.0，　C−：1.7，　D+：1.3，　D：1.0，　D−：0.7，　F：Fail

（School of Business, Law, Medicineは除く）

＊米国例 ②

・Univ. of Pittsburgh：Grading Policyを具体的に述べると

A+：4.00，　A：4.00，　Superior Attainment：達成できている特に優

れた成績

A−：3.75，　B+：3.25，　B：3.00，　Meritorious Undergraduate Attainment：達成できている優れた成績（学士課程）or Adequate Graduate Level Attainment：達成できている成績（大学院課程、修了要件）

B−：2.75，　C+：2.25，　C：2.00，　Adequate Undergraduate Attainment：達成できている成績（学士課程、修了要件）or Attainment Below Graduate Level Expectation：基準以下の達成の成績（大学院課程）

C−：1.75，　D+：1.25，　D：1.00，　Minimum Attainment：達成できている最低限の成績

D−：0.75，　F：0.00，　Failure

　しかしながら、米国内ではGPAのインフレ現象がおきており、転学、資格、奨学金等で評価が甘くなっていると指摘されている事実もあるが、教育業界や社会的にもアクレディテーション（Accreditation）認証評価協会への信頼度も高いことも事実である。第2章第2節で既述したように、これら6協会は1880年代からの伝統と歴史に基づき、厳格な調査・審査を実施している。GPAの結果により、Warning（警告書発行）からAcademic Probation（仮及第期間；観察期間）となり、在学許可最低基準に戻らなければAcademic Suspension（停学処分）となり、更に復学条件に満たない学期が続くと退学（Dismissal）となる。

　ちなみに、留学生の学士課程の成績については米国内のWES（World Education Service）という非営利教育機関がUSGrading Systemに読み替えている。当然ながら、正確な読み替えの資料は各教科の「英文シラバス」による。つまり講義内容は項目ごとの詳細が網羅されている英文のシラバスは極めて重要であることの証左である。

第3章　21世紀中葉の大学未来像 —向かうのは成熟期か衰退期か—　　255

# 6. 未来に向けた大学院博士後期課程の構築

## 1) 1998年の大学審議会答申 (21世紀答申)

　博士後期課程の実質化とは、大学院教育の組織的展開の強化を意味している。これには、コースワークの充実・強化、博士学位授与の円滑化、教育職員の教育・研究指導能力の向上、学修・研究環境の改善などが含まれる。課程制大学院の本来の目的、役割である厳格な成績評価と適切な研究指導により、標準修業年限内に円滑に学位を授与することのできる体制を整備することが必要である。更に、大学院教育の国際化とは、国際的な通用性と信頼性の向上を意味する。つまり大学院教育・研究の質の確保にほかならない[16]。この答申は、大学院教育の現状と将来像について、国際的な視点から総合的に分析し、具体的な改革方向を示したものとして、高く評価されている。

　この答申を受けて、文科省は、2006年に「大学院教育振興プラン」を策定し、大学院教育の実質化と国際化を推進するための施策を展開している。大学院は、創造性豊かな優れた研究・開発能力を持つ研究者等の養成、高度な専門的知識・能力を持つ高度専門職業人の養成、確かな教育能力と研究能力を兼ね備えた大学教育職員の養成及び知識基盤社会を多様に支える高度で知的な素養のある人材の養成に向けるべきとしている。[17]

　2000年代に多くの大学はGPA制度を導入し、2002 (平成14) 年以降に自己点検・評価を公表している。その後、これら2答申 (提言) を受け、その後の時代変遷・変化や社会動向・要請に応えるべく発展的改組・改編を通して、課程博士学位輩出に向けたカリキュラムを構築に取り組んでいることは評価できるが、学位プログラムとして専攻内の必修講義科目と研究科内の選択講義科目の単位を組み立てたカリキュラム編成からは程遠いと言わざるを得ない。

## 2) 博士後期課程におけるコースワークと学位論文指導

　2008 (平成20) 年、中教審大学分科会 (第74回) 配布資料「学位プログラムを中心とした大学制度の再構成について」と題して以下のように定義している[18]。

学位プログラムを中心とした大学制度とは、従来のような学部や研究科等の組織に着目した大学制度ではなく、学位の取得を目指す学生の学修の視点に立って、学位のレベルと分野に応じて達成すべき能力を修得するように体系的に設計された、学位プログラムの実施に着目した大学制度とするもの。この取組を通じ、大学の内部統制機能を強化し、大学内部できちんと質保証ができるような仕組みとする。

　この大学制度の再構成と題しているが、「学位プログラム制」という設置形態ではなく、学位取得に向けた課程構築と質保証の担保への再構成という目論見である。

　多くの大学院の博士（後期）課程は積極的に学位プログラムの明確化を通して学位のレベルと分野に応じて達成すべき能力を明示し、かつ課程博士学位の修得させるように体系的に設計された教育プログラムに取りくむ姿勢を示している。教育課程の再編成としては、教育目標を達成するために必要な教育内容を体系的かつ組織的に整理を試みている。更に、ディプロマ・ポリシー、カリキュラム・ポリシーを整理している。もちろん、区分制博士前期課程2年と博士後期課程3年と、区分制・博士後期単独3年ではカリキュラム内容が異なるであろう。これら学位プログラムに向けた取り組みにより、博士後期課程はより体系的で質の高い教育を提供することを目指してきているので高く評価したいところであるが、カリキュラム・ポリシーにおける「教育課程編成・実施の方針」関連に本質的な課題が残る。

　教育課程編成としては、独立した学術的研究者もしくは高度な専門的職業人の養成につながる教育課程であるとし、実施体制として自身の研究分野の科目を深く学ぶと同時に他分野も幅広く学べるカリキュラムを提供して、オムニバス的に講義する科目や専門科目を設けている。しかしながら、演習を教育の主たる方法として構成され、専ら博士論文作成に対する研究指導が中心である。3年間（6セメスター）を専門分野における高度な研究能力を養成のために基本的に演習・実習・研修・調査を以下の内容で構成している。

＊演習

- ゼミナール：院生により研究テーマについて発表し、プレゼンや討論を通して内容を深める。当然ながら、指導教育職員や他の院生からフィードバックを受ける。
- 専門分野の演習：分野の専門知識を深めることを目指す。

＊実習
- 研究実習：研究プロジェクトを通して、データ収集や分析、論文執筆方法を学修する。
- フィールドワーク：研究分野に関する現地調査やインタビューを通じて、データを収集・分析方法と実習する。社会科学系の分野では必須である。

＊研修
- 学会、研究会：学会や研究会での論文発表やワークショップに参加し、研究テーマに関する最新の研究レベルや動向を学修し、情報、アイデア、リソースを共有するために相互につながる文脈を築く。
- インターンシップ：企業や研究機関でのインターンシップを通じて、実務経験を積む。

＊調査
- 文献調査：既存の研究や文献調査を通して、研究の背景や理論的枠組みを構築する。
- 実地調査：現地での観察やインタビューを通じて、一次データ（primary source）を収集し分析する。

## 3) 課程としてのカリキュラム不在と論文作成指導体制に問題

　学位プログラムの概念は決して新しいものではなく、高等教育機関としての実態として、学士課程や修士・博士課程の教育・研究のフレームワークが国内及び国際的に実質を伴わなくなったことから、学位に対する根本的な意味を通して再定義を要望されたのである。しかしながら、「学位プログラム」が実質的に機能してきたかについては、第6節で言及するが、学士課程で異常な卒業率の高さが問題となっている。本節では博士課程の「課程博士」、特に文系の取得者数の少なさが、学位プログラムとして機能していないことを明らかにする。

前述したように博士後期課程の経済的な不安、キャリアパスの不透明さ（安定した研究ポストが少ない）及び博士学位取得者への待遇の低さが問題である。社会的評価の低さは博士号の価値が十分に認識されておらず、企業も博士号取得者を積極的に採用する文化が根付いていないことが原因である。これにより進学率が低くなっている。また、博士課程在学生の「課程博士学位取得者」は文系の約半数近くが満期退学となっており、ちなみに理系分野では20％に満たない現状である。その原因を次のように説明できるのではないだろうか。標準修業年限3年間、博士論文作成特論、専門セミナー、博士論文研究指導など、ほぼ博士請求論文作成のためのワークに費やしていると断定できる。このように大きな時間をかけて論文作成を行う中、多くの院生は修士論文テーマを継続しているが、50％が論文未提出または不合格となる状況にある。このコースが実質的に機能しているか疑問が残る。カリキュラム上および論文作成指導体制に問題があるのではないだろうか。

　もう少し踏み込んで考証を試みると、やはり人文社会科学系の指導教育職員は完成した博士論文（100％の独自性）を求めている傾向があり、これは伝統・慣習から脱却できない不可能な要求である。当然ながら、博士論文の審査基準が非常に厳しく、時間的な制約の中で必要な基準を満たすことが難しいため、単位は取得しても論文が通らずに満期退学を選択する学生が多くなることは必然である。長期間にわたる論文テーマに関する調査・研究活動や論文執筆の精神的なプレッシャーが大きく、精神的な負担が原因で退学を選ぶ学生も多いと推測できる。これらの要因が複合的に影響し、博士課程の在学生が課程博士学位を取得する割合が低く、満期退学者が多いという現状が生じている。

　近代高等教育界の博士学位請求論文の基本的理念として、「今後、自立した研究活動を実践できるに必要な高度の研究能力を持っていることを確認でき、産業界やアカデミアでの活躍が期待できる」とし、国際的なレベルと認知されていることへの意識改革の必要性を強調したい。つまり、講義科目や演習科目等の設置が必要である。博士請求論文作成に特化しすぎており、より高度な講義科目が欠如しているといえる。課程制大学院制度とは博士（後期）課程にも通じることで、学修課題を複数の科目等を通して体系的に履修することである。

4セメスター終了時にこれら講義科目と論文テーマに関する専門知識を筆記試験で問う "Comprehensive Examination"（博士論文を提出するための資格総合試験）を合格後のDoctoral Candidate（博士学位取得候補者）となった時点での意味と重みを再評価すべきである。

　ユネスコ（国際連合教育科学文化機関）とOECD（経済協力開発機構）が共同策定した「国境を越えて提供される高等教育の質保証に関するガイドライン」の中で信頼性のある学位を提供するための基準及び学位論文審査のプロセスにおいての国際的な信頼性を確保するための指針が提示されている。高等教育の質保証に沿うカリキュラム内容と学位論文審査の構築することで信頼性のある「国際的に認められる学位」になると考える。

## 7. 課題の整理と2040年への期待

　課題としては博士後期課程における専門セミナーは研究指導担当教員が担当するとあり、ここで重要なことは単位分のコンテンツはあるか否かである。専門分野によって異なるであろうが、それぞれの演習・実習・研修・調査内容のシラバス極めて重要になる。それに、授業科目から「学位プログラム」の具体的な履修方法及び実質的に機能しているかは確認することは難しい。

　以前も現在［2024〈令和6〉年］も、「人文・社会科学系」における博士後期課程の最たる問題点は標準修業年限を超えて在学せずに当該課程を退学することを、「単位取得満期退学」や「満期退学」、「単位取得後退学」、「単位取得退学」と摩訶不思議な用語がまかり通っている。余談ではあるが、院生の近親者から「博士課程を退学とは何事であるか!」「中退させた覚えはない？」などの声があがり、裁判沙汰になったケースもあったと聞き及んでいる。やはり、この表現は社会的に認知されていないどころか、大いなる誤解を招く用語であることを認識すべきではないだろうか。文部科学省もこれらの不合理な用語を黙認している姿勢は解せない[19]。

　2005（平成17）年の中教審大学分科会大学院部会でも「これは、課程制大学院制度の本来の趣旨に鑑みると適切ではない。」[20]と指摘している。退学後、

一定期間以内に博士論文を提出し学位を取得した者について、「課程博士」とした例も見受けられるとしながらも、「課程博士」に関する課題として、以下のように課程博士授与促進を促している[21]。

> これにより、我が国の課程制大学院制度の修了の考え方、「課程博士」、「論文博士」の用語の使われ方などに混乱が生じており、かえって「課程博士」の円滑な授与、学位の国際的な質保証に影響を与えかねないとの指摘もある。また、博士論文を提出せずに退学したことを「満期退学」や「単位取得後退学」などと呼称していることがあるが、このことの背景の一つとして、課程制大学院の趣旨が徹底されていないことが考えられる。このため、学位に関するこれらの考え方を整理した上で、その水準の確保を図りつつ、大学院に5年以上在籍し、必要な単位を取得、博士論文の審査試験に合格するなど博士課程の修了要件を満たした「課程博士」の円滑な授与の促進方策について検討する必要がある。

論文博士という制度は海外にはなく、日本特有の制度であることから、国際的に見ても認められないため廃止すべきという論議の渦中にある。根本原因として、事実上「研究指導」のみが実施されているといって過言ではないだろう。つまり、特定の一教育職員の指導のみに依存しているように見える。課程制の大学院制度の趣旨は、博士論文作成のために「研究指導だけに依存しない」体系的な教育内容・方法（教育課程）の充実を図り、教育研究機能の強化を検討すべきである。特に多くの大学の人文・社会科学系の博士（後期）課程の問題点を共有でき、21世紀中葉に向けて教育課程制度構築に向けた意識改革を期待したい。文系の教職員は、理系の博士（後期）課程における博士学位取得者が多い理由を謙虚に考察することから始めてみることを推奨したい。

2019（平成31）年、中央教育審議会大学分科会「2040 年を見据えた大学院教育のあるべき姿〜社会を先導する人材の育成に向けた体質改善の方策〜」（審議まとめ）では、2040年頃に少子高齢化が一層進み、また社会や産業構造の変化に大学院教育の果たす役割が重要になることから、社会を先導する高度な専門知識と倫理観を持つ「知のプロフェッショナル」の育成、つまり高度な社会貢献が

急務であるとし、体質改善の具体的な方途を提示している。重要な提案の中で、特に博士(後期)課程の博士学位授与に関して意識改革を強く求めている。[22]

> 博士の学位は、専攻分野について研究者として自立して研究活動を行うに必要な高度の研究能力などを身に付けた者に対して授与するもの、という原則が国際的にも定着しているが、未だ我が国においては、いわゆる「碩学泰斗」の証として博士の学位を認識している大学教員もいるという指摘もある。各大学は、課程制大学院の趣旨に基づき標準修業年限内の円滑な学位授与に努めてきており、標準修業年限内に博士後期課程を修了する者の割合は、平成17 (2005) 年度では、人文・社会科学系は2割未満、理工系は約5割であったが、平成28 (2016) 年度では、人文・社会科学系は3〜4割、理工系は約7割に改善されてきているものの、引き続き、研究指導体制等の強化及び学位審査の透明性・公平性の確保をさらに図ることが重要である。

　当該審議のまとめの2019 (令和元) 年以降、課程博士学位取得者の推移については、全体的に横ばいか、やや減少傾向にあり、特に人文・社会科学分野では、博士課程への進学者数が減少している。前者については、課程博士学位取得者数がさほどの上昇がみられない現象は真摯に受け止めておらず、一向に構造的及び体質的にイノベーションの促進がなされていない証左である。後者については、修了後のキャリアパスの不安定状況や、奨学金、特に給付型奨学金が少ないことから経済的な支援の不足が大きく影響していると考えられる。

　近年、博士(後期)課程の改善策の重要なポイントの一つとして、社会のニーズに応じた教育プログラムの見直しや、経済的支援の充実が求められているが、キャリアパスとして決定的に欠けている状況は産業界が高度の専門人材を活用して、新しいビジネスを展開する意識改革を促す努力が必須である。学術環境を改善するためには、これらの課題に対処することが求められているが、残念ながら、高度専門家に適切な給与を支払うことで、博士号取得者のモチベーションを高め、学術研究の発展に寄与できることは理屈ではわかっているが、活発な議論を展開し環境を整えるにはまだ未成熟の段階に留まっている。

　遅々として進展が見られない状況下、2024年3月、文部科学大臣を座長とす

る「博士人材の社会における活躍促進に向けたタスクフォース」において、「博士人材活躍プラン〜博士をとろう〜」と題して取りまとめを公表した。[23) ]このタスクフォースは、博士人材がアカデミアだけでなく、社会の多様なフィールドで一層活躍できるようにするために設立された。大目標として「2040年における人口100万人当たりの博士号取得者数を世界トップレベルに引き上げる（2020年度比約3倍）」ことを挙げている。意義として以下のように整理している。[24) ]

> 「博士＝研究者」というイメージが一般的である我が国では、「博士の学位が専門分野にとどまらず複雑な課題への解決策を提示できる者に与えられる国際的な能力証明であり、社会の課題発見・解決に挑む際のスタートラインである」というグローバルスタンダードが、社会、大学及び学生に必ずしも十分に共有されていません。

更に、目指す姿として[25) ]

> 博士人材が社会から正当に評価され、アカデミアのみならず多様なフィールドに挑戦し、一層活躍できる環境を構築します。これにより、博士を目指す人を増やすとともに、多くの優秀な博士人材を輩出し、博士人材一人一人の実りある生涯の実現と社会全体の持続的な発展を目指します。

　特筆すべきは文部科学大臣から「博士人材の活躍促進に向けた企業の協力等に関するお願いについて」題して、経済団体・業界団体等の長へ博士課程で学ぶ学生の不安解消に向け、博士人材の獲得を産業界に文書で以下のように呼び掛けている。[26) ]

> 博士人材は高い専門性や国際性、課題設定・解決能力などの汎用的能力を備えた高度専門人材であり、イノベーション創出にも貢献することから、アカデミアのみならず、産業界での活躍が期待されています。文部科学省においては、博士人材の強み・魅力を可視化し、社会の多様なフィールドで一層活躍を後押しするための取組を実施しているところです。

第3章　21世紀中葉の大学未来像 —向かうのは成熟期か衰退期か—　263

文科省は博士人材の採用拡大・処遇改善を要請しており、優秀な学生に対する生活費相当額の支援や授業料減免を促している。

　博士（後期）課程において「学位プログラム」としての教育・教育目標を達成するために、どの科目や研究活動が必要かを、ディプロマ・ポリシーの明確化、カリキュラムの整備、アドミッション・ポリシーの整備を土台にして再検討が喫緊の課題である。

　文科省は2005年から博士（後期）課程の質の向上、社会との連携強化及び国際的な質保証・証明に向け、多くの改善や改革に関する提案や意見を展開してきている。2019年の「2040 年を見据えた大学院教育のあるべき姿」は、博士（後期）課程への提案として集大成といえる。新たなステージへの目標と指針を大学人は真摯に受け止めるべきである。課程博士学位授与レベルをグローバルスタンダードに沿う科目設定と論文指導の改善に向けた意識改革こそ必須となる。さらに、2024（令和6）年の文科省「博士人材活躍プラン」に応答すべく、産業界への人材育成に向けた教育・研究指導の意識を学内で共有し、産学官連携の体制構築に尽力することを期待したい。

　次の第5節で米国における博士「教育・研究」課程の典型的な学位プログラムを提示するが、本邦の博士（後期）課程の発展的解消または改革に一石を投じることができれば幸いである。

## 【引用（参考）文献】

1)　文部科学省,科学技術・学術政策研究 https://www.nistep.go.jp/sti_indicator/2023/RM328_34.html
2)　文部科学省高等教育局高等教育企画課「令和2年度博士・修士・専門職学位の学位授与状況」
　　https://www.mext.go.jp/a_menu/koutou/daigakuin/20230418mxt_kouhou021.pdf
3)　前掲　文部科学省, 科学技術・学術政策研究.

4) 前掲　文部科学省, 科学技術・学術政策研究.

5) 前掲　文部科学省, 科学技術・学術政策研究.

6) 前掲　文部科学省, 科学技術・学術政策研究.

7) 文部科学省, 学技術・学術審議会　人材委員会「科学技術・学術分野における人材の育成・確保をめぐる現状と課題」

https://www.mext.go.jp/content/20211201mxt_kiban03000014622_4.pdf

8) 同前書

9) Times Higher Education（THE）*World University Rankings 2024.*

https://www.timeshighereducation.com/worlduniversityrankings/2024/worldranking

10) 中央教育審議会大学分科会大学院部会（第45回）（2009年）「博士課程3年制について」

https://www.mext.go.jp/b_menu/shingi/chukyo/chukyo4/004/gijiroku/_icsFiles/afieldfile/2010/02/16/1288658_1.pdf

11) 同前書「修士課程・博士課程の関係について」

https://www.mext.go.jp/b_menu/shingi/chukyo/chukyo4/004/gijiroku/_icsFiles/afieldfile/2010/02/16/1288658_2.pdf

12) 前掲　文部科学省高等教育局高等教育企画課.

13) フリー百科事典『ウィキペディア（Wikipedia)』, 単位取得満期退学 Wikipedia

14) 大学審議会, 1998,『21世紀の大学像と今後の改革方策について競争的環境の中で個性が輝く大学』（21世紀答申）

15) 中央教育審議会, 2008, 答申『学士課程教育の構築に向けて』（答申）

16) 前掲　大学審議会, 1998,『21世紀の大学像と今後の改革方策について競争的環境の中で個性が輝く大学』（21世紀答申）

17) 中教審大学分科会大学院部会, 2006,『大学院教育振興プラン』

18) 中教審大学分科会（第74回）配布資料, 2008,『学位プログラムを中心とした大学制度の再構成について』

19) 文部科学省,『用語の整理に関する参考資料』https://www.mext.go.jp/b_menu/shingi/chukyo/chukyo4/gijiroku/attach/1412781.htm

20) 中教審大学分科会大学院部会, 2005,『2. 大学院教育の実質化を図るための改革の基本的方向, 視点9：学位の相互関係等の明確化, 学位授与の促進, 及び論文博士制度の

あり方』https://www.mext.go.jp/b_menu/shingi/chukyo/chukyo4/gijiroku/attach/1412776.htm

21）同前書

22）中央教育審議会大学分科会, 2019,「2040年を見据えた大学院教育のあるべき姿～社会を先導する人材の育成に向けた体質改善の方策～」(審議まとめ)
https://www.mext.go.jp/content/20210705mxt_daigakuc03000016566_6.pdf

23）文部科学省, 2024年3月, 文部科学大臣を座長とする (博士人材の社会における活躍促進に向けたタスクフォース)「博士人材活躍プラン～博士をとろう～」を決定
https://www.mext.go.jp/content/20240326mxt_kiban03000034860_1.pdf

24）同前書

25）同前書

26）同前書

## 第5節

# 大学院博士課程・後期課程の実例と改革を提案
## ―ピッツバーグ大学大学院博士課程在学経験を通して―

## はじめに

　本節では前節で既述したように、21世紀に入って「課程博士」の学位取得への活性化推進を促しているが、期待通りの成果があがっているとは言い難い。やはり、学位プログラムとしての博士（後期）課程の構築、特に大学側の構造的な意識改革に向けた更なる議論が必要である。

　米国大学における博士課程の体験を紹介することで、教育政策の改善や研究環境の向上に向け資することができれば幸いである。本題に入る前に確認しておくべきこととして、周知の通り米国大学は欧州の大学と比較すると歴史が浅い。とはいえ、イングランド王国植民地時代の1636年にハーバード大学が設置され、ウィリアム＆メアリー大学（1693）、エール大学（1701）、プリンストン大学（1746）、ペンシルバニア大学（1740）などが続々と誕生している。当然ながら、当時の高等教育レベルは決して高くなかった期間が200年以上続いた。世界的に高等教育機関、特にuniversity（学士課程と大学院）としての評価を受けるのは19世紀中期以降まで待つことになる。このように遅咲きにもかかわらず、20世紀に入ると米国大学システムはフランス（18世紀中心）、ドイツ（19世紀中心）を抜き、高等教育中心地となり世界に大きな影響を与えることとなる。理由としては、米国人は大学の教育内容やプログラムの改編・改組を積極的に取り組んできたことである。

　19世紀後半にドイツ留学（約9,000人といわれている）を終えた人材が,世界のトップレベルの大学院教育・研究課程として学術系大学院（Graduate School）

と専門職大学（Professional School）を構築し、その後も学士課程教育以上に
School内の研究科プログラムの再編成・再構成に取り組んできた。重要な政策
展開として、大学教育・研究、特に教育基準を保証するシステムを構築した点
に尽きるといっても過言ではない。第2章第2節でも詳細を述べているが、全
米を19世紀末から6地区基準協会を設立し、Minimum Standard（最小限基準）
の保証を行政から独立した民間、第三者団体による継続的な認証評価制度が確
立していることである。ということは、各大学は水準の向上に努力し続ける
証左でもある。基準協会から認証されなかったり、毎年の「US News & World
Report」による学士課程及び大学院の修士・博士課程ランキングの上下は社会
の評価と直結している。これが米国の大学文化なのである。

　卑近な例であるが、軍事力競争からの優劣または均衡こそ平和が保てるとい
う抑止力論理が定着している米国社会では、教育産業界でも競争的環境下でこ
そ「自由と民主主義」が実践できるとの教育理念である、かつ、競争的環境か
ら探究心や向上心が育まれるとの共通認識を持っている。その結果として、こ
の短期間で創り上げた大学院の教育・研究内容の経験と実績は他の国の追従を
許していない。しかしながら、当然大きな犠牲の上に立っていることも事実で
あり、この競争社会は学歴尊重意識を増長させる結果にも繋がり、その反動は
大きく社会問題としての根が深い。このような考え方に対する歴史的な評価は
もう少し先のことになるだろう。

　実例として、ピッツバーグ大学院博士課程の概観の整理と、博士号取得ま
での「学位プログラム」としての道程を簡潔に説明する。先ずは、入学トライ
アル期間、次に履修・研究計画認可〈在籍準正式認可〉、予備試験（preliminary
Examination）と履修科目QPA（Quality Point Average）等の総合的判断から（在
籍正式認可）、主専攻能力適正考査（Comprehensive Examination）、博士論文作
成段階への許可、Overview Proposal提出、博士論文First Draft（草稿）・最終草
稿と続き、公開口頭試問、そして著作権及び出版手続き等を時系列に沿って解
説を試みる。

# 1. 入学トライアルの経緯と給付型奨学金獲得

　留学生として米国大学大学院へ入学するには、基本的にはGRE（Graduate Record Examinations：verbal, essay）のスコアが必要である。加えて、推薦状、出願理由書、及び預金残高証明書は必須であり、当時、社会奉仕活動に関する報告などは必要ではなかった。余談だが、プロフェッショナル・スクールの一つであるビジネススクールはGMATスコア（ジーマット、Graduate Management Admission Test）が必要であった。筆者の場合は以下の項目をそろえてThe University of Pittsburgh, School of Education, Higher Education Programへ出願書類（1〜3）を送付した。幸いのことに、GREスコアの提出は条件付きで不要であった。

　出願時の入学基準は以下の4項目が提示された。

①B.A.（学士）とMaster's degree（修士）の成績表（地区基準協会から評価認証を受けている教育機関）.

②修士課程修了時でQPA（Quality Point Average）＝（GPA：Grade Point Average）3.0以上.

③出願プログラムに関連性を重視した教育・研究経験を記述し、専門的な目的を提示.

④推薦状.

　面接試験を1979年4月に受けた後、4月下旬に以下のような通知を受ける。

【We are pleased to advise you that the Admissions Committee of the Higher Education Program in the School of Education has recommended your admission to the Program. Official notification will be sent to you from the Office of Student Personnel Services, School of Education. *Signature* / Chairman of Higher Education Program】

　ピッツバーグ大学大学院博士課程に入学が許可された主たる理由は二つあると考えている。一つ目は、米国学士課程を卒業（Bachelor's Degree）して帰国したが、再渡米し修士学位（Master's Degree）取得し、そのまま博士課程（Doctoral

Course）に出願したことである。つまり、米国在住という条件下で修士課程の成績（GPA, QPA）及び教員の推薦書提出だけで済んだといえる。つまり、書類審査と面接だけで入学する機会が与えられたのであるが、思えば米国大学教授陣からの推薦書が最も大きな審査対象であったようである。その推薦書の項目内容を簡単に紹介すると：

・5人の教授：Placement Service Reference Form使用
・Composite of Ten Basic Qualities　1. Character　2. Appearance　3. Initiative　4. Cooperation　5. Tact　6. Scholarship　7. Adaptability　8. Use of English　9. Professional Interest　10. Class Attendance

　上記の10項目をE（excellent）　VG（very good）　G（good）A（average）　F（failing）　P（poor）の6段階で評価する。そして、コメント欄（Remarks）と続く。米国社会、特に教育界は推薦書に対する信頼度は高く。推薦できるか否かは明確にするという信念を貫くと聞いていた。提出した推薦書にReferences may be non-confidential明記されていたので、後日コピーを閲覧する機会があったが、厳格な評価で推薦書に重きを置く文化であることを確認できた。やはり、修士課程の5教授からの強力な推薦状のおかげで学習／修の機会を与えられたと推測できる。

　二つ目は、修士学位を取得した大学と出願したピッツバーグ大学はMiddle States Association of Colleges and Schools〈中部諸州地区基準協会〉という同地区内の教育機関であったことから、クレジット（単位）に対する信頼度は高いという利点があったということと思料する。

　一通のAcceptance Letter「受け入れ許諾書」〈5月1日付〉が届き、そこには、下記の英文から始まり身の引き締まる思いがあった。

【Congratulations on your acceptance to the School of Education. We welcome you and sincerely hope that your tenure as a student proves to be an enriching growth experience for you. *Signature*／Dean
　・Program：Higher Education
　・Term：Fall 79-80（Your initial admission and permission to register is valid only for the FALL 79-80）Term.

・Degree：Ph.D.

・Adviser：DR. XXXXX

・Status：FULL】

　10日以内に履修登録する意思表示が必要で、履修登録のために指導教員（Academic Adviser）（以下、「AA」という。）からアドバイスを受けるため、日程調整するよう指示があった。ここでは、あくまでも**第1段階の在籍許可**であり、正式認可ではなく、トライアル期間の機会提供にすぎない。5月中にAAと面談し、プログラムにそって履修計画を立てた。更に、奨学金の説明を受け、返済義務のないGraduate Student Tuition Aid（大学院生授業料助成）をthe Office of Student Personnel Servicesへ申請書を提出する。6月6日、Higher Education Orientationが9時から5時まで開催された。

　1979年8月1日付けでGraduate Student Aid Committee（the School of Education 内の教員と院生によって構成）、以下のような文面で授業料免除の連絡を受ける。

　【We are pleased to inform you that you have been granted a Graduate Tuition Grant to cover full tuition in the Fall and Winter 1979—80 Terms. Signature/Graduate Student Aid Committee】

　（学期システムは後の項目で説明する）

　1980年3月上旬にもSpring and Summer 1979-80Termsの授業免除の通知を受ける。

　後日わかったことだが、当時の米国は少子化及び財政難に直面していたが、第39代カーター大統領（民主党）政権下のため連邦・州政府からの助成金は何とか予定通り確保できていたことも事実であるが、やはりAAからの推薦が委員会を動かしたようである。蛇足であるが、後の40代レーガン大統領〈共和党〉政権下では、奨学金もかなり縮小されたと聞いている。筆者自身もその影響を受けることになる。1979-80年度秋、冬、春、夏、1980-81年度秋、冬、春、夏学期と順調に授業料免除の恩典を受けていたが、1981-82年度秋学期の授業料免除の恩典を失う。以下のような1通の手紙が手元に届く。

　【We are sorry to inform you that the Graduate Student Aid Committee could not take favorable action regarding your request for tuition aid the Fall 1981

Term. Your application along with the many other applications received was given every consideration by the Committee. Sincerely, Graduate Student Aid Committee】

1981年1月にレーガン大統領、共和党政権下になったことから、奨学金への fundsが大きく減少するとの情報が流れたことから、この委員会の結論に対して、AAは予想できていたようである。現実には、授業料免除を受ける機会は限られた数であり、AAは先手を打ってくれたのである。結果的にAA推薦が功を奏し、1980年5月からHigher Education Program（以下、「HIGHE」という。）の科長付き「院生アシスタント」(graduate student assistant)（GSA）として仕事を提示されたのである。ここでは、1981-82年度秋学期以降の通知の内容を以下に紹介する。

【I am happy to inform you of the approval of your appointment as a Graduate Student Assistant in the Program in Higher Education for the Fall and Winter terms, 1981-82. As a condition of this appointment, it is understood that you will register for at least nine credits of graduate study per term, maintain good academic standing, and carry out teaching and related activities effectively. As a Graduate Student Assistant, you will be asked to work a maximum of 20 hours per week assisting in activities supportive of university instruction. You will be granted a full tuition scholarship and a waiver of the general university fee all three terms of the 1981—82 academic year.　…As an additional fringe benefit, the University of Pittsburgh will provide you with an individual or family policy under the current Blue Cross/ Blue Shield student plan. Signature/Chairperson, Division of Specialized Professional Development】

更に、大学図書館アジア図書部日本教育書アドヴァイザー及びアジア言語学文化研究所研究員としても採用され、幸いにして筆者の研究にも大いに役に立つ場を与えられたのである。これらの仕事は、週20時間のワーク・ロードになっており、給料が出るばかりか、授業料免除、そして圧巻は健康保険（米国の健康保険は政府干渉の政策はなく、社会問題となるほど高額であった）まで

カバーされていたことである。予断であるが、妻の分娩費用も全額支給された
ことは驚きであった。参考までに、米国内で働く場合はSocial Security Account
Number（社会保障口座番号）《失業保険・社会医療・養老年金などのため》が必
要で、税金を支払う義務を負う。しかしながら、米国を離れる場合（帰国時）
には修士課程在籍中に払った税金も込みで全額返還された。数々の恩恵と仕事
は博士課程修了の学期まで保持できたことは感謝であった。

## 2.　ピッツバーグ大学とThe School of Education〔歴史的変遷〕

　筆者が在籍した東部にあるペンシルバニア州（the Commonwealth of
Pennsylvania）ピッツバーグ大学は1787年私立大学（Independent Institution of
Higher Learning）として創立されたが、1966年にペンシルバニア州の関連する
大学（State-related Univ.）、つまり私立の立場を残すが、州政府が州民や地域
住民に対して州立大学と同等の待遇を与える「半官半民」というユニークな管
理運営体制をもつ高等教育機関である。

### 〔The School of Education〕
　The School of Educationは1910年創設となり、修士課程（M.A.）と博士課程
（Ph.D. & Ed.D.）は1912-1914年に授与となる。認証評価（Accreditation）も以
下3組織から受けていた。
　　・The American Association of Colleges for Teacher Education
　　・The National Council for the Accreditation of Teacher Education
　　・The Middle States Association of Colleges and Secondary Schools
　　　（現在はSecondaryが取れている）
　在籍したDivision of Specialized Professional Development研究科のHigher
Education Program専攻は一時的に発展的解消をして、Administrative and
Policy Studies（ADMPS）研究科内にHigher Education Management Program専
攻になり学位もMaster of Education（M.Ed.）とDoctor of Education（Ed.D.）
に改組・改編されて、Ph.D.の学位は授与されなくなっていた時期があった。と

いうことは、当時の時節柄学術系からより明確に専門職系色を前面にだしたといえる。在籍当時、既にAccreditation（認証評価）、自己点検・評価、教育・研究・コミュニティー、Student Ratings（学生による授業評価）、テニア〈終身在職権〉制度、QPA（GPA）、成績評価、FD、シラバスなどが大きな課題として精査する必要ありとした時期でもある。日本では2000年前後からこれらの課題に取り組んできたものばかりである。更に、日本の大学は教員任期制度、リカレント、生涯教育等の動向を喫緊の課題として取り組んでいる。ちなみに、2022年度以降は80年当時のHigher Education Programに戻り、Ph.D.学位を授与している。

〔アカデミック・カレンダー〕

　以下のように伝統的な2学期制と冬セッション、夏セッションという学年暦を提供することで、個々の事情に合わせた自由で多様な履修機会を提供していた。院生の能力や経済的な事情により、早期卒業も可能にしている。ちなみに、アカデミック年度は秋、冬、春、夏のTerm & Sessionがあり、平均的な在学期間は3年で60単位取得すると博士課程を修了できる。大学はキャンパスを通年フル活動していた。

〔授　業　料〕

　授業料は当時の留学生のとっては高額（変動相場で1ドル＝300円、数年後に260円）であることは事実である。School of Educationの大学院のTuitionは以下のようになっていた。留学生（州外の学生と同じ）はfull-time studentで9単位以上の履修が義務付けられていた。ちなみに、学士課程は12単位以上と法律で決められていた。Full-Time Tuition9単位または以上：$1,600〜2,000、＊8単位または以下：1単位$138〜200。入学願書及び審査料として$15であった。

　参考：Academic Year 2022-2023 Graduate Tuition Ratesを見るとペンシルバニア州外のFull-Time院生は$42,324（年度）、$1,728（1単位）である。州内のFull-Time は$24,962、$1,003（1単位）

（Tuition and Fees School of Education | University of Pittsburgh）

# 3. The School of Educationの博士課程

The Doctor of Philosophy（Ph.D.）とDoctor of Education（Ed.D.）は分野の高度学術研究と高度専門職の学位プログラムを提供する。両学位とも基本的な修了要件は同等であるが、研究科によって外国語を必修とするが、大きな違いは博士論文（doctoral dissertation）の論述展開や基準などである。Ph.D.学位は調査・研究に基づく論理的な内容展開、Ed.D.は実践的な方法論の内容展開となる。

〔グレーディングとQPA制度〕

在籍基準として、Grading system（A〜F）があり、QPA（quality point average：累積平均点）（A+＝4〜F＝0）3.3以上が在籍許可基準であり、博士学位取得要件である。この基準を下回ると、即Probation（失格・処罰学生の仮及第期間）となり、その後2学期続けて改善が見られないと退学処分となる。Probationとなると、供与されている奨学金（基本的に毎学期申請する）、授業料免除、学内のGSA・TA（Teaching Assistant：助手）等の恩典を受ける資格を失う。

Grading System to Quality Points（前4節3-③を参照されたし）。通常のA〜F以外に次のアルファベットの表記がある。G：酌量すべき情状ある未修了、I：Incomplete、W：履修取り下げ、WF：履修取り下げ無効、S：Satisfactory、U：Unsatisfactory、K：資格適合、N：無単位聴講。ちなみに、大学院ではB：3.00合格レベル、B−：2.75大学院期待レベルより低い、C：2.00大学院レベルに達していない。

〔学位取得要件単位〕

Ph.D.とEd.D. 取得に必要な単位は一般的に60（60credits）であり、筆者のPh.D.コースワークを以下に提示する。ただし、筆者の場合修士課程の専門分野と異なったことから、編入審査の結果90単位取得要件が提示されたのである。

＊3単位10講義科目（A～F評価付き）：30単位

＊3単位6講義科目（S：Satisfactory、U：Unsatisfactory評価）：18単位

＊2単位6講義科目 Core Seminar、専攻コア科目（S、U評価）：12単位

＊6単位2博士論文概要,博士学位論文指導（S、U評価）：12単位

＊9単位2博士学位論文指導、試験、審査（S、U評価）：18単位

　筆者の場合、コースワーク72単位分認可後、予備筆記試験（preliminary exam）と本試験等を受け合格後、博士候補（doctoral candidacy）となり、論文審査に向けての活動を許可される。繰り返しになるが、米国には「課程博士」のみで「論文博士」はない、当然「博士甲」や「博士乙」などは存在しない。

　単位は単なるunitではなくcreditである意識が高く、博士課程でも単位分の実質的作業は教職員も院生も厳格に求められる。3単位（教室内：75分×2日＋6時間の教室外学修）科目が多く、文献の読まされかたは尋常ではなく、少人数であることから討議、プレゼン、ターム・ペーパ提出とまさしくワークであった。予断であるが米国大学では学士課程も修士・博士課程もワーク（work）という意識が定着している、学生も院生も履修はcredit取得ためにする仕事であると捉えている。面白いことに、キャンパス内では学士課程生も大学院生も普段使う表現として、When are you gonna finish your work, here？であり、studyよりworkの表現を多用していることが印象に残っている。

### 〔履修・研究計画提出から入学・在籍準正式認可まで〕

　当時のThe School of EducationではDoctoral General Diagnostic Assessment（Exam）（教育学博士課程一般能力考査）として「教育史」「教育哲学」「教育心理」そして「教育調査研究」の分野の査定を初学期に受ける必要がある。その結果、AAとコースワークの履修計画を立てる。日本の大学と異なり博士課程に入る場合、学士課程、修士課程の専門分野との一貫性は重要な鍵とはならない。しかしながら、専攻を変えた場合は専攻分野の基礎科目の能力試験または科目履修が要件となる。米国の場合は学士課程、修士課程、博士課程と分野が異なる探求者は少なくないといわれている。このような専門基礎に関する査定試験を実施することで、コースワーク履修計画を立てることになる。専門が変えら

れるという日本の大学人には理解できないことが可能になるシステムであり、面白いことに専門を変えることを肯定的に捉える大学文化がある。ピッツバーグ大学には多くの日本人の研究者が在外研修で滞在していたが、専門分野の変更は理解できないばかりか、Liberal Arts（リベラルアーツは本来エリート教育の代名詞であった）の意味やundergraduate（学士課程教育）の教育理念はなかなか理解してもらえなかった。

　最初の学期中に学位取得に向けた履修計画をAAの指導の基に作成し提出した。その結果、以下のような文面で2学期目の途中に履修計画が認可されたのである。

　Doctoral Study Plan Approved

　【Your Program of Study for the Ph.D. degree was approved by the Higher Education Program faculty on 24 March 1980.  Best wishes for continued progress toward your degree.

　　　　　　　　　　　　*Signature*/Chairperson of Higher Education Program】

　これで博士課程の**在籍が準正式**という形で認可されたことになる。一安心というより、不安材料がより多くなったと実感する毎日であった。

〔Statute of Limitations：修業年限〕

　The Univ. of Pittsburghは認可団体（The Middle States Association of Colleges and Schools, Commissionon Higher Education）から、博士課程は標準修業年限として入学時から6年がDoctoral Degree取得の期限として認可されている。入学許可と履修登録は同時期の必要があるが、学位取得前に6年が経過した場合でも、AAとOffice of Student Personnel Services（学生人材サービス・オフィス）の推薦があれば博士学位候補（doctoral candidacy）となりうるという制度がある。しかしながら、6年経過後は再履修や読み替え科目履修または履修済み単位が半減処理されるが、9年以上の延長はない。また、他の高等教育機関へのトランスファーもできないという規則があった。上記の年限は全ての課程コースワークが修了しており、残すは博士論文審査であるという条件である。米国の大学内でも非常勤の教員や若い研究者たちが巷で挨拶のように取り交わす表

現がある、それがAll course work But the Dissertation（ABD）である。

　このABD制度は「満期退学」「単位取得退学」「博士課程中退」に近いかもしれないが、日本の博士課程では、3年間のほとんどの時間を論文作成のための調査・研究活動に充てて、定期的に指導教員から学位論文指導を受けて博士論文を提出し公開試問を受ける。つまり、専門分野により異なるが、修士課程と比べても出席が求められる講義の数も極めて少ないのではないだろうか。コースワークと表記するには違和感を禁じ得ない。確かに、文科省の積極的な後押しもあり、近年日本の大学において若手の教育職員を採用する場合、「博士学位を有すること」と銘打って公募手続きを進めていることから、課程博士の人数、特に人文社会科学分野での多少の増加傾向が見られたが、実情は横ばいであるようである。やはり、課程コースワーク構築への抜本的な改革が不可欠となる。

## 4. コースワークから学位取得まで

　初年度1学期目（Fall 1979-80年度）はHIGHE（Higher Education）の必修コア科目（2単位）を3科目履修することからスタートした。3科目のシラバス合計は55頁あり、課題とそれに関する文献が提示されていたのが印象的であった。大学に行くと（ほぼ毎日であるが）、GSA（Graduate Student Assistant）・TA（Teaching Assistant）やコア科目に関するメンターが常駐しており、教授陣のオフィスアワーも多く、そして図書館に行けば大学院生用のスペースがあり、いつでも図書館司書から助言や指導がもらえるという環境には驚きであった。12月にはターム-ペーパー提出締め切り、筆記試験、そして履修者全員による発表討論会と精神的に全く余裕の無い学期であった。

　この学期は教育心理学（3単位）履修を既述のごとく義務付けられたが、初日に筆記試験があり、その時間内でTAによる採点結果が出て、80点以上の者はこの授業は履修しなくともよいが、レターグレードはBである。79点以下の者は履修せよとのことであった。当然、筆者は履修組みとなり週2回の出席となったが、内容と展開をHIGHEプログラムと関連してみるに、Ph.D.よりもEd.D.に対応した内容であると判断し、担当教員及びAAと意見交換の結果、W （withdrawal：履修取下げ）が認められた。筆者のacademic recordにはWとして残っている。

2学期（winter1979-80年度）HIGHEの更なる必修コア科目（2単位）を3科目履修、そして、この学期は2科目〈各3単位〉を履修する。前学期も開催されたが、必修コア履修者、教職員、メンター中心の発表討論会（KALEIDOSCOPE II：convention of presentations）を開催し、その内容と展開は圧巻であったと記憶している。筆者も40分の枠で大学への入試方法と選抜に関する課題についてプレゼンテーションをした。ちなみに、翌年のKALEIDOSCOPE IIIでは日本の文部省、政府による行政、大学管理運営について発表する機会があった。

この学期の3月に既述した履修・研究計画が認可された。しかしながら、この認可は第2段階の準正式在籍許可にすぎなかった。

〔予備考査とQPA〕

1980年5月に入って直ぐに、予備試験（preliminary examination）、つまりHIGHEプログラムの基本的な学術的知識の修得度を計り、今後の研究活動を続けるに相応しい水準に達しているか否かの考査である。6月上旬に以下のような文面で合格通知を受理した。

【I am pleased to inform you that you have passed the preliminary examination for the doctorate. Formal certification of competency for the doctorate will be completed only after the second part of your examination is successfully passed. In order to accomplish this, it is strongly suggested that if you have not yet initiated a meeting with your academic advisor in order to prepare the post core plan of studies reflecting the unique competencies you desire to develop, this should be done as soon as possible.

*Signature* / Chairman of HIGHE Program】

（Milestone 1：Preliminary Exam（Proposal for the pre-dissertation research project〔第3段階の在籍許可であった〕）と同時に学位論文へのマイルストーン1段階であり、次の段階に進めるために、「AAとCore科目履修後の学習／修・研究計画作成に着手すべきと強い提案」があった。

第3章　21世紀中葉の大学未来像 —向かうのは成熟期か衰退期か—　279

その後、1979-80年度Spring Session（4月下旬5月〜6月）、Summer Session（6月下旬〜8上旬）でHIGHE専攻内と他専攻の科目も含めて履修が続いた。Session内の履修は授業時間が長く、反面授業参加への準備学習、文献整理、課題等をこなす時間が短い。その上、Higher Education Programの科長付き「GSA」として週20時間の仕事が始まったことから、大学、図書館、アパートのトライアングルの行動範囲のみの毎日であった。この頃から、このような公的業務及び私的作業量は多忙状況下でも、何とか対応できる術が身についたと確信できるようになった。つまり、改めて時間の配分の効率化を図る重要さを認識できたことであった。

2年目の秋学期（1980-81年度9月〜12月）、冬学期（同年度1月〜4月）と専攻内課程科目の履修に専念する。中でも印象に残った科目はCollege Teaching Institutional Evaluation, Faculty-Staff Administrationであり、学士課程教育の本質に係わる内容で各科目担当教師から出されたシラバス自体に問題・課題が整理されており、21世紀の方向性を示唆した秀作であったことは驚きの一言に尽きる。

初年度と次年度の秋・冬学期と各セッションの履修科目はQPA3.3以上の在籍要件を満たすことができ、ようやく次のステップである在籍の正式認可となる。ここまではコースワークという長いトンネルであったが、目の前には博士論文作成という、更なる長い登り坂トンネルが続いていたのである。

**〔博士課程在籍正式認可の後、主専攻能力適正考査へ：Doctoral-level Competency〕**

1981年6月上旬、Division of Specialized Professional Development（専門能力開発部長）から、以下のような文面でHIGHE博士課程在籍が正式認可された。（**Milestone 2**：Pre-Dissertation Research Project〔**第4段階の在籍許可**である〕）。

【I am pleased to inform you that you have been admitted to doctoral study by action of the Graduate Faculty of the School of Education. I hope you will have a pleasant and profitable experience in the continuation of your graduate program toward the doctorate. Your faculty adviser will be pleased to counsel with you as you continue your doctoral pursuits.

*Signature* / Divisional Chairperson】

　引き続き次のステップに進むため、Spring Sessionに入って直ぐに博士論文作成に向けての主専攻能力適正考査（The Major Comprehensive Examination）を受験した。HIGHE専攻内で調査・研究を進めるにあたり、一般及び専門的な知識、学識と才能、素質の程度を考査する筆記試験である。その結果、1981年6月中旬にHIGHE専攻長名で以下のような文面の合格通知であった。

　【It is my pleasure to inform you that you have passed the major comprehensive examination in the Higher Education Program.

*Signature* / Director of HIGHE】

　上記の連絡に続き7月中旬にDivision of Specialized Professional Developmentから、以下のような文面でHIGHE博士論文作成正式認可（Certification of Competency）となった。（**Milestone 3**： Doctoral Comprehensive Exam〔**第5段階の在籍許可**である〕）。

　【I am pleased to inform you that you have successfully demonstrated competency in the program leading to the doctorate. I hope that you will have a pleasant and profitable experience while you work on your research problem and complete the remainder of your course of study.

　I am assuming that you have been working on a dissertation problem with your adviser and that he / she will continue as your research adviser.　Should you desire or require an additional adviser, please consult our program chairperson.

*Signature* / Divisional Chairperson】

　第一段落では、この課程におけるコースワークにおいても博士号取得に向けて、その能力・資質があることを認め、調査・研究の継続を許可するとあるが、第二段落のアドヴァイザー（論文指導教員）と博士論文のテーマについて進めるようにとのことである。その後の「指導教官の交代を希望する場合、または追加の指導教員が必要な場合は、プログラム部門長に相談せよ」との文章には少し戸惑ったが、筆者の場合は博士論文指導教員（Dissertation Adviser）（以下、「DA」という。）はオフィスアワー以外でも時間を割いてもらっており、特に

DAから週3日のペースで論文指導時間をもらえたことは誠に幸運であった。

### 〔博士論文Topic決定と論文審査委員会設定〕

　1980−81年度Spring Session（4月下旬5月〜6月）、Summer Session（6月下旬〜8上旬）で、春はIndividual Guidance for the Dissertation Overview（5単位）〈博士論文オーバービュー指導〉、前の冬学期でOverview Guidanceとして6単位分の研究指導は受講済みなので、その継続である。夏には、Individual Guidance for the Doctoral Dissertation（3単位：論文研究指導）として、具体的な研究方法や展開の指導を受ける。

　1981年7月中旬に以下のような文面で正式に告知される。

　【TO：Chairperson, Division of Specialized Professional Development

　RROM：Chairperson, Higher Education Program

　DATE：　10 July 1981

　SUBJECT：Proposed Dissertation Topic

　The Higher Education Faculty recommends the approval of the Dissertation topic and proposed committee for Hideo Takemura】

　この後、論文を本格的に進めるために、Overview and Dissertation CommitteeをAAの意見を参考に立ち上げた。委員会は論文指導教員（DA）と少なくとも後3人（2人は専攻内、1人は他専攻）からなり、division chairpersonの認可が必要となる。委員会は大学院の教員であることを原則としている。筆者の場合、委員会は論文指導教員（DA）（Chair of the Overview and Dissertation Committee）と他4人（1人は他専攻から）の委員で構成した。

### 〔Overviewのための論文計画・提案から博士学位候補生へ〕

　Doctoral−level Competency（博士号取得レベルの能力）の後はOverviewのため論文内容・展開・方法論などを含んだ計画・提案（Proposal）を委員会に書面にて提出し審査を受ける必要があった。学内規程により、DAは以下の項目を既述した書類をthe Office of Student Personnel ServicesへOverview考査を実施する月の15日までに以下の項目を提示する必要があった。OfficeからOverview

282

日程を学内に公開（All overview examinations then will be open to any faculty member wishing to attend）する。

1. 候補生氏名　2. Overviewのタイトル　3. 600wods abstract（院生）　4. Overview委員会委員名　5. Overview実施日程・場所

1981年9月15日に以下のようにOverviewが合格要件に満たしたと通知があった。

【I am pleased to know that you have successfully completed the overview requirements for the doctorate. In compliance with the Graduate Faculty regulations, you are now candidate for the Doctor of Philosophy. Dr. XXXX in the program of Higher Education will continue as your research adviser. May you have a pleasant and educationally profitable experience while completing your dissertation.

*Signature* / Division Chairperson】

Doctoral Candidacy（博士候補資格）と認可された時点で、科目72単位取得済みで、論文関係の研究調査（independent research credits）18単位のうち12単位の研究指導を受けているという条件である。これらの条件をクリアしたということで、残りの6単位で博士論文を完成させることになる。（**Milestone 4：Dissertation Overview**〔<u>第6段階の在籍許可</u>となる〕）。残すは最終段階の論文口頭試問だけとなった。

〔**論文のFirst Draftから博士論文口頭試問まで**〕

更なる規程として、博士論文はOverviewの合格通知受理から1年以内に完成させなければならない。未提出の場合、審査委員会は解散、候補生としての第4段階資格は取り消しされ、その上Overview書面も無効となる。当然、例外はありえるが合理的な理由があり審査委員会の一致した同意が必要である。

First Draftは最終口頭試問を受ける予定学期の1学期前の初頭にDAに提出しなければならない。このステップは最終草稿に向けて、The School of Educationに沿った論文スタイルやフォーマットに修正する期間でもある。

最終草稿は先ず、最終ReviewとしてDA及び審査委員に提出する。同時にコ

ピーをThe Office of Student Personnel Servicesに提出する。最終口頭試問（the Final Oral Examination）は実施月の前月15日までに日程、600wordsのアブストラクト、審査委員リストを添えて提出した。口頭試問は答弁の形式（defense）で公開試問となるが、合否の投票は委員のみである。

The Final Defense of the Dissertation（最終口頭試問）は1982年12月15日に修了し、翌月以下のように正式文書が届いた。

【This is to verify that you have completed all of the requirements for the degree of Doctor of Philosophy in Higher Education. This degree was awarded December 15, 1982.

*Signature* / Executive Director】

最後に論文の著作権の登録をし、出版手続き（University Microfilms International）をして全て修了となった。（**Milestone 5**：Dissertation Defense〔第7段階認可〕）。

## おわりに

筆者の経験・体験を基に学位取得経緯を当時の記録と記憶で記述してきたが、あくまでも歴史の一頁にすぎない。現在、当時の課程から大きな変革等があったらご容赦願いたい。現在のプログラムをWebページで確認すると基本的な考え方は変わっていないように見えるが、アカデミック・カレンダー、研究科と専攻、カリキュラムなどは改編されていることが見て取れる。

以降のHIGHEのカリキュラムも多少なりと改編されているといえる。基本的な枠組みは以下のようになっているが、課程博士学位取得には90単位必要であることは同じである。ただし、HIGHEの修士学位を取得していれば博士課程では70単位前後になる。（筆者の場合は90単位必要であった）**Milestone 1～5**の道程は継続している。

【課程科目（1科目2と3単位）】　　【博士論文】
研究科コア：6単位　　　　　　　　Dissertation：18単位
専攻コア：15単位
専門科目：24単位

リサーチ方法：12単位

論文演習：6単位

他専攻科目：9単位

計：72単位　　　　　　　　　　合計　：90単位

（https://www.education.pitt.edu/program/phd-in-higher-education/）


　よく日米の博士課程の違いが話題になるが、博士学位授与に関して基本的な違いがあることを確認しておく必要がある。私見であるが、日本の博士課程は「論文主体」、米国は「学力主体」の課程であるといえる。日本では、特に人社系学位は博士課程に入るまでに、学部〈学士課程〉、修士課程で分野内の総合学力は身についているとの考え方から、博士論文は完成段階〈蘊奥を究めた〉に達したと判断された時点で授与されてきた。当然ながら、満期退学が当たり前で、40、50代で論文博士を取得するまで長い道のりであり、これが伝統的な完成度を求める大学文化であった。

　一方、米国の場合は文系では学士課程から博士課程まで同分野で歩んできたとは限らないことから〈主専攻と副専攻の逆転する研究の徒は少なくない〉、多くの科目の履修を義務付けられる。つまり分野内の総合学力を重視することで、この科目群をクリアしなければ、論文提出は許可とならない。よって、博士論文自体も現在の研究水準に達しており、つまり学位を保持するに最小限の資質（minimum standard）（米国大学の認証評価システムと同じ）が備わっており、今後自立して研究活動を続ける能力が認められ、更なる、発展・貢献に繋がる可能性があると判定されたレベルで学位の授与となる。よって、論文博士という考え方は存在しないし、学位と結び付ける思考は大学文化や社会にはない。

　かつて、米国の課程博士制度に対して欧州、特に英国からは「学位の量産体制に問題あり」、日本からは「若年層に授与することから論文の質は低い」との批判があった。しかしながら、現実には英国内の多くの大学も米国式に近づきつつあり、日本も「論博」という制度をなくし、課程博士を積極的に輩出する動きが顕著である。実際に多くの大学で改革に取り組み始めている。当然ながら、課程というからにはコースワークが必要である。実際授業科目を設定して

いる博士課程も出てきていることは吉報である。しかしながら、科目を導入しつつあるが、内容が不明確で単位分の講義科目として体をなしていない。私見としてまとめると、今後2040年までに課程博士の内容は大きく改変され、米国式とまでいかなくとも、必然的にグローバル対応に必要なコースワーク課程構築への段階に入ることは想像に難くない。特に人社系の修士学位はもちろん博士学位取得者に対して、教育産業界だけではなく、産業界全般にわたりOverqualified（資格過剰）などと躊躇せず、大いなる財産として能力を発揮させる意識改革はもちろん、企業内努力を期待したい。

第6節

# 大学入試の変遷から見える国民性

## ―入口文化主義から脱却を―

## 1. 入試の原点

### ◆奈良時代（710〜794年）

　大宝律令（701年）で学問・教育に関する法律として「学令」が発布され、平城京の式部省に大学寮（中央の大学）という機関を設置され、国家の最高教育機関として官僚育成機関としての整備が整う。大学制度の範を唐（儒教が国家統治の原則）制度に求めたことから、仏教と神道が儒教と並立し、儒教理念が教養と認識されたことから、入試は漢文の知識。儒教の経典や史書などから抜粋されたもので、漢文の読解力や儒教の知識を問われた。ただし、入学資格者は上級貴族の子弟と限定された。

　地方の官吏養成のためには国学が設立され、国司（中央からの派遣貴族）が管轄した。入学資格は郡司（有力豪族）の子弟が優先されたが、定員（約20〜50名）に欠員が出た場合のみ庶民の子弟も入学が許可された。学習／修期間は13歳から9年間で学生は国学生となり、中央大学に準じた内容の試験を受け卒業後、郡司の要員となる。中には推薦されて中央の大学に入る者もいた。空海（讃岐国出身）はその一人で、791年に中央の大学（15〜18歳学修）に推薦される[1]。

### ◆平安時代（794〜1185年）

　「安元の大火」（1177年）で大学寮や文章院は焼失したが再建されず、公的教育機関としての大学寮は消滅した。藤原氏は和気氏の弘文院設立にならって、藤原氏出身の大学寮学生のために821年に「大学別曹」として勧学院学問所・寄

第3章　21世紀中葉の大学未来像 ―向かうのは成熟期か衰退期か―　　287

宿舎を創設し、菅原氏の文章院、橘氏の学館院、他も大学別曹を創設し、官界進出補助制度として位置付けて一族単位の学生の学費・生活費保障する。氏族学生の立身出世の登竜門となり、当然ながら「学閥」が形成され氏族間で格差が広がる。この教育施設こそ私立学校の萌芽といえる[2]。

当時の西洋人は日本の代表的な学校は比叡山延暦寺（805年）、高野山金剛峯寺（816年）を高等教育機関と認識していたというが、やはり憶測の域を出ない。

◆鎌倉時代から室町時代まで（1185～約1460年）

仏教寺院の学識僧が台頭、特に鎌倉五山文学（禅宗寺院）は武家階級の学問修養施設（漢文学学校）として整備される。入学資格は武家の出身か幕府や五山からの推薦者であり、入学試験として漢詩と漢文の作成能力と知識が問われた。

鎌倉時代の13世紀中期、北条氏の金沢文庫（最古の武家文庫：和漢の書籍・仏典）は学僧の教育機関となるが、東国の地域文化発展に大きく寄与する。室町時代の上杉氏の足利学校（1439年）も入学資格と試験は五山と同等であり、関東における文化センターとしての役割を果たす。当時の基督教宣教師（カトリック神父一派のイエズス会）、1549年フランシスコ・ザビエルは「足利学校は日本国の中で最も大にして、最も有名なる坂東の大学」として日本の中心的学校と認識していたようである。

◆戦国・安土桃山時代（約1470～1603年）

足利学校：学徒3,000人前後で、室町～戦国時代では関東の最高学府と位置付けられ儒学、兵学、医学、他蘊奥の教養を探究する教育機関となる。学費は無料で入学資格は時代によって異なるが、先ず僧籍の有無を問われた。入学（試験）：庠主（校長）裁量で決定された。

　［例外］キリシタン宣教師

　　・セミナリオ：イエズス会設置。1580～1614年　イエズス会司祭・修道士育成の中等教育機関（神学校）10～18歳を対象とする。

　　・コレジオ：司祭（神父）養成の大学。［セミナリオを卒業した優秀者が入学。基督教科目＋天文学や幾何学など幅広い教養科目も履修[3]。

◆江戸時代（1603～1868年）

近世において、公教育の源流として藩校（総合学校、総合大学）約230藩校の位置付けは大きい。厳格な入学試験はなかったが素読吟味（四書「大学」「中庸」「論語」「孟子」）と漢文を日本語訳で3回読み上げる程度であった。しかしながら、進級〈等級制〉は厳格であるし、卒業は家督を継ぐ条件となる。

　18世紀後半から藩校急増し、藩校就学は義務化となる。江戸時代に最初に開かれた私塾は、「白山義塾」（1787年）だとされており、その後教養、知識普及学問思想の大衆化が進む。

　聖堂学問所（昌平坂学問所）は1790年に幕府の官学となり当時の最高学府となる。朱子学を幕府の正学問として幕臣・陪臣・藩士に教授し、入試は経書（四書五経）素読試験に合格する者と林家や幕府からの推薦者も正式学生となる。特筆すべきは聴講入門制度があり、陪臣・浪人・町人は正式な学生ではないが、儒学の基礎知識や教養を身につけることができた。19世紀は「教育爆発の時代」となり、寺子屋の学習内容の充実は国民全体のリテラシーが高まることで「私塾」儒学や他の専門的諸学の中等、高等教育レベルの拡充・拡大（学問塾）につながる。当時の教育機関への厳格な入試は無く、またさほど重視されておらず、その根拠として「身分制とは相容れない」も否定できない。やはり、先ずは学習／修への機会を与え、努力と成長に期待し厳格に評価する姿勢を重視したことは確かである[4]。

## 2. 近代高等教育機関の黎明期

### 1）明治期

#### （1）新政府の高等教育機関

　1877年、東京大学（法理文）への進学者は前身機関の一つである開成学校の「普通科」（予科）と別個の中等教育機関「官立東京英語学校」の二校が統合され、修業年限4年の「（東京大学）予備門」として再編された。この予備門で課程履修（教授言語である欧米語の修得）が義務づけられた。1882年に医学部の予科も予備門に統合され、予備門は全学共通の予備課程へと拡充された。学期ごとの厳格試験の結果、多数の学生が落第、退学させられている。

1886（明治19）年、東京大学は帝国大学と名称を変え、教授陣も日本人によって充足となる。1894（明治27）年：文部省の法令上「尋常中学校入学規定」で入学試験の言葉が初出である。入学者を選別すると定義されたが、事実上は「学力検定試験はあったが、競争選抜試験ではない」、つまり一定以上の学力があれば入学許可している[5]。旧制高等学校（1894年から以降高等学校になる）からの入学は無試験。であった。当時は9月入学であったことは「夏目漱石作「三四郎」（第五高卒業、夏帽、蚊帳）」の件があり、まさしく9月入学の証左である。ちなみに、1921年から4月入学となる。

　1896（明治29）年、帝国大学は各分科大学で規定を設け高等中学校（1886-94年まで、以降高等学校になる）の卒業生であることと、語学試験（医学と薬学は物理、工科大学［現工学部］）を翌年実施する。

　1897（明治30）年に京都帝国大学が設置されると、同年、帝国大学は東京帝国大学になる。旧制高等学校と帝国大学の総定員はほぼ等しかったことから旧制高校生は大学学部を問わなければ、どこかの帝国大学に入学できた。そのため帝国大学の入試は現在のエスカレーター式高校からの大学学部選抜のような位置付けであり、高等教育入試の主戦場は旧制高校入試であった。

## （2）入学試験：大学の定員

　渋沢元治：名古屋帝国大学初代総長の入学逸話として、一高を病気で卒業遅延し、更に電気工学科へ入学申請定員21人充足で入学が不可となった。しかし、学生1名休学したことから2名入学希望者がおり、2名だけの入学試験が実施された。つまり、当時の工学部の定員厳格であり、この入学試験は落とすためのものでなく、やむなく実施するものであった。特筆すべきこととして、東大では試験の結果その年入学できなかった学生は、翌年優先的に入学できた[6]。

　当時は中学校・高等女学校の卒業生は、今の大学卒程度の社会的地位を保てた。経済的ゆとりができると、上級学校に進学し高い学歴、多くの収入が期待できるようになる。明治期末には多く生徒たちは上級学校を目指すようになり、次第に入学試験、つまり選抜試験が学校教育に大いなる変化をもたらすことになる。封建的身分社会から学歴・エリート社会へと展開していく。次世代に社会問題化を招く前触れとなる。

## 2) 大正時代

### (1) 競争的入学試験拡大

　1902（明治35）年、旧制中学校の卒業生は1万人を超え、1913（大正2）年、2万人強となる。当然ながら、旧制高等学校（旧制高等学校は高等教育機関であったことから帝国大学への進級は保証された）や専門学校への入学を希望することで、受験勉強が切実となる。受験参考書（主要な入学試験科目：国語、漢文、数学、英語）や受験塾が定着・繁栄し、中等教育機関として受験勉強を通して生徒の学力向上を育むという伝統が定着していくのである[7]。

［大正期の受験雑誌］

出典：「近代 I—④　学校と試験　入学試験の始まり◎検定から選抜へ」
『週刊　朝日百科日本の歴史』10巻103号125頁。

　1921（大正10）年、東京帝国大学は9月入学から4月入学へ変更となる。しかしながら、師範学校1889、初等1892、中等1900年から4月入学へ移行していた。その間のギャップ期間は教育機関個々、結構柔軟に対応していたようである。

　ちなみに、1984（昭和59）年中曽根康弘諮問機関であった臨時教育審議会から国際的な学年制度に合わせるべきとした4月入学から9月入学への移行に関する提案があったが、1992年に中央教育審議会が「現時点では導入すべきでない」という答申を出して事実上断念された。しかしながら、2020（令和2）年度

9月から新年度開始という議論（制度・行政改革も含む）が再浮上したが文部科学省（以下、「文科省」という。）や学会、他から慎重な社会的論議を求める声明が出された。国際化の見地から、今後もこの特定の課題の浮上は必定であることから20世紀初頭の20年間の旧制教育機関間の対応策は少なからず参考になろう。

## (2) 入学試験を巡る紆余曲折

旧制高等学校は厳格な定員枠があり、個々の高校で入学試験を実施していたことから、学力がありながら入学できない進学希望者が多数現れる事態となった。これまでの学校教育の中では見られない現象であったことから、1902（明治35）年、文部省は対応策として旧制高等学校への全国一斉に入試をし、上位者から希望校へ入学させることにした。いわゆる、初の総合選抜制入試であったが、6年後に廃止になっている。更に1917（大正6）年に復活したが、2年後には1919年に再度廃止となる。

旧制中学校（修業年限5年）受験があまりに熾烈だったため、中学受験ノイローゼ気味の生徒が増えたことから、文部省は1927（昭和2）年に入学試験を廃止し、内申書、人物考査、身体検査での選抜を指導したが、やはり問題が山積したことから2年後に筆記試験実施を認可することになる[8]。1939（昭和14）年にも入学試験禁止を発布したが、数年後に筆記試験が復活することになる。

この紆余曲折の主たる要因として、進学希望者が急増したにもかかわらず旧制中学校の定員は限定されていたことから、競争率が激化し問題が顕在化した。特に受験準備に翻弄される結果として、初等教育機関の教育内容や生活が著しく犠牲となっていたことは確かであった。この傾向は現代の総合選抜制入試方法に通じるものがあり、生徒の潜在的能力や素質を正確に測ること自体が困難であるだけでなく、進路指導や人材育成に対して負の部分もかなり存在することを覚えておく必要がある。

旧制の当時でも、社会的地位や経済的条件によって受験機会や合格率に格差が生じており、公平さを欠くシステムとなっているとの批判もあった。現在でも本来、教育機関としてあるべき姿から大きく逸脱している入学試験の過熱ぶりが、中等教育機関の教育内容と生活を阻害している実態と酷似していること

は皮肉である。ここに入学試験に対する日本人特異な考え方を垣間見ることができる。

## 3. 新制大学としての挑戦

### 1）復活から成長、そして模索期へ

#### （1）新制大学への受験制度改定

　戦後1947（昭和22）年、大学設置基準第1章第2条-3［入学者選抜］で「公正かつ妥当な方法により、適当な体制を整えて行う」とある。新制大学1949（昭和24）年、国立大学を都市部集中防止策として各都道府県に設置し、一期・二期校制度を創設することで、入試制度を受験機会の複数化を目指したが、大学序列化が顕著になってしまう。

　この新制度を設けた目的は複数有名大学への受験を阻止し、一期校（試験3月初旬）、二期校（3月下旬）試験内容が異なることを特徴とした。しかしながら、学歴差別（第一志望は一期校、滑り止めは二期校）と本位とは異なる風評が定着してしまう。一期校合格後は二期校試験欠席する。特に団塊の世代（第一次ベビーブーム）の受験競争と大量の浪人発生となり、更に一期校や特定大学の受験競争が過熱し、その上難問・奇問出題がまかり通る異常なエスカレート状況が社会問題となる。当然ながら、永井道雄文部大臣（1976年初頭）「受験地獄を脱す道」の論文を発表する。主たる主張は次のように整理できる[9]。「受験地獄は、教育の目的を見失い、人間性や創造性を損なう現象である。学校教育の質的改善と多様化が必要である。高等教育の多様化や国際化、社会教育や生涯学習の推進などが必要。」

　更に、テストで学力を選別し、競争心をあおる教育から「助け合い教育」を推奨しているが、当時の学校制度から非現実的であった。教育界や社会全体での合意形成が不十分であったばかりか、学校や家庭での受験競争意識が根強かった。新制大学の成長期を経て、次のステージへの試みが始まる。

#### （2）大学共通第一次学力試験（共通一次）

　1979（昭和54）年から国公立大学受験者対象にした共通試験（1月）が実施さ

れ、各大学による二次試験（3月一回のみ受験）が行われる学力試験として位置付けられた。重要な目的は入試・受験地獄という社会問題を緩和する意図があった。一期校、二期校の位置付けの廃止し、大学間の学歴差別の撤廃を図る。特徴としては国公立大学で共通試験を実施し、大学入学に値する最低限の学力の確認、つまり基礎学力試験であることから難問・奇問出題廃止とし、高校までの5教科7科目の範囲を設定する。二次試験は1校のみと限定するが、面接など多様な面から考察も可能となる。基礎学力試験ということで、フランスのバカロレアをモデルとしたことは確かである。

　しかしながら、一発勝負方式であり、受験戦争激化との批判が当初からあったことから、1987年度から二次試験を1校から3校受験可能としたが、当然ながら入学辞退者が増加し、結果的に学歴差別の払拭どころか増大してしまう。更に、受験指導に「学力偏差値」を用いたが、後に特に国立大学入試において偏差値が有用なツールとなったことで、受験産業による大学の序列化が明確になり受験競争の激化を助長してしまう。この偏差値計算は相対的な指標であり、絶対的な基準では解釈に注意が必要である。偏差値は単純に平均値と標準偏差を用いて計算されるため、その他の統計的な指標と組み合わせて使用すべきである。欧米諸国で、この統計方式は認知されていないようである。80年代、この受験方式は受験塾を活気づけることとなり象徴的となる。その後も大学入試の選抜方法に関しては大いなる議論がなされてきたが、90年代に入ると競争的環境下で個々の大学において学生確保のための模索期に入る。

### (3)「大学入試センター試験」（センター試験）

　公平な入学試験制度確立のため、1990（平成2）年センター試験（1月）が実施され、各大学二次試験（2、3月）の2段階方式となる。このセンター試験の目的は入試の多様化を通して高等学校教育の基礎的な学習達成度（アチーブメント）を判定することである。重要な試みとして、脱偏差値による進路決定及び学歴差別解消に繋がることが期待された。

　特徴として6教科30科目マークシート（知識を問う良質問題）で、志望大学の特色を考慮して利用教科・科目数を選択することが可能となる。画期的な特徴として、私立大学も一次試験として利用可能となる。

しかしながら、この入試方法の内容の問題点が浮上し、常に議論の対象になっていたことも事実である。教育界からは、思考力や問題解決及び新しい価値を生み出す応用力が必要な時代に沿う試験内容ではないとの評価であった。集団主義言動から個々の個性化と多様化を重んじ、混沌とした時代に即応する能力を養う人材育成の必要性についての議論が沸きあがる。2013年、安倍首相（当時）は教育再生実行会議（私的諮問機関）へ諮問し、同年、新テスト導入と外部検定試験の活用検討を次のように提言している[10]。「センター試験は暗記だけでは解けない、考えさせる設問がある」と評価しながらも、やはり「先行きが予想しづらいこれからの社会では、知識の量だけでなく、自ら問題を発見し、答えや新しい価値を生み出す力が重要になる」と言明している。

　その後、思考力や判断力、表現力をより重視した新しいテストに衣替えする方針が決定される。2017年、中央教育審議会「大学センター試験　大学入学共通テスト」を以下のような骨子を提言している[11]。

> 　共通テストは、大学入学希望者を対象に、高等学校段階における基礎的な学習の達成の程度を判定し、大学教育を受けるために必要な能力について把握することを目的とする。このため、各教科・科目の特質に応じ、知識・技能を十分有しているかの評価も行いつつ、思考力・判断力・表現力を中心に評価を行うものとする。……「国語」、「数学Ⅰ」、「数学Ⅰ・数学A」については、マーク式問題の見直しを行う。マークシート式問題に加え、記述式問題を出題する。……高等学校学習指導要領における英語教育の抜本改革を踏まえ、大学入学者選抜においても、「読む」「聞く」「話す」「書く」の4技能を適切に評価するため、共通テストの枠組みにおいて、現に民間事業者等により広く実施され、一定の評価が定着している資格・検定試験を活用する。

　大学入試センター試験は2020（令和2）年度を最後に廃止された。2016（平成28）年より東大が推薦入学を取り入れることなど、大学入試改革について侃々諤々の議論がなされてきた。その方向性を一言でいうならば日本の教育を「知識詰め込み型」から欧米にみられる「知識活用型」のへ移行するとの共通認

識は根底にあった。そして新テスト導入へ。

## （4）「大学入学共通テスト」（共通テスト）

　2021（令和3）年、共通テストの目的は時代の変化に対応した「思考力や問題解決」を重視した試験内容である。特徴としては基礎的な学力の到達度を判定することや、多面的に能力を評価する5教科30科目の選択を通して、「知識・技能」「思考力・判断力・表力」「主体性を持って多様な人々と協働して学ぶ態度」から、特に「思考力・判断力」の評価を重視している。特筆すべきは国語、数学マークシートに加え記述式問題導入し、英語では民間の資格・検定試験の併用して読む、聞く、話す、書く、の4技能を判定することである。

　この共通テストの懸念として、記述式問題の公平な採点の難しさ及び採点者の人員不足があげられ、民間の資格・検定試験の信頼性、実施日や受ける場所の問題など議論が沸騰している。記述式問題に関して萩生田文部科学大臣は『自分の身の丈に合わせて、頑張ってもらえば』（一人ひとりを生かす教育ではなく、経済的な意味、つまり格差容認と解釈）の発言から見送りとなる[12]。賛否両論があったが時期尚早であるということで結果的に、新たな英語試験は2024年度からに延長された。更に、記述式問題も導入が見送られ、すべてマークシート方式となる。

　2024年度の国語と数学については、マークシート方式に加えて、記述式問題が導入される予定である。記述式問題は、国語では「読解力・表現力」、数学では「思考力・判断力・表現力」を評価するために出題される。

　英語については、4技能を判定するために民間の資格・検定試験を併用する。民間試験の受験は任意であり、受験しない場合は共通テストのリーディングとリスニングのみで評価すると公表されている[13]。

# 4. 東洋と西洋の試験方法と内容

　この項目では、先進国における大学入学試験実施方法の整理を通して実態を把握することで、学ぶべき事柄を明確にしたい。

## 1）選抜的筆記試験の始まり

　筆記試験の実施は中国の隋唐（7〜世紀）の官吏途用科挙制度からと言われている。多くの受験者に対して共通の問題を課す筆記試験では公平性が担保されたのである。一方、西洋の知的伝統として弁論術の発達が重要視された。欧州には筆記試験はなかったし、答案用紙の紙もなかったことから試験は面接、つまり口頭試問であった。古代ギリシャの都市国家でも中世の大学でも弁論、つまり口頭議論で勝敗を決した。つまり、一対一の勝負であり試合であったようである[14]。

　欧州で筆記試験が始まったのは、中世の教会（イエズス会士の母校コレジオ・ロマーノに導入）や大学で行われた学位や聖職のための試験が起源とされているが、本来の選抜的筆記試験は、フランス革命（1789）後に行政官（官僚）の登用に導入された公開競争試験（コンクール）が最初と言われている。ナポレオン時代にさらに発展し、エリート教育機関であるグランゼコールへの入学試験としても採用された。その後、コンクールはヨーロッパ各国に広まる。ドイツではアビトゥア（ラテン語のexamen abiturium［試験＋去ること＝卒業試験］から派生）と呼ばれる大学入学資格試験が18世紀末に制度化された。アビトゥアは現在でもドイツのエリート教育の中心的な役割を果たしており、筆記試験は5時間に及ぶこともある。更に、ナポレオンは19世紀初頭にアビトゥアにあたるバカロレア（国家による試験制度）を創設し、高校卒業資格（リセ）と大学入学資格及び職業資格となった[15]。

## 2）先進諸国の入試制度

### （1）アメリカ合衆国

　基礎的な入学資格はハイスクールの修了である。ハイスクールの卒業資格、特定科目の履修と学業成績、及び適正テスト（SAT I：大学入学試験委員会［Scholastic Assessment Test Ⅰ］（大学進学後：学業上の成功の可能性を評価）または（ACT：［American College Test］（高校での学習成果を測定）。特筆すべきこととして大学に定員枠はない。

＊高度選抜型（Selective）：高いレベルの学力または特定の資格を有する限られた数の入学者を選抜するアイビーリーグ大学などの有名私立大学と一部のリベラルアーツ・カレッジ及び州立大学。

＊競争型（Competitive）：一定水準以上の基準を満たした者は全員入学。多くの州立大学の入学方式。

＊開放型（Open）：成績等に関係なくすべてのハイスクール卒業資格を持つ者に入学を認める。短期大学（Community College）で実施。

Admissions Office（AO 入学審査課・部・室）には、入学審査専門スタッフが小規模大学でも10人前後、大規模大学では約40人前後おり、学生集めと入学許可を専門に扱うプロ集団を擁している。主たる審査は入学希望者の過去の教育過程、いかなる思想形成があり、入学後他の学生に良い影響を与える可能性、更に伸びしろがあるかなど、多様な観点から評価・審査をする。大学は社会、特に産業界からの要求に応える努力は必要であるが、おもねることは避けるべきであるとの固い意志がある。当然ながら、カリキュラム内容の陳腐化を避け、普遍的な能力を学生に身に着けさせる教育は必須であり、職業訓練校になってはならないとの共通観念がある。

## （2）イングランド

大学進学希望者はシックス・フォーム（2年間の学習課程）に進学する。中等学校（5年制）卒業者の6割程度は6th Formで統一試験受け、その結果で志望大学への進学可否が決定するが、オックスブリッジ大学などの超一流校を狙うならば好成績必要であり、さらに面接など大学独自の試験がある。オックスフォード大学にカレッジによって哲学、ケンブリッジ大学では多くのカレッジで数学（複数）の試験がある。

大学への願書提出はUCAS（Universities and Colleges Admissions Service）（総合出願機関）という名の公的機関を通じて行う。そのプロセスは以下の通りである。

＊最終学年（第2学年）の11月までに、大学・カレッジ入学サービス（UCAS＝入試事務を一括処理するための機関）を通じて出願。

＊願書は全国共通 →志望専攻、中学卒業（GCSE）試験の結果、自己評価欄、

内申書。

＊志願者への結果通知（通常4月まで）。

＊欠員のあるコースについては、8〜9月にUCASを通じて第2次・第3次の募集。

### （3）フランス共和国

　バカロレア（中等教育修了と高等教育入学資格を併せて認定する国家資格）に合格していれば、原則として志望大学に入学できる（医療・芸術系、グランゼコール準備級を除く）。大学以外の高等教育機関では、バカロレアの取得とともに選考や選抜試験が実施される。大学は学問を極める場所との統一認識があり、初年度で学生の半分脱落するほど厳格であり、留年も1年のみで、その後は強制退学となる。米国・英国と同様に卒業することに社会的に価値が認められる。

　グランゼコール（国内の超エリート養成機関）グランゼコールへの入学に当たっては、グランゼコール準備級を経て各学校の入学者選抜試験を受験する（準備級を経ず直接入学できる学校もある）。ある意味、大学よりレベルの高い高等教育機関であり、以下のプロセスで入学ができる。

1. 高校を卒業し、バカロレアという高校の最終学年で受ける試験で高得点を取る。
2. グランゼコール準備級（CPGE）という2年間の予備校（リセ：後期中等教育機関に付設）に進学し、グランゼコールの入学試験に備える。
3. 厳しい入学試験を受けて合格する。
4. ランゼコールに入学して、専門的な学修を3年間続けるが、毎年コンクールという筆記試験を受け、その結果席次が替わる．その上、卒業時の席順により官僚組織内でより良いポストにつける。

### （4）ドイツ連邦共和国

　総合大学入学までの3段階の選別は以下の通りである。

1. 小学校（4年制）卒業時点で進路を決める。大学進学志望は小学校卒業時点で「ギムナジウム進学」（州によって8〜9年制の中等教育機関）に進学する。

2. ギムナシウム（高校）進学の場合、［アビトゥア］（高校卒業資格試験＝大学入学資格試験）に向けて13年生まで学習する。

3. アビトゥアは国家的資格取得なので原則として希望する大学、専攻に無選抜入学可能となる。

特筆すべきはアビトゥアに合格すると有効期限はないことから、ギャップイヤーとしと海外留学、世界旅行、インターン生、アルバイトを経験し、一度職業経験後に大学進学する数も多い。

専門大学入学には専門アビトゥア（Fachabitur）が必要である。しかしながら、アビトゥア、専門アビトゥアなしで高等教育機関に入学する方途も拡大しており以下の通りである。

＊職業上の認定資格：名職人（Master Craftsman）、企業管理者（Business Administrator）、技術士（Technician）などの資格を持つ者。

＊職業訓練（Vocational Training）の修了者は面接相談、適性検査、職業学習のいずれかを受けることで、大学に入学する可能性がある。

＊一定の職業経験を有するが、その職業に対応しない分野について学びたい場合は、2年間の職業訓練を終了し、更に3年間の職業経験を有する必要がある。この場合も面接相談や適性検査などが必要である。

## (5) イタリア共和国

一部の大学以外、入試がない。入学資格は、後期中等教育（高等学校）の卒業ディプロマの取得者に認められる。大学進学率は50%前後である。そして、大学を含めた卒業資格取得は困難であることから、大学の質の高さが世界に認知されている。大学卒業生に対して、その努力に対して誇りとして町内を挙げての祝賀パーティーを開いてくれるような国柄である。しかしながら、大学受験という概念がない分、中等教育機関での進級・卒業が厳格であることから、家庭教師や予備校などは進級試験や卒業試験のためにあることも特筆したい[16]。

歴史と伝統のある高等教育、特に大学への入学方式を中心に簡潔に整理することで、一つ大きな共通点が見えてきたのである。最も重要な本質の一つとして「後期中等教育機関の教育内容、成績と生活」を尊重すべきとし、諸々の共通・統一試験の位置付けも「高校卒業資格試験＝大学入学資格試験」「基礎的な

学習達成度（アチーブメント）判定」であるとの認識の基、入学を許可している。大学入学希望者に進学後の学業上の努力と成功の可能性を期待し、先ずもって最優先すべきは学習／修の機会を与えることであり、その上で学生は単位分の学習／修に真摯に向き合い、成績評価の厳格化が学生の卒業・修了時の質の確保や国際的なレベルの学位水準の高さにつながっていると断定できる。

# 5. 入試方法の模索だけでは本来の大学教育構築は遠のく

　2021年は大学入学共通テストの初年度となり、思考力・判断力・表現力を問う問題重視で全問マークシート式による日常生活を題材に、多数の資料から必要な情報を探して解答する問題が多くなった。問題文の量が増えると同時に、図表や資料を読み取る出題が多く、センター試験よりも難易度は上がったとの評価である。2年目の2022年度共通テストは初年度より難化したとの評価であった。2024年度から「情報」を新設、教科・科目の再編と検討されていた英語の民間試験の活用も実施する予定である。共通テストが5教科から6教科8科目になる。やはり危惧していた通り、2024年度の共通テストでは英語の民間試験の活用は見送られた。

## 1）大学入学試験：国民的行事に近い社会現象化

　日本はもちろん諸外国のいかなる国も「大学が学生を選ぶ」か「学生が大学を選ぶ」かの間で常に検証し、論議を通して改正を試みている。大きな違いは前項目4の諸外国は入試による選抜も重視しているが、学位授与機関としてカリキュラムや教授法の精査を最優先していることである。

　大学入試は共通一次試験（1979［昭和54］年）以来、毎年メディアも大きく取り上げ、中等教育機関も改訂・改編ごとに翻弄され続けており、大学も年間を通して入試対応・対策に神経をすり減らしている状況に文科省から、当然のごとく問題提起および提言が頻繁に出されることになる。大学教育機関として管理運営上の問題提起であったが、やはり最優先課題として1990年代から「学位プログラムの質保証」に関して、事ある毎に大学人の意識改革を促してきて

いることを真摯に受け止めるべきであった。

　大学側の体制が膠着している原因として、1960年代の学歴社会の固定観念、進学率上昇、さらに大企業による新規採用時の学歴フィルター導入等で大学入試が後期中等機関にとっての最重要課題、目的になっていることは否定できない。受験生は入試という苦しみの後、バケーション、遊びの文化が始まるとの風潮の下、受験に取り組んでいる。浪人生が増大し社会問題となり、2023年12月に発表された文科省の学校基本調査（確報値）によると、2023年度の大学進学率は前年度から1.1ポイント増の57.7%で、過去最高を更新した。1960年代の浪人生の割合は30〜40%いたが、近年は2割程度で推移している[17]。ある意味、国家の生産力、つまり国力の損失になっていることは無視できない。

　受験生も大学に入ってから何をするかより、先ずは入ることを最優先してきた傾向がある。筆記入学試験は確かに平等かつ客観的評価が可能で、極めてフェアーな選抜方式であり説明責任も容易に果たせる。近年、入試への批判が高まる中、入試改革と称して1990年以降、私立大学中心に実施してきたAO入試（日本型AO廃止、2020年以降「総合型選抜」に変更）、学校推薦型選抜（2020年から推薦入試から現名称に変更）の拡大などの多様化を促進していると自負してきた。しかしながら、実態は現役志向率の上昇が中等教育機関、特に高等学校のカリキュラムに制限を及ぼし、学校間の格差をより拡大させているのである。更に、中等教育機関及び教諭の主体性は阻害され、振り回されているという深刻な問題が浮上しつつある。

　当然ながら、大学側からは多様な価値観をもった学生のニーズに応え、社会の変化に対応する教育・研究機関として多様化へ進化し続けていると強調しているが、オブラードで包み隠した「建前」と言えば過言であろうか。「多様化への大学も試される」と題して、以下ように現実的には画一的であるとの問題提起をしている[18]。

　　　トップ大学では男子、都市部出身、富裕層が多いことが知られています。……トッ
　　プレベルの大学の画一性が、筆記試験中心の入試体制の産物であることを忘れては
　　なりません。……現行の入試改革によって、教育や研究にプラスお影響を与える多

様化が、どれほど促進されるかは疑問です。また、期待するような学生構成になったとしても、今の大学にそれを生かす力があるか、心もとない。

　少子化の影響で大学の定員割れが進んでいることから、「大学ジャーナル」の統計的分析を要約すると、2023年度の入学者の定員割れの私立大学は前年比で37校増の320校で全体の53.3%に達した。一方、110%を超えた大学も14.3%と過去最低となった。皮肉にも、大学の入学定員が年々増え続けている一方で、18歳人口が減少しているため、早ければ2024年に入学定員が志願者数を上回る「全入時代」に突入すると言われており、2040年には大学志願者が約44万人にまで減る見通しである[19]。私立大学にとって授業料、他の納付金は総収入の平均8割前後であることから、定員割れこそ死活問題となる。定員割れが増加している主たる背景を大手の予備校が次のように指摘している。「文科省が定員管理の規制を緩和した景況が大きい」。2022年度まで、定員管理政策は厳格であり、「大規模大学は入学定員の1.1倍まで、中規模校は1.2倍まで、小規模大学は1.3倍まで」[20]とされていたが、2023年度入試からこの規制が緩和された。
　やはり、2039年前後に入学試験は無くなることは現実味を帯びてくる。このような状況において、繰り返しになるが多くの私立大学は学生確保に苦慮しており、総合型選抜、特に推薦型選抜方法を活用して早めに、年内中に入学者を確保することが「本音」であろう。
　大学入試に関する報道（新聞、週刊誌等）は、年間を通して入試改革や選抜方法に焦点を当てることが多い。最近の報道では、高等学校教育と大学教育の円滑な接続と連携の強化への方途として、大学入試改革の状況についての議論が取り上げられている。

## 2）入口主義文化から出口主義文化への変換必須

　大学教育の質や学位の問題に言及せず、受験生の希望とかけ離れた大学に入学できたとしても、充実した学習／修生活は期待できない。大学入試の一発勝負に人生をかける必要はないし、その結果いかんで、その後の人生がすべて決まるようなこともない。このような当たり前の社会や人間の根本を見すえて大

学教育の改革をしない限り、入試方法だけをいくら改革しても本質的には何も変わらない。現在、大学人の間で入学試験が重要か、卒業資格の厳格性構築が最優先かに関する公の論議はほぼ皆無であるといっても過言ではない。

　入学試験方法改革への第一歩として、大学は入試方式の基本的な考え方を後期中等教育機関の卒業資格へとシフトすることで、中等教育機関の活動と通常成績重視することになり、大学側も受験性に対して多様性を確保するために、先ずは教育の機会を拡大するカリキュラム政策を構築する必要がある。さらに少子化が進むことから、大学数（2023年、793校）から生徒が大学を選ぶことになるので、大学側の変革への姿勢、特に教育内容の差別化（厳格だが魅力ある）を問われることになる。

　ここで、蛇足であることは承知で日本人の特質というか国民性を整理してみたい。あえて弱点に焦点を当てると、次のような特徴をあげることができる。日本人は勇気ある撤退が苦手で、後手に回ってしまう。世間体を気にするあまり、見栄を張ってしまう。大勢に流され、または埋没し自己主張や改革が苦手である。歴史的にみて、特に近代日本に於ける大きな変革は国外から強い外圧によって体制を変えてきたことは明白である。一言でまとめると、日本人は集団主義や和を重んじる文化であり、大学の管理運営にも他校の動向を見ながら、微細な修正・変更を繰り返し、つまり、連続的に同じ方向に向かう高等教育機関という集団スパイラルから外れることを避けているといっても過言ではない。

　21世紀中葉に向けて、大学側からの牽引的改革、つまり発信することが重要である。戦後の教育変遷を俯瞰すると、大学側から出口主義文化への改革行動が唯一絶対条件で、その結果、初・中等教育機関としての本来のあるべき教育理念を取り戻せるし、社会、特に企業からの信頼も回復できる。諸外国から学士号及び他資格に関する質の高さを示すことができ、国内外に誇れる高等教育機関となりうる。

　しかしながら、大学側にとっては質の保証及び厳格な成績評価、更には出口主義文化への移行を実施することで、在籍学生数と縛りが経営と管理運営に大きな影響を与えることが危惧されることになる。文科省は「令和5年度以降の定員管理に係る私立大学等経常費補助金の取扱いについて」[21]と題して、2023

年度からの私立大学等経常費補助金の配分において、入学定員超過率の基準を廃止し収容定員超過率の基準に一本化することを決定している。これに伴い、厳格化されてきた入学定員超過率の基準値に合わせる形で、収容定員の不交付基準となる超過率を2025年度にかけて段階的に引き下げる。ただし、落第生や留年生が定員超過に影響を及ぼす可能性はあるが、曖昧で明確には言及されていない。

## 【引用（参考）文献】

1) 司馬遼太郎（1975）『空海の風景上巻』中央公論社. 30-3頁, 44-7頁.

2) 講談社編集員（1991）『日本全史（ジャパン・クロニック』145頁.

3) 「中世から近世へ③　キリシタンと南蛮文化」『週刊 朝日百科日本の歴史 6巻25号』宣教師とキリシタン　●キリシタンの学校：日本に於ける教育システム 79頁.

4) 「近世から近代へ③　江戸の学問　民衆の教育エネルギー　寺子屋・私塾」『週刊 朝日百科日本の歴史』9巻91, 89頁.
   参考：大石学（編）（2006）『近世藩政・藩校大辞典』吉川弘文館.

5) 「近代I-④　学校と試験　入学試験の始まり・検定から選抜へ」『週刊 朝日百科日本の歴史』10巻103, 123頁.

6) 同前書, 近代I-④ 10巻103, 124頁.

7) 同前書, 124頁.

8) 同前書, 126頁.

9) 永井道雄（1957）「受験地獄を脱す道」『試験地獄』平凡社.

10) 教育再生実行会議「高等学校教育と大学教育との接続・大学入学者選抜の在り方について（第四次提言）」（2013年10月）.

11) 中央教育審議会（2017）「大学入学共通テスト実施方針策定に当たっての考え方」.
   https://www.mext.go.jp/component/a_menu/education/micro_detail/_icsFiles/afieldfile/2017/10/24/1397731_002.pdf

12) 「身の丈」発言に批判「格差容認か」［朝日新聞デジタル2019/10/29］.

13) 大学入試センター「令和6年度大学入学者選抜に係る大学入学共通テスト出題教科・科目の出題方法等」

https://www.dnc.ac.jp/albums/abm.php?d=32&f=abm00000289.pdf&n

大学入試センター（2023)「令和6年度大学入学者選抜に係る大学入学共通テスト実施要項」

https://www.dnc.ac.jp/albums/abm.php?d=32&f=abm00003580.pdf&n

14)「12世紀の世界 生活 学院と学生生活 試験」『週刊 朝日百科世界の歴史』10巻49, D-318頁.

15)「12世紀の世界 生活 学院と学生生活 試験」『週刊 朝日百科世界の歴史』10巻49, D-319〜20頁.

16) 文部科学省科学省（2017)「世界の学校体系」（ウェブサイト版).

https://www.mext.go.jp/b_menu/shuppan/sonota/detail/1396836.htm

17) 学び通信 https://tsushin.manabitimes.jp/206/

18)「多様性への大学も試される」朝日新聞, 2024年2月15日.

19)「大学ジャーナル」[University Journal ONLINE] 2023年9月1日.

https://univ-journal.jp/234032/

20) 文部科学省「定員管理［定員の取扱い（適正な定員管理を促す規定)］

https://www.mext.go.jp/content/20211210-mxt_koutou01-000019262_ex9-2.pdf

21) 文部科学省,（2022)「令和5年度以降の定員管理に係る私立大学等経常費補助金の取扱いについて」（通知)

https://www.mext.go.jp/content/20221205-mxt_sigakujo-000025977.pdf

## 第7節

# 本来の大学教育とは
―学位の意味を改めて問う―

## はじめに

　教育基本法第7条によると「大学は、学術の中心として、高い教養と専門的能力を培うとともに、深く真理を探究して新たな知見を創造し、これらの成果を広く社会に提供することにより、社会の発展に寄与するものとする。」学校教育法第83条では「大学は、学術の中心として、広く知識を授けるとともに、深く専門の学芸を教授研究し、知的、道徳的及び応用的能力を展開させることを目的とする。」と大学教育・研究課程の基本理念と目的が明示されていることは重要である。

　つまり、大学の機能・役割・使命は教育、研究、社会貢献である。大学は教育・研究機関として、これら目的への達成度から評価されるべきであるが、社会からの大学評価は入試難易度（偏差値）及び就職率と就職先である。産業界でも偏差値の高い大学への合格者は潜在能力の高さの証明であり、将来的に有能な社員となる基礎資格保持者であると判断する傾向にある。

　大学教育の現状を鑑みるに、最大の問題は2023年5月1日時点での（大学院生を除く）就職内定率65〜71%となっており[1]、この数字は3年次から既に就職活動は始まっている証である。つまり、教育・研究における学習・修時間が確保されておらず、単位の空洞化や形骸化が一層進んでいることは疑う余地もない。

# 1. 国際社会からの評価・信頼

## 1）OECD（経済協力開発機構）のPISA（学習到達度調査）

　15歳未満の教育の平均値はトップクラスであり、同様に、成人に対して行われた調査PIAAC（国際成人力調査）でも、日本はトップクラスであった。しかしながら、不思議なことに、大学のレベルランキングでは日本は上位に入る大学が極めて少ない。[英国の高等教育専門誌「Times Higher Education（THE）」「THE世界大学ランキング2024年度版」]によると、以下のように発表された[2]。上位20位中、アメリカが最も多く13校、続いてイギリスが3校、中国2校、スイス・シンガポールがそれぞれ1校ずつとなっている。今回も、中国の精華大学と北京大学の2校はトップ20にランクインしている。上位は英語圏の大学が多い。東京大学で、世界では29位。昨年の39位からの順位を上げ、2位の京都大学も55位と昨年の68位から順位を上げている。

　このランキングの判断基準として、Teaching（教育）、Research（研究）、Citations（論文引用）、Industry Income（産業収入）、International Outlook（国際性）の5分野13項目で評価された総合ランキングである。英語の論文の数や、引用された論文数などが重要基準であるとの自明の理であり英文による論文・研究実績を主観的に反映しているとの見方がある。しかしながら、日本の大学は理系、特に文系においても日本語の優秀な論文が数多くあることから、英語圏中心のランキング結果で一喜一憂する姿勢は避けるべきである。しかしながら、評価項目指数のトップに「教育」があり、30％の高いウエイトがかかっていることから、特に学士課程教育の現状を俯瞰した結果、高い評価を受けているとは言い難い。ゆえに、上位20校に入らない原因の一つであると推測できる。この結果は真摯に受け止める必要がある。それにしても、中国の英語教育政策と実践体制は目を見張るものがある。

　大学の教育評価について、2004年度の国立大学法人化に主導した元文部科学官僚が「教育不熱心から健全な姿に」と題して、日本の学校教育は国際的な評価は高かった、「だが」と続けて以下のように大学教育に警鐘を鳴らす意図

をもって記述している[3]。

> 駐日米国大使を務めたエドウイン・ライシャワー氏は「大学での貧弱な講義とわず
> かな勉強のために、4年間が無駄になっているのは、信じがたいほどの時間の浪費」
> と批判した。「ジャパン・アズ・ナンバーワン」を書いた米国の社会学者エズラ・ボー
> ゲル氏でさえも「大学教育だけはダメだ」と嘆いた。

　ライシャワー大使は外交官、東洋史研究者、ハーバード大学教授であ
り、1961年から66年まで駐日在留し日本通の学者である。ボーゲル氏は中国
と日本を筆頭に東アジア関係研究者でハーバード大学教授であり、1979年に
"Japan as Number One：Lessens for America" を著し米国への教訓として日本人
の学習意欲や読書習慣などが日本の成功要因の土台であると明確に示してい
る。しかしながら、大学教育（特に学部教育）の内容問題が顕在化し始めたのは、
1960年代の「団塊の世代」の受験競争が激化した時期からと言われている。こ
の時期、大学進学率が急上昇し、マスプロ教育［mass production：大量生産］と
揶揄される中、当然ながら大学教育の質に対する問題意識も浮上したが、残念
ながら社会や企業の大学教育のカリキュラムや内容などへの関心が薄れ始める。
　大学入試の改革が本格的に求められるようになったのは1970年代後半から
である。大学の偏差値や入学試験だけが重視されるようになるのは1990年代
以降で、このような背景から大学教育の質の向上や内容の充実が求められる一
方で、入試制度や偏差値に対する過度な関心が続いている状況が現在に至って
いる。

## 2）大学進学率と卒業率

　大学進学率は平均して55％強となっているが、その割に大学院進学及び学位
（博士号）取得が先進国の中で最下位となっていることは教育・学校システムに
問題があると推察できる。入学が難しく（現在は少子化現象のため私大の50％
強が定員割れになっていると言われているが、大学の序列化が顕在化されてい
ることから、上位校への希望者が集中している傾向が顕著である）卒業は容易

第3章　21世紀中葉の大学未来像 ―向かうのは成熟期か衰退期か― 　309

である。大学教育課程で以下のような論点が国内外から指摘されている。

- ・大学進学率は、1950年代には約10％、60年代に一度大きく上昇し、10年余りで25％程度まで上昇した。1970年代中頃には38.6％となり、1990年代にはいると、再度、大学進学率が上昇し、1993年には40％を越え、2005年以降は50％を越えるに至っている。2010年には50.9％、2020年に55.4％、2023年度は57.7％と上昇している[4]。
- ・日本の大学卒業率は、90％前後（一時は95％と言われた）と推計されている。現在は中退（退学・除籍）、在籍中（休学・留年）の割合が増加しているが、諸事情の中で経済的事情が最たる要因のようである。それにしても、卒業率は異常なまでの高さである。
- ・単位は取りやすい。つまり成績評価が甘い。
- ・科目、特に講義シラバスで単位分の学習／修量が不明確あり、更に英文シラバスが皆無に近い。
- ・推薦入試・OA入試（日本独自の形態）で入学者の質低下を招いている。
- ・日本の大学は就職するまで、じっくりと企業を見極めるために存在するのであり、研究目的で大学へいく学生は僅かである。2022年度の大学院進学率は12.4％であった[5]。
- ・大学の成績、学位の質に疑問がる。例：米国WES（World Education Service）信用評価機関（Credential Evaluator）が米国のUS-Grading Systemに読み替える。

［**参考 1**］

　米国における2020年の統計ではフルタイムで学士学位の取得を目指す学生が6年以内（4年制の大学）を卒業できた割合は64％であった（2014年秋に4年制のアメリカの大学に入学した学生が、6年後の2020年までに卒業した割合）。公立校の場合は63％、非営利の私学では68％、営利の私学では29％と、大学の形態によっても差が大きく開いている。性別で見ると、男性は60％、女性が67％であった[6]。

　志願者の25％しか入学できないような競争率のトップ20以内の4年制大学で

は、6年で卒業した学生は90％以上（絶対評価なので、ほとんど学生は［オールA］）である。ちなみに、入学のハードルが低い州立大学の卒業率は5割以下とされる。米国の州立大学も州民の授業料は比較的安いが、授業についていけないことが主たる中退理由と言われている。

　ちなみに、フランスは授業料が無料であり、フランスの学士課程（3年間）では、毎年半数が脱落すると言われ、卒業率は4分の1以下である。

［注：6年後の統計理由：米国大学は柔軟な履修制度であり、学生が諸事情を通して自分のペースで学習／修が可能なシステムである。そのため、統計は6年以内に卒業する学生の割合を基準として取られることが一般的である。］

[**参考 2**]

　米国ではaccreditation「認定評価」を受け学位授与する大学（公立の四年制及び二年制大学、私立の非営利四年制大学と二年制大学、営利目的の大学）は約4,000ある。US News & World Report（USNWR）が米国内の大学ランキングを毎年発表しており、全米の注目を集め、特に高校生の大学選択の重要な資料となっている。しかしながら、コロンビア大学で教鞭を執る教授から大学からの提出データは不正確であり、「そもそも大学を順位付けすることに無理がある」と指摘し、以下のように問題を提起している[7]。

　　大学の公表資料と突き合わせると、複数の項目で、得られる数値に違いがあると指摘……学生の卒業率も実態を上回る数値となっていた。……大学側からUSNWRに報告している数値と大きく離れていた。ほかにも不一致を発見し、「不正確、疑わしい、または非常に紛らわしい」として公開した。……「大学は複雑な機関であり、その役割は多様だ。序列をつけ、注目するのをやめるべきだ」……USNWRの側にも、見抜くための仕組みがないことが明らかになったと指摘する。

　日本でもTimes Higher Education（THE）とベネッセと共同で2017年から「日本版」を発表しているが、調査項目及び指標などの慎重な精査を果たして可能なのであろうか。それゆえ深刻な問題をもたらしそうな不安を覚えずにはいられない。

[参考 3]

「注目度の高い論文数の国際順位は1990年代前半まで世界3位が2018年は10位に落ちた。平成の30年間に産業競争力も低下。イノベーションの担い手を育てる仕組みの弱さが産学の地盤低下を招いた。根っこは大学院評価の低さがある。どの大学に合格したかが企業の採用基準になる社会で、学びは大学に入った時点で終わり。研究を志す学生だけが集う大学院の魅力が高まるはずはない…」[8]

基礎研究が衰退している現象は大学入学後の教育・研究の質、つまり学士学位の質評価も決して高くない。その上、大学院での研究に積極的でないという現状に対して危機感をもって受け止めなければ、国際的評価はいっそう低下への道を辿ることになる。

## 2. 学位の変遷概略と意味づけ

中世ヨーロッパ大学は12世紀に起源を持ち、後にユニバーサルな制度として確立された。日本は19C後半に欧米諸国から学位制度を導入し、世界大学史に参入した。もちろん、律令期[7C後半〜10C後半]の博士制度は除くが、学位制度変遷を簡潔に再度整理する。

近代高等教育機関として【学制】(1872〜1886（明治5〜19）年)：学士（旧東京大学、工部大学校一等卒業）は総理（今日の学長に相当）、校長から授与された。当時の学士学位は教育課程修了証書（米国から学位：degree）は社会的威信や生涯属身的位置付けであった。

1887（明治20）年「旧学位令」が公布されて、帝国大学発足と同時に大学院を設置し大博士（博士会議へ諮問、閣議を経る）と博士（大学院試験、帝大評議会審議）は文部大臣が授与した。法科大学、医科大学、工科大学、文科大学、理科大学を分科大学（College）とした。

大博士は森有礼により仏の国家学位から設立した。学士号は学位ではなくなる。

1898（明治31）年「学位令改正」により、「大博士」廃止された。博士の学位は（大学院修了＋試験、博士会承認、大学総長からの推薦）により文部大臣が

授与した。しかしながら、博士の学位は功績顕彰の栄誉称号の体質となり、人文、社会科学系分野の「出し渋り」現象が残る。

1918（大正7）年に「学位令」が公布され、博士の学位は総長推薦、博士会推薦手続が消滅し、研究科2年以上在籍し論文提出、または論文だけを提出し課程博士と同等以上の学力があると認めた者に、文部大臣の許可を得て大学が授与することとなった。1919（大正8）年4月に施行され、府県の公立・私立大学が誕生した。特筆すべきはドイツモデルを導入し、分科大学から学部組織及び研究科の設置となり、更に学部に教授会を設置したことである。

1947（昭和22）年に「大学令」は廃止となり、「学校教育法、学位規則（文部省令）」が公布され、1948（昭和23）年に新制大学への移行を認可し始めた。その後、博士（大学院博士課程修了）及び論文博士の学位を大学が授与することとなった。特筆すべきは中間学位の導入として大学院修士規定修了者に修士の学位を授与することとなった。重要な進展として大学教育課程に<u>単位制度</u>が導入されたことである。更に、大学院は学部の付設制度から独立の教育・研究機関となる。

1974（昭和49）年「大学設置基準、学位規則一部改正（文部省令）」され、学術博士（大学院博士課程修了）の学位が創設され、大学設置基準改革にともない、研究者としての自立を目標とする<u>課程博士拡充・拡大</u>の推進を図られた。

1960年代はマーチン・トロウ理論でいう該当年齢人口に占める大学在学率が15％未満の「エリート型」（Elite Stage）から「マス型」（Mass Stage）（15％以上から50％未満）段階に入る。1990（平成2）年「学位規則一部改正（文部省令）」と1991（平成3）年「大学設置基準大綱化」が公布され、**学士が学位**として位置付けられ、4年間の大学教育を、教育目標やカリキュラムが明確化された学位プログラム化することで、かなり米国型の学士課程教育の模索段階と位置付けられた。短期大学も準学士と位置付けられた。更に、学問分野別の種類一本化、つまり区別なしとして〇〇学士から学士（〇〇学）と表記することになり、この表記改訂も米国のPh. D.、D. A.、D. Th.などの学位表記を取り入れたものと思われる。「高等教育の改革」として、一文字学部名（文学、法学、商学、理学、医学、歯学、薬学、工学、農学、神学）に加えて、「国際化、情報化など

変化への対応」促進を意図した学際的学部名、情報・環境・国際・地域・総合・政策等が認可された。

2000（平成12）年【学校教育法, 学位規則一部改正】が行われ、更に森首相私的諮問機関として「教育改革国民会議」が同年12月に「教育を変える17の提案」を出し、9番目に「大学にふさわしい学習を促すシステムを導入する」とした。2005年専門職学位「幅広い分野の学士課程の修了者や社会人を対象として、特定の高度専門職業人の養成に特化して、国際的に通用する高度で専門的な知識・能力を涵養する」となった。

2006（平成18）年、安倍晋三内閣の諮問機関として内閣官房に「教育再生会議」が設置され、学位の種類は、博士、修士、専門職学位、学士、短期大学士の5つとなった。その後、岸田文雄内閣は2021（令和3）年12月、第2次安倍政権下で発足した教育再生実行会議の後継となる「教育未来創造会議」の設置を閣議決定し、高等教育と社会の関係の多様化・複雑化を見据えて、社会人が学び直すリカレント教育やデジタル時代における人材育成策の検討を行うこととした。ちなみに、2009（平成21）年にマーチン・トロウ理論でいう該当年齢人口に占める大学在学率が50%を超え、「ユニバーサル型」（Universal Stage）の段階に入る[9]。

2022（令和4）年5月下旬の「我が国の未来をけん引する大学等と社会の在り方について」（第一次提言）は以下の通りである[10]。

＊未来を支える人材を育む大学等の機能強化。

＊新たな時代に対応する学びの支援の充実。

＊学び直し（リカレント教育）を促進するための環境整備。

上記三点に焦点を当てて、今後取り組むべき具体的方策を取りまとめている。特に、少子化に向かう中で、自然科学（理系）分野の学生の割合を5%引き上げ、社会の変化に伴う課題解決のため強化を図る。成長分野への大学の再編と産学連携強化の構築を促す提言をしている。

2023（令和5）年4月の「未来を創造する若者の留学促進イニシアティブ」（第二次提言）で岸田首相は、「わが国の未来を担う若者が留学を通じて成長し、活躍することは、社会を変革するための鍵となる」と強調したことから、次の

ような提言をしている。「2033年までに、日本人の海外留学生を50万人（コロナ前22.2万人）に、外国人留学生の受け入れを40万人（コロナ前31.8万人）にするなど、具体的な目標を提示」している[11]。

　新型コロナウイルス感染パンデミック終息後のグローバル社会を見据えた人への投資の在り方について取りまとめ、重要なポイントとして留学生の派遣・受入れや教育の国際化について焦点を当てた提言である。具現化するための方途として、留学生の派遣・受入れの強化などに向けた環境整備、教育の国際化推進、人的交流の活性化を通して改革に向けた人材育成を強調している。

　この内閣府直属の諮問委員会は、未来に向けた大学の入学試験、全入時代（大衆化）にかかわる提言を重点的にしているが、質の保障にかかわる成績評価、更に厳格な学位授与に関する言及はされていないことに大いなる懸念が強まる。

　この内閣府直属の諮問委員会は、未来に向けた大学の入学試験及び全入時代（大衆化）について重点的に提言しているが、成績評価に関する質の保障や厳格な学位授与については言及していない。

## 3. 入学試験の功罪

　1992年をピーク（18歳人口＝205万人）に少子化が進み、18歳人口減少が続いており、2021年は114万人となった。2022年、大学数は790校（国立大学：82校、公立大学：94校、私立大学：592校、公立専門職大学：2校、私立専門職大学：13校、文科省管轄外大学校：7校）、志願者数と入学者数の差はほとんどない状況になり、大学全入時代が到来した[12]。

　2018年問題と言われたように、18歳人口が減少し大学には益々入り易くなった。2040年には18歳人口が88万人となり、出生率減少によって、80万人を割る可能性も高いと予測していた[13]。しかしながら、厚生労働省が発表した2022年の出生数は前年比5.1%減の79万9728人となった[14]。大学にとっては入学者確保に苦しむ氷河期に突入しており、2021年度には私立大学全体の入学定員割れは50%近くなり、学生の獲得競争が激化している。その現状を打破

するために、多くの伝統校が都心回帰を戦略的に進めている。

　1990年度から開始した大学入試センター試験に代わり、2021年度以降は「大学入学共通テスト」が導入された。共通テストを採用した理由として、「問題発見、解答及び新価値の発案力が重要」とし、つまり思考力や判断力、表現力をより重視したテスト方針を決定。高等学校教諭からはマークシート式だが「暗記だけでは解けない、考えさせる設問がある」と高評価である。中等教育機関側も入試に関心が高く、つまり志望大学に入学すること、させることが最優先課題となっている。周知のごとく、入試の結果などが雑誌に特集されており、社会、特にマスコミも入試方法や合格者に高い関心を示し、年度末のイベントになっている感がある。

　しかしながら、2022年から入試のイメージが変化するとの予想が浮上してきた。朝日新聞・河合塾共同で777大学を対象に調査を行い651大学から回答を得た結果を「多様な学生を求め、早まる入試」、副題として「総合型・学校推薦型選抜『増やす』3割」と題して掲載しているので、要点を以下に引いてみたい[15]。

　　今後10年の間に、高校3年の12月までに行われる総合型選抜（旧AO入試）や学校推薦型選抜（旧推薦入試）の募集人員を「増やす方向」の大学が3割にのぼる……学生の多様化をはかるとともに、少子化が進むなか、早めに学生を確保したい大学の現状がある。……私立で総合型を「増やす方向」と答えたのは36％。学校推薦型も35％と多かった。国立、公立でもそれぞれ2割程度あった。……昨年度に一般選抜を経た入学者は全体で49％だったが、その割合は更に減りそうだ。

　2023年度の入試結果では「年内入試：総合型選抜と学校推薦型選抜」で半数を超えたとの報道があり、年内入試（9月以降に出願し、合格発表は11月以降）で定員枠の7〜8割を確保をねらう私立大学もある。2024年春の入学試験では国立大学も総合型選抜方式に以下のように参入してきている[16]。

　　国立大学で学部入試を行う82大学のうち64大学が総合型選抜を実施。学校推薦型

選抜は今年度、77大学が行う。……東北大学は昨年9月、全ての入試を将来、同大が「AO入試」と呼ぶ総合型選抜にすると打ち出した。同大の23年度入試では全入学者の約30%がAO入試で入学。面接のほか、大学入学共通テストや大学独自の筆記試験を課す。入学後の成績評価（GPA）は、一般選抜などの入学者を上回る。

　当然ながら、年内入試の拡大傾向に懸念の声があり、入試の多様化傾向に警鐘も鳴らしている事実もある。「入試の多様化は受験生によってはチャンス拡大の面があり、一定の意義がある。ただ、大学側がゆるく運用すると、受験生本人の能力を測って合否を決めるという大学入試の公平性の規範を揺るがしかねない。[17)]」

　参考までに、中国各地で恒例の大学統一入試「高考」、韓国の修学能力試験「修能」の結果で人生が決まるという年一度の風物詩になっていると言えば耳に心地いいが、実際は社会全体を巻き込み、その上若者たちを異常な精神状態に追い込んでしまう、度を越した制度であることは疑う余地もない。日本も受験戦争などと言われた時期があり、これら三国の大学入試制度の背景には中国の隋から清王朝まで実施された「科挙」（官僚登用試験）制度の存在があったと推察される。

　確かに点数による選別こそ、極めて客観的で公平なシステムであることは否定できない。しかしながら、欧米諸国の大学入試選抜方法と比較すると、日本の入試は極めて厳粛な事業であるが、その裏には偏差値信仰、受験勉強（高校3年間の全教科成績をほとんど無視、理由として高校には格差が歴然と存在）、浪人の概念（非生産的で国家的損失という概念欠落）に埋没している実態がある。人生の中で最も多感な時期、思春期に学ぶ楽しさを奪っているのではないだろうか。

　大学側にも多様性に関する概念が決して成熟しているとは言えない。穿った見方をすれば、入試をこれほどまでに重視する姿勢は「人材選抜という機能・役割」を果たし得る唯一無二の方途であるとして許容しており、結果的に「入口主義文化」に振り回されていると言っても過言ではない。大学人も産業界も「出口＝学位授与」に関する問題意識や興味は入試問題に比較するとあまりに

も希薄であると言わざるを得ない。

　昨今、注視すべき提言として、2039年度大学入試はなくなっているという主張である。宮田裕章は「未来ある子供たちを、受験戦争ですり減らさない社会にするため」と前置きし、以下のように画期的な考察をしている[18]。言い得て妙である。

　　「知識偏重で『脳の筋トレ力』を評価しているような日本の入試の現状は、打破していきたい」……「受験生が入試の型に合わせて学びを窮屈にするのではなく、大学側が受験生の個に寄り添う評価を行う……テクノロジーを使うことで、個々の能力や経験などに紐づく『多元的な評価』を積極的に取り入れていきます。……採り入れた「自律分散型」の仕組みは、学びの領域にも生きてくる……「Z世代、α世代は生まれながらにして世界とつながり、自分たちの生き方を見てきています。未来を見る力も優れ、倫理観も洗練されています。」

　既述してきたように、入試方法に関して長年に亘って教育機関、出版及び報道を通して非常に煩瑣な考証をしているが、今後は入口主義文化から脱却し、教育・研究機関としての出口主義文化へ向けた根本的な課題を論じることなしでは、学位授与機関として国際的に認められる可能性は低いばかりか、21世紀中葉以降、後悔の念に苛まされることになるであろう。

# 4.　単位空洞化是正への更なる検討こそ喫緊課題

　学位授与・卒業は通常4年間で124単位の積み上げ方式である。大学設置基準によると1単位履修時間（教室内［授業時間］＋教室外［自習時間］）＝45時間（講義／演習科目：毎週1時間×15週＝15時間と授業時間外学習2時間×15週＝30時間）規定されている。殆どの講義科目は2単位であるので、単位を実質化すると、毎週4時間の自習（修）時間となる。ここで確認しておくことは45分を1時間と計算していることである。実際、講義科目でこの時間量を実践している学生がどれほどいるだろうか。再三、強調してきたが授業時間の充実及び教室

外での学習／修を促すため単位分を学生に理解させ、自習、学修内容の具体的指示の責任は教授者、つまり大学側にあることを学内でFD／SDを通して周知徹底する必要がある。

　単位の実質化へ向けてはシラバス（授業細目）に尽きるが、学生によるラーニング・ポートフォリオ（学習／修過程と成果の記録）作成の義務付けることが肝要である。教授者によるティーチング・ポートフォリオ作成は教育活動を記録し、評価し、改善するためのツールであり、教員は教育スキルを向上させ、教育の質を高めることができる。教育職員間で共有しコミュニケーションのツールになるし、若手教育職員の教材にもなる。大学の国際化が進展する中、1単位あたりの学習／修時間を確保するための取組は、大学で授与された学位や単位等が他の先進諸国から適切に評価されるための重要な基礎であり、日本の大学教育の国際的な質保証及び信頼を得ることにつながる。

　団塊の世代〈1947-49年：第一次ベビーブームに誕生〉とジュニア世代〈X世代：1965-80年、Y世代：1980-95に誕生〉の頃は次のような学生の象徴的な姿勢があった。新入生たちは受験勉強でエネルギーを使い果たし、これから4年間のバケーションが始まるとの意識が大勢を占めていた。入学後は履修登録してもほとんど授業には出ず、予習・復習どころか教科書を一度も開かず、2単位で90時間どころか、（授業によっては）試験で60点を超えるための数時間の勉強で済ませた者も多い。教授者の責任は決して小さくはない。

　これらの世代の後は大学教育改革動向の進展に伴い大きく変わりつつある。本書の第1章第3節でも言及しているが、単位の空洞化及び学位に関する意識改革への道のりは、現在でもまだ途上にあると言っても過言ではない。基準通りの運用だと、一学期2単位科目を8科目履修した場合、4年間（8学期）で卒業基準（124単位）を満たすには、平日は講義と自学自習／修で約8時間必要となる。しかしながら、現実はアルバイトやサークル活動及び課外活動で不可能に近いと言わざるをえない。その上、就職活動は3年次後半から始まっており、4年次は就活の年度となっている現状がある。つまり、多くの学生は3年間で少なくとも100〜110単位取得を目指している。学士課程教育の質の保障を確立するには、産業界の学生の採用方法として学閥優先や青田刈りなどの悪習を

断つことが重要であり、大学側も学士課程4年間を通しての学習／修体制と厳格な成績評価を最優先することで、本来のあるべき学士課程教育および学士号授与機関として正しい姿になる。

　21世紀中葉に向けて少子化が進むことから、2040年以前には<u>売り手市場</u>（就職希望者の数よりも採用したい企業の数が多い状況）、つまり、学生が企業を選ぶ立場になるということから、大学側は産業界におもねることなく4年間の充実した学習／修の場を提供できる環境になると確信している。

　もう一点、見過ごしがちな課程がある、それは初等・中等教育機関における教諭の質にかかわる懸念として、触れておかなければならないことである。学士課程学位取得の124単位に中高教員免許取得に60単位前後取得（大学や専攻によって多少異なる）が必要となる。不思議なことに、履修計画において質の確保として諸々のアドバイスを提示しているが、教育機関でありながら非現実的な基準を掲げ続けたまま、質保証に程遠く理解不能な理屈を付けて実運用で異なることをしている大学が多く確認できる。さすがに質保証との乖離が大きすぎることから、基準（ルール）再構築が必至である。

　同等の問題として、多くの大学が「早期卒業制度：3年、3年半」を実施しているが、現状のシステムではかなり無理をしており、質の保証の観点からも納得できる説明ができないはずである。解決策の一つとして、前にも提起したが夏学期・冬学期（セッション）の設置が急務である。学年度はセメスター制、トリメスター制、クオーター制の三制度が存在するが、年間を通して開講することが肝要となる。つまり、高等教育機関として直面している諸々の問題・課題への対応策として、学生、履修者のために年間通してフル活動する時代になったのではないだろうか。

　コマ時間について言及し、整理しておく必要がある。大学設置基準（またはその基となる規則）を制定する際、東大が80分または100分を1コマとしていたため、1コマを2時間と計算することを文部省が黙認した。文科省の解釈を簡潔に述べると、以前は100分の授業が多かったが、戦後、50分を1時間をとみなして100分は2時間とみなす米国式を採用。その後、理由は諸説あるが、1時間を45分とし、2時間を90分授業と設定した。

文科省の2022（令和4）年度大学設置基準等の改正に係るQ＆Aによると、単位の計算方法は授業時間外の学修時間も含めて、1単位当たり標準45時間の学修を必要とする内容をもって適切に構成することになっており、授業方法別に必要な授業時間数の基準は廃止されている。単位の計算や授業時間等について、考え方について以下のような回答をしている[19]。

　　1コマ当たりの授業時間や、1週間当たりの授業の実施回数、各授業科目の授業期間等については、当該授業科目の授業内容や授業方法、事前学修及び事後学修の質や量にも鑑み、学生が効果的に学修できるよう十分に考慮した上で、各大学等の判断により適切に設定することが可能です。ただし、各授業科目について、あらかじめ大学等が定める単位修得に必要な授業時間数に、いわゆる定期試験に相当する試験を含むことは想定されません。

　参考までに、米国の多くの大学は2学期制が一般的である。1 credit（単位）は週に50分の授業が1回となるが、1科目は3単位であることが多く50分の授業が週に3回（50分×月水金＝150分）となる。なお同じ科目でも必修及び重要科目は週2回（75分×火木＝150分）の提供もあるので、週2回か3回か履修状況から選択可能である。卒業単位は、プログラムによって異なるが120〜130単位が一般的である。学生は1学期で5〜6科目（15〜18単位）履修し、8セメスターで卒業する。6〜8月のSummer Semester（夏学期・夏休み）は希望した学生だけが履修する。早期卒業を希望する学生はこの夏学期を利用する。ほとんどの大学は夏学期をsummer sessions（IとII）に分けて科目を提供する。科目ごとに授業料が発生するので金銭的に余裕のある学生は夏学期も履修するが、多くの学士課程生は夏学期にアルバイトをする。

　ちなみに、未来を見据えた先見性のある日本の大学は夏学期、冬学期の履修開講（例：クオーター制(4学期) 4〜6月、6〜8月、9〜11月、11〜2月）早稲田大、広島大、神戸大：2学期＋4学期制を実践していることに対して、高く評価できる。

　ここで極めて重要なカリキュラム運営に関して提起しておきたいことは、教職員と学生に個々の科目単位取得と学位授与は別次元であるとの共通認識を定

着させるべきである。そのためのGPA制度の存在であるが、別称としてQPA［Quality Pont Average］とも言う、つまり、単位の質を強調しており全単位取得の平均値が学位授与に値するか否かの基準を大学側は明確にし、学位授与インフレを抑えることこそ最重要課題である。単位授与に向けて、成績評価方法も重要な課題である。絶対評価が本来実施すべき方法であり、大学院と異なり学士課程では授業の受講生の規模や内容によって大変な作業がともなうが、教授者として個々の学生の到達度評価を実践すべきである。

次に、大学学位授与機関の将来像として、更なるグローバル化する「知識基盤社会」の中で質的向上に向けた学士学位の厳格性を確立すべきである。文科省から要請されてきた「確かな大学力」構築について、具体的な方向付けや方策提言に大学側は過度に頼もうとせずに、大学教職員は積極的に学士課程教育の理念に即し、かつ現代に即した実践的なカリキュラムと単位制改善に取り組むべきである。

## 5. 学位プログラムの質保証への展望

文部省及び文科省（2001年1月設置）は以下のように大学の質の向上・保証に向けて、堰を切ったように前向きに具体的な対策・方策等を打ち出し始めた。

＊1998（平成10）年：文部大臣諮問機関−大学審議会「21世紀の大学像と今後の改革方策について」（21世紀答申）

・学士課程における厳格な成績評価と卒業時の質確保

＊2008（平成20）年：中教審「学士課程教育の構築に向けて」（学士力答申）

・シラバス、GPA、FD/SD（教職員の職能開発）・学位授与：学修到達度の的確な把握・測定・学修時間の確保など単位制度の実質化

＊2012（平成24）年：中教審「新たな未来を築くための大学教育の質的転換に向けて—生涯学び続け、主体的に考える力を育成する大学へ—」（未来答申）

＊2015（平成27）年：中教審「三つのポリシーの策定都運用に係るガイドライン」①ディプロマ・ポリシー（DP）②カリキュラム・ポリシー（CP）③アドミッション・ポリシー（AD）

＊2017（平成29）年　「三つの方針」の策定と公開が義務。

＊2018（平成30）年　中教審「2040年に向けた高等教育のグランドデザイン」（GD答申）・学生の学びの質保証の再構築・研究の質と水準・学位プログラムの三つのポリシー実施を明確化

　2008年「学士力答申」の「学修時間の確保・単位制度の実質化」が最重要課題であり、大学教育の質保証への改善・確立につながる機会であったが、惜しむらくはその真意が大学人に伝わらなかったどころか、その重要性が理解できずに時が過ぎ現在に至っている。

　中教審は2018年の「2040年の大学像」［我が国における質保証の取組状況］の項目内で、「大学1、2年生の授業出席時間を1週間当たり約20時間、予習・復習の時間の平均は約5時間と授業以外の学修時間が非常に短い。[20]」更に、教育の質を保証するための取組は不十分な状況があり改善されていないとして、以下の点を指摘している[21]。

　　授業以外の学修時間が11時間以上とする大学1年生が5割を超える米国等の大学と比較しても学修時間が短いという指摘がある。また、米国等の大学と比べて、学生が受講する科目が多く、授業以外の学修時間の確保を難しくしているのではないかという指摘もあり、密度のある学修体制を整える必要がある。この背景には、学位を与える課程全体としてのカリキュラム全体の構成や、学修者の知的習熟過程等を考慮・把握することなく、単に個々の教員が教えたい内容が授業として提供され、教育課程内の位置付けや水準などを含めて体系的なカリキュラムが意識されていないという課題があると考えられる。

　欧米諸国の学生は入学後、学業への厳しい姿勢が求められる。重複する指摘になるが、単位空洞化の改善策として教育職員は単位に対応すべき「シラバス」提示が求められる。シラバスは単なる講義細目、計画でなく単位授与のための教授者と履修者の「契約書」として位置付けられるべきである。授業内・外学習／修は単位数相当の内容を簡潔に提案すると以下のような項目及び内容になる。

　・科目の目的と内容・オフィスアワー・教科書、補助教材、参考図書／文献

・成績評価方法・テスト／クイズの回数と内容・宿題／課題・レポート（論文）の内容／提出期限　・出席／授業参加規定、などを詳細に提示する。

　特に、これらの詳細にわたるシラバスの中で学生が最も確認したい項目は「成績の配分」である。つまり、クイズ（数回）、中間試験、課題レポート、学期末試験、授業（参加度、貢献度）などの成績の配分（パーセント）でシラバスに明記しウエブサイトに掲載することを必須とする。学生にとって専攻内必修科目の場合、早めに準備作業に取り掛かることが可能となる。特に選択科目で履修するかどうかを決定する際、シラバスは重要な情報源となる。

　更に、諸外国の大学との交流を促進するために英文シラバスの提示、当然ながらウェブサイトで公表する必要がある。シラバスは学内のFD/SDを通してチェックするシステム構築も必須である。今後、学位プログラムの拡充、展開を進めるには国内の大学間の単位互換も要となるためシラバスこそ重要なツールとなる。

　余談になるが、大学寮生活（Boarding School）の拡充・拡大への取り組みを強く要望したい。他人との意思疎通能力や生活力向上の機会を提供できる場であると同時に、重要な学習／修の場と位置付けられ、課外活動にも参加しやすくなり、自立心を育む格好の場所となる。大学としての独特の環境を提供できるばかりか、特に学士課程としての差別化と独自性を強調することができる。当然ながら、図書館の充実は必須となる。イングランドのオックスブリッジのカレッジ・システムや米国の学生寮は大いに参考となる。日本でも旧制高等学校の寮生活は、学問や文化の向上だけでなく、社会や政治に対する意識や責任感も養う機会となり、日本の近代化や民主化に貢献した多くの人材を輩出したことから、学ぶことは大いにある。

　更なる余談として、教育界、特に大学は「寄付文化」の構築に本腰を入れるべきである。米国のような寄付文化が成熟していることから、私立名門校Ivy League 8大学、私立名門Seven Sisters 7女子大学の学費は年間5万ドル〜10万ドルするが、外部（民間財団、企業、アラムナイ［同窓生］）から多額の寄付金を得ていることから、ほとんどの学生は様々な奨学金を受けている[22]。就職活動（有名校ともなると企業のほうからリクルートに来校）も随時であるので学

習／修に集中できる。ちなみに、在学中に何らかの奨学金を受けた学生、特に「給付奨学金」を受けたほとんどの学生は後輩のために必ず寄付金を納入すると聞いている。英国の大学も学費は平均すると年間10,000ポンドと高いが、学生たちはローンや奨学金で対応している。日本でも寄付金は大学にとって重要な収益源であるが、大学界で寄付文化を構築するため更なる努力を期待したい。学士課程での奨学金の増額は必要であるが、特に大学院課程で経済的負担の軽減のために「給付奨学金」のファンド創設に取り組むべきである。英米、特に米国の大学側からの積極的なknow-howを学修して欲しい。

［参考4］

　比較教育社会学の園山大祐は経済協力開発機構（OECD）による大学の学費についての資料を次のように要約している。欧州では学費の7〜9割が政府負担、私費負担は1〜4％程度が大半である。一方日本の私費負担は51％で政府負担の38％とかなり高い。私費負担のOECD平均は22％である。更に、その裏付けとして以下のように大学教育・研究に対する政府・社会の考え方を端的に述べている。

　　　欧州で学費の政府負担率が高い国が多いのは……教育は社会で責任を持つものだという考え方が根付いているため……過去の戦争への反省があるとも言われます。つまり、国家は政府の政策を科学的に判断できる市民を育てなければならず、そのためには、意欲と学力がある者が経済的理由から教育を受けられないということがあってはならない、という理念です。……欧州では学部卒業者の半分が大学院に進学しますが、これも経済的負担が少ないことが影響していると考えます。

　さらに、日本の場合を以下のように整理している。

　　　公教育の平等主義が徹底していて、それ以上を求める場合は家庭の負担で塾や家庭教師をつけることが当たり前だと考えられています。……教育とは自分や親の努力によって獲得する「個人のもの」という意識が強く、社会の将来を担う力を育てる公共性の高い営みであるという認識が弱いと思います。

日本の大学の学費を英米国の高い学費と比較して「高等教育は国家の将来のために重大な課題。工夫すれば日本でも公財政でまかなえる額ではないでしょうか」と結んでいる[23]。

# 6. 脱"学部"から"教・教分離"へ
## ―学群・学系制の多様な教学運営と実際―

　学士課程の再構築にあたっては、「学位プログラム」として質保証の構築が最優先であり、以下のように具体的な組織構造改革の提示を試みる。

　「学位プログラム」は、かつては学生・教育職員が同じ組織に属しており、教育・研究活動を一体として行う学部・学科等と対応する形で実施されていた。その形態から「教・教分離」を導入し学部以外の教育・研究上の基本となる組織を置く。つまり、「学群・学類」は学生への教育を行う教育組織であり、教育職員の所属先が「学系」であり学群内の学類へ出向くとする。この形態こそ学問分野の体系化を図ることが可能となる。具体的には「学群制」「教・教分離」メリットとして学問の文理融合・学際化を促進することができる。

　経営的観念から人財・教育ニーズの多様化ができ、柔軟に対応した教育プログラム構築可能となる。複数の学部・学科を統合することで、設置基準上の専任教育職員の必要数を縮減でき科目数（事実、科目数が多すぎることは否定できない）も半減可能となり経営上大いなるメリットとなる。

　尚絅学院大学はウエブサイトで学群・学類について以下のように説明している[24]。

> 学群・学類制とは、学生が自分の目標や興味に合わせて、学びたい学問領域を選択できる教育システムです。これまで学部・学科という縦割りの枠の中で、学生に何を教えるかを重視した教育を行ってきたが、学群・学類制は、それぞれの学生が到達目標に向かって、自分の意志で主体的に、そして従来の学問領域にとらわれず自由に学びの場を創ることができます。

桜美林大学のウエブサイトによると以下のように明示している[25]。

> 学群制により、特定の分野だけではなく、隣接した分野も広く学ぶことができます。さらに異なる分野の学問を柔軟に結びつけられる制度が「メジャー・マイナー制度」です。自分の「学び」を自分でデザインすることを大切にしつつ、しっかりした専門性を身につけること。このような「学び」の仕組みを用意し、「学び」の可能性を広げています。

以下に列記した多くの大学は学士教育課程の本来の学位プログラム構築を実践している教育機関として心強い限りである。

*"新構想" の筑波大学(1973年に「学群・学類／学系」制度先行導入)し、国立大学法人化と同年2004年に福島大学おいて学部を改組し学群を設置している。公立大学法人化以降2009年に北九州市立大学と高知工科大学、2017年宮城大学、防衛大学校も学群制を導入している。

*1990年代後半の大学院重点化により加速し、"教・教分離" 型の改組が急増。

*私立大学:桜美林大学(2005年)、札幌大学、酪農学園大学(2010年)、姫路獨協大学(2016年)駒沢女子大学(2018年)、尚絅学院大学(2019年)

しかしながら、既存の学問分野・学部にとらわれない自由な教育・研究活動ができると強調しているが、一方、受験生及高校教諭にとっては分かりづらいという批判もあることは確かである。この「教・教育分離」型教育機関が社会的にあまねく認知され普遍的な制度となるにはもう少し時間が必要である。もちろん、この「第四の教育改革」に匹敵する "教・教分離" や "学群制" 改革は後世の評価に委ねることになるであろう。

脱 "学部学科" 構想について議論の俎上にあがっていなくても、単位の実質化・学習／修時間の実質化という観点から考えると、現状の90分15週規定は学年暦的に無理が生じていたが、大学設置基準が変更されたことで、90分×15週＝1,350分確保の条件で100分×14週＝1,400分での実施が可能となった。以下の大学は学士課程教育の教育効果向上に向け授業時間を変更している。

＊100分授業は2017年度から：明治、法政、立教、中央、上智、関西学院、成蹊、成城、東海、神奈川、桜美林、岩手、島根　他18大学。

＊105分授業は2022年度より拓殖、武蔵の2大学。東京大学も2015年度より各13週4学期のターム制を導入している。

# 7. 学士号の意味と価値
## ユニバーサル化した学士課程こそ、出口主義文化へ

　学士課程教育の出口として、教育の質保証については社会から高い期待がある。特に文科省から長期にわたり学士課程の出口における教育質保証の構築が求められており、これに応える大学としての使命の再構築が問われてきた。大学の教育職員／事務職員は学位の質保証の重要性を真摯に受け止め、最優先として取り組む姿勢を可視化すべき時である。学士課程を4年間での卒業率（学士学位取得者）は今後公表されていくと考えられる。大学選びに活用されるが、卒業率の低い大学では海外留学や厳格な卒業判定の結果もあることから、公表内容と方法が重要となる。修業年限内の早期卒業の割合、留年率、退学率などを「教学データ」として情報公開すべきであり、さらに、学内のIR（Institutional Research）を活用し、管理運営や教育に関する情報を収集・分析・評価し、それらの全容を外部への開示を期待したい。学内のFD/SD活動において、教育プログラム、学生支援、経営について科学的データーに基づいた意思決定ができ、大学の発展に寄与できる極めて重要な部局である。

　学士課程教育であることから、学士論文は必修とすべきは言うべきも無いが、修了試験（学位資格取得試験）の実施を推奨したい。カリキュラム再構築として、学位分野に即した必修科目及び選択必修整理を推奨したい。専門分野の教授陣の責任で学位を授与するからには分野にふさわしい基礎的必修科目も提供すべきであり、もちろん質保証・審査にも責任をもつことが重要となる。留意すべき点として、科目設定の際に常に課題になっている「教授者優先」は避けるべきで、あくまでも学位に即した「科目優先」を徹底することで、学位プログラムに相応しい課程となる。

願わくば、大学院の専門教育課程に進む太い道筋も用意してほしい。人文科学系や社会科学系の学科では、学士論文を必修とするが、理工系や医学系の学科でも必修を推奨したい。必修としている学科でも、卒業論文の代わりに卒業研究や卒業制作などの研究活動を行う特殊な専攻があることは、別の判断が必要である。

　学士論文の質と基準（文系）を次のように提案したい。研究テーマにおいて自分の考えや主張の根拠となるデータを調査（現時点の各研究者により明らかにされている内容整理）であり、論文としてのオリジナリティー（独創性）は期待するが学士課程段階ではさほど重視しない。重要なことは学士論文テーマに関する過去のデータ収集及び先達の論文内容を整理・分析することで、現在の問題・課題のレベルの把握及び調査・研究方法の基礎理論修得（critical thinking：批判的思考）を目指す。つまり、学士とは「専門基礎学位」（Bachelor）であるとの認識を確立した上で、大学院修士・博士課程における専門分野の学術研究論文や実務研究論文への導入教育と位置付けにすることが肝要である。

　大学界に根深い「入口主義文化」、特に毎年新聞、テレビ、雑誌、ラジオなどマスメディア、インターネットメディア、ソーシャルメディア（SNS）も入試関係情報発信に溢れ、当然ながらビジネスとしても高い利便性を提供してきている。この過度なる傾向と入試方法へのテコ入れを繰り返さざるを得ない状況を刷新し、「出口主義文化」への軌道修正を表明することこそ、2040年問題及び21世紀中葉に向けた喫緊の課題である。

　重ねて強調すべきこととして、大学は学士課程で身に付けた内容が重要であり、基準に達した者を卒業認定し、学位を授与するかを定める基本的な方針・重要なポリシーの再吟味を最優先してほしい。繰り返しになるが、科目単位取得と学位授与は別次元であることへの政策決定と厳格な実践が絶対条件となる。更に、学位プログラムとして学士課程教育推進・構築に対する阻害要因となっているのは就職活動である。これまで企業、特に東証プライム上場企業の採用形態に大学が対応（買い手市場）し振り回されてきたが、今後、企業主導から大学主導（売り手市場）を取り戻すことが学習／修の質向上及び学位の重さへ繋がり、あるべき大学教育・研究機関への環境が整備される。望むべくは大学

院についても理系の修士・博士号取得者と同様に文系の学位取得者にも資格過剰（overqualified）などと採用条件から外さず、彼らの高い教養と専門的能力をもつ見識・知見を活かす人事方針を採択することを期待したい。

## 8. 内閣府・（文部省）からの最新政策—評価と懸念—

2022年「教育未来創造会議」［第一次提言］の「2. 新たな時代に対応する学びの支援の充実」は極めて重要な提言をしていることから、内容を整理して評価してみたい[26]。

1）2022（令和4）年4月「教育未来創造会議」：奨学金「出世払い」議論開始。
2）対象者は修士課程大学院生（案）とし国が授業料を立て替える。
3）返済方法は就職後一定の年収に達したら分割返済開始。

学部生向け授業料減免等の中間層への拡大する方針であり、「中間層の3人以上の多子世帯や、理工系・農学系の学部学生らを修学支援制度の対象に加えることについて」は賛成が81％と高い評価であったが、制度には賛成しつつも自民党4役は対象の拡大要求し、学部生260万人に対して「学部・学科に差をつけることには反対」「広く中間所得層を対象にすべきだと」[27]との意見も多かったようである。やはり、修学支援受益者層が極めて曖昧で、逆に不公平感を増長し、かつ疑心暗鬼的な心理が働くことを避けるためにも、制度の詳細を詰めて欲しい。現在、国会衆参両議院予算員会で論議中であり、2024年度には制度が出来上がり、秋から導入予定となっている。

この第一次提案の目玉は「出世払い」奨学金制度であるが、豪州［1989年〜］、イングランド［2006年〜］、米国［2017年〜：所得連動型ローン制度］方式を模倣していることは明白である。しかしながら、両国ともメリットも大きいが、回収に難題を抱えていることもあり現実問題として、返済の不確実性や返済額の負担などが報告されていることから、慎重な精査が必要である。特に原資も気になるが、3）の「一定の年収に達したら」（所得ベースの返済制度は複雑）とあることから制度自体高く評価したいところであるが、イングランド、豪州、米国の政策を模倣した二番煎じで禍根を残す結果にならぬことを願う。

2022年の晦日月に朝日新聞と河合塾共同で「院生出世払い『キャリア支援と一体で』」と題して777大学長を対象にアンケート調査を実施し、646大学から回答を得ており、概略を次のように公表している[28]。先ず、修士課程の出世払いについては、賛成は67%、反対9%であったが、その他が20%とあった。反対回答として「将来にわたり本人を拘束し、活動に影響を与える恐れがある」とし、その他の回答として「研究職として就職できる方策を講ずるべき」「大学院生のキャリア支援とセットで考えるべき」との意見が目立ったと報告している。やはり、懸念は拭い去れないようである。確かに大学院教育・研究の拡充・拡大の推進力となるであろうが、大学院の社会的な位置付けについて社会全体の認知度及び理解度を高めるべきで、修了生の返済計画が立たない問題をもたらしそうな不安を、覚えずにはいられない。

　同年3月、政府は大学院の教育・研究に関する驚愕の政策を公表していた。それは「研究力低下」の現状を打破し、国際競争力強化を狙う方途として新たな「大学ファンド」(10兆円：基金を運用し利益から年3千億円)を科学技術振興機構(JST：Japan Science and Technology Agency)にファンドを創設し、計約10兆円を株式や債券などで運用するシステムである。国際卓越研究大学(審査後最多5～7大学認定)を応募選抜し、若手研究者支援、一校当たり数百億円／年とし2024年開始する予定であると報じられた[29]。

　しかしながら、運用益配分の年数や、大学側拠出とのマッチングなど、まだ不明点が多いことから「検討中」とする大学が多かった。多くの反対意見や懸念を表明している内容を注目する必要がある。最も多く危惧されている点は、大学が金儲けにつながる稼げる研究重視となることから基礎研究低下につながり、その上、一部の大学に人材集中し「毒饅頭」になりかねない。以下に大学からの懸念の具体的な内容が報道されていたので、列挙する[30]。

・研究の裾野を広げるより、頂上を高くするように働く。研究人材の育成や流動化の制度設計しない限り、中長期的に研究力のかさ上げは期待できない。　　　　　　　　　　　　　　　　　　　　　　　　　　　(鹿児島大)
・過去、「選択と集中」政策が成果を出していない。　　　　　　　(徳島大)
・一部の大学に人材が引き抜かれ、多くの大学の研究力が低下する。

（九州大）

・条件の一つに「年3%の事業成長」→成長にこだわるあまり、知的価値の創造を通じて人類の発展に貢献するという大学の使命を損なうことがないよう注意を要する。
（東大）

「大学ファンド」の公募が2022年内に予定された中、東京工業大学と東京医科歯科大学が、統合に向けて協議を始めるとのことで、応募を視野に入れ研究力を高める狙いがあったようである[31]。確かに、過去多くのファンドが大学に提供され、「選択と集中」政策に「翻弄」させられたと言ったら言い過ぎであろうか。過去のファンド供与政策から値するにふさわしい成果があったかは大いなる疑問が残る。とにかく、新たな莫大なファンド供与で期待と不安で多くの大学が一喜一憂させられることは明白であった。

さて、10兆円を投じる「大学ファンド」の展開については、有力な国立大学法人と私立大学から前向きに受けとめられており、応募が期待できるようであった。しかしながら、「大学ファンドと振興パッケージを一体的な制度として構築することが重要だ。大学全体の研究力と国際競争力の強化に繋がるような設計にしてもらいたい」（筑波大学）のような意見が大半を占めたとの報告もあった。一方で、大学間格差の拡大や分類化、格付けにつながるとの懸念及び文系だけの大学や中小規模大学からは敷居が高く、疎外感を抱いていることが再度浮き彫りになったようだ。やはり、この制度には看過できない矛盾点が存在していることも明らかであった。

2023年3月末までに「国際卓越研究大学」の公募へ、次の10大学が応募した。早稲田、東京科学大学（2023年12月：東京医科歯科大学と東京工業大学の統合）、名古屋、京都、東京、東京理科、筑波、九州、東北、大阪であった。ここで以下のような課題が指摘されている[32]。

一部の大学のみに資金を投入すると大学間の格差を広げるといった批判は強い。また、財源となる基金の運用成績によって安定的な支援が難しくなる可能性がある。さらに、大学経営に関与する学外の有識者を含めた機関を設置することになり、自主性や独立性が脅かされるとの懸念もある。

2023年9月1日、文科省から世界トップレベルの研究力を目指す国際卓越研究大学の最終候補に東大、京大、東北大の3校が残り、「東北大学」が認定候補となったと発表があった[33]。東北大学の提案書には「キャンパス内で整備中の次世代放射光施設［ナノテラス］を使い産学で最先端の研究を進めることや、世界トップ級の研究者らでつくる「研究戦略ボードを置く」、さらに、質の高い論文数や外国人研究者・留学生の比率など具体的な数値目標が明確で、改革の理念が組織に浸透していることが高く評価されたようである。

　特定の大学とは言え、高額規模の支援を受けることで、遅れがちな科学技術・イノベーションに関する研究環境の整備及び優秀な若年研究者の育成等に向けて、研究力、技術力を強化することが期待される。しかしながら、大学関係者から、大学ファンド制度は「国家統制の拡大、強く危惧」と題して、2004年の国立大学法人化で運営費交付金は削減され、競争型のプロジェクト型の補助金が拡充、さらに、大学ガバナンス改革で学長、理事長への権限集中が進んだ。支援対象になると、外部の有識者含む「合議体」の経営意思決定機関の設置が課せられ、国家統制が強化につながり学問の自由を侵される。更に他の関係者は「研究力は健全な競争から」と題して、現在の財政事情を考えれば大学の一定の「選択と集中」な不可欠としながらも、今回の枠組みは大学活性化への効果は乏しいなどと批判している。一定規模以上の多くの大学に分散した方が効果的である。大学間格差は拡大し、健全な大学間競争の足かせになりかねないとし、さらに卓越大学の運営方針を決める「合議体」（財界からの経営専門家中心）設置に大学のガバナンスに対する懸念をいだいているとの報道があった[34]。

　前段で議論の渦中にあった「合議体」設置の義務に関して、「国立大に合議体、教員ら反発─運営方針決める委員選任　文科省の承認必要─」と題して国立大学法人の改正案の廃案を訴える新聞報道があった[35]。

　　一部の国立大に「運営方針会議」という名の合議体の設置を義務づける。会議は学
　　長と、外部の有識者も想定する3人以上の委員で構成され、中期目標や予算の決定
　　などを行う。……委員の選任には、文部科学相の承認が必要だ。大学関係者は、こ

の点について強く反発する。……大学関係者らの「不信」の背景には2004年の国立大を法人化してからの20年の国の政策がある。15年度まで毎年1％ずつ運営費交付金が減らされた。……国大協総会では、合議体を設置しているか否かで予算配分に差がでないか、懸念の声が出た。以前、も世界最高水準の教育研究活動が見込まれる国立大を「指定国立大」とする仕組みが、後に予算配分に利用された経験があったからだ。……改正案に反対する大学教員らの団体は1日、約4万筆の署名を文科省に提出。

　結果として、国会会期末の2023年12月13日に国立大学法人法の改正案が国会で可決された。この改正案は2024年10月に施行される予定である。今後はこの改正案に対しては、見直しを要求する声は高まるであろう。これらの批判に対して文科省は丁寧な説明を求められる。

　確かに自然科学、特に理工系の強化は必要であることは否定しないが、喫緊の社会問題（人権問題、貧困問題、教育問題　環境問題、少子高齢化、経済格差、など）の本質を理解及び解決策に関する研究こそ最重要課題であることは明らかである。大学がこれらの問題に積極的に取り組み、社会へ率先して対応策または答えを提示する役目を果たすべきである。となると、人文及び社会科学系の研究者育成は必須であると同時に、産学官民共同体制の構築も必要なることから、当然ながら政府がファンド設立を促進するための意識改革を切に願う。

　政府主導で始まった10兆円規模の大学ファンドの目的は、大学の研究力を強化し、世界トップレベルの研究水準を目指した国際競争力強化政策である。そのための出発点は文系・理系に若手研究者の育成及び支援から始める必要がある。まさしく学士課程教育（リベラルアート教育を土台とした教育・研究基盤の強化）の質保証と厳格な成績評価による学士学位取得者を大学院修士及び博士課程に繋げる意図があることは確認できる。

　2004年度から国立大学の法人化は政府主導で始まる。この改革により、国立大学はより自主性の管理・運営の向上が可能となり、独自の特色のある教育や研究の質を向上させ競争力をたかめることが期待でき、各大学が独自に経営

や研究内容、学部・学科の設置などを決定できるようになった。法人化前の国立大学の法人化問題を担当した文科官僚は以下のように整理している[36]。

> 学長らが指摘したのは、①社会と直接向き合おうとしない②教員の意識が研究に傾き、教育に不熱心③大学としての構想力が欠けている④国家公務員制度の下で教員人事が硬直的—といった点だ。……多くの学長は、自大学の年間予算さえ正確に把握しておらず、ガバナンスが欠如していた。日本では、大学教育への社会や企業の関心が薄く、入試や偏差値だけで大学が論じられる時代が続いた、大学も教育に力が入らず、教員は研究に注力した。……大学としては世界の常識とかけ離れた、いびつな姿だった。

　行政改革の一環として国立大学組織の法人化が進められ、大学の研究、教育、社会貢献の役割が見直され、特に教育に関してはある程度改善されているとの評価である。しかしながら、以前と比較して明らかに研究能力の低下を招き、つまり財源不足が要因であるとしている。大学人からも「国立大学の法人化は失敗だった」という声が聞かれる。法人化は現在でも「期待」と「失望」が混在している。

　入試の「女子枠」については、2022（令和4）年、内閣府直属の諮問機関である「教育未来創造会議」からの提言であった。女子枠の導入によってジェンダーバランスの改善につながり、特に理工系では男子学生の割合が高いことから女子学生の女子枠を設けることで多様性が促進され、学士課程の活性化が期待できるとしている。もちろん逆差別や不公平性の課題もあるとの反論も無視できない。2023（令和5）年度入試以降、理工系学部を中心に次々と女子枠が導入された。大学入試における「女子枠」は、近年急速に広がっているトピックであり、STEM（科学・技術・工学・数学）分野でのジェンダーギャップを解消し、女子学生の入学を増やすために、理工系学部を中心に導入されている[37]。

　その後、国立大学の理工系学士課程中心に「女子枠」を設ける大学が急増している。2024（令和6）年［4～5月］時点で全86国立大のうち79大学から回答得た調査報告によると、次のような結果が得られた[38]。「入試に［女子枠］を導入

済み、または導入する方向の国立大学は33大学と、全体の4割に達する……女子の割合が少ない理工系の学部が中心で、学生の多様性を確保するのが狙い。急増の背景に、国の後押しと大学の危機感がある。」

「国際卓越研究大学」として正式認定された東北大学は「女子枠」をあえて設けなくても、学士課程の全学部で定員3割を推薦入試（総合型選抜）を実施している。結果的に女性割合は30.2%になっており、理学部は18.8%で、工学部は15.2%との公表している。東北大学は旧帝国大学として東京、京都に続いて1907年に創立しており、女子枠と入学選抜について以下のように言及している[39]。

> 1913（大正2）年、全身の東北帝国大学は3人の女子学生の入学を許可しました。旧制高等学校の卒業生以外に、高等師範学校などに受験資格を与えました。「女子枠」で初の女子大学生が生まれたわけではありません。多様な入試を採り入れてきた結果、初の女子大学生が誕生したのです。そうしたダイバーシティーの歴史が東北大学には根付いています。……総合型選抜の一つである「AOII期」秋に実施します。早い時期に合否が決まります。……今後、本学で学びたいという受験生のために、総合型選抜を主な入試として推進していく計画です。

やはり、本邦で初の女子学生を誕生させたという高等教育の矜持さえ感じる内容である。AO入試II期関しては、調査書の学習成績概評がA段階の5段階評価で評定平均が4.3以上、面接、学力試験にて選抜する。特筆すべきは大学入学共通テストを課さないことである[40]。

学位授与の軽さに長い間警鐘を鳴らされてきたにもかかわらず、21世紀に入っても教育界、産業界、メディア界は大学入試という一つの話題に覆われてきたことは忸怩たる思いである。大学入試の多様化と公平化を進めることは大学にとって重要であることは確かである。多様な背景を持つ学生が公平に教育を受ける機会を得ること、及び総合型選抜や学校推薦型選抜の推進により、学生の多様な能力や適性を評価することが可能になる。しかしながら、あくまでも、学位プログラムを通して本来あるべき学位取得者育成への第一歩に過ぎな

い。そして、学位授与機関として重要な課題は大学教育課程の質を高める取り組みが必須であり、具体的には、学位取得に必要な要件（単位分の学習／修、及び成績評価などの厳格性）を明確に提示し、学生が学位を取得するために必要な知識や技能を確実に身につけることが絶対条件となる。このような環境下でこそ学位の価値が高まり、学位プログラムの厳格な意味を問う出口主義文化への移行が進み、社会から、さらには国際的な信頼も回復することができることを改めて強調しておきたい。


## 【引用 (参考) 文献】

1) 就職みらい研究所：https://shushokumirai.recruit.co.jp/research_article/20230511001/（2023-05-01）

2) https://www.timeshighereducation.com/world-university-rankings/2024/world-ranking？page＝1# World University Rankings 2024 Times Higher Education（THE）

3) 「『教育不熱心』から健全な姿に」朝日新聞, 2024年7月30日.

4) 社会実情データ図録 https://honkawa2.sakura.ne.jp/3927.html
ベスト進学ネット https://www.best-shingaku.net/s-matome/daigaku/c000531.php

5) 学校基本調査―令和4年度結果の概要―（文部科学省ウェブサイト）
https://www.mext.go.jp/content/20221221-mxt_chousa01-000024177_001.pdf

6) National Center for Educational Statistics：Undergraduate graduation rates
https://nces.ed.gov/fastfacts/display.asp？id＝40

7) 「『米大学ランキング名門「転落」に波紋』コロンビア大の提出データ「不正確」」朝日新聞, 2022年10月18日.

8) 「『低学歴国』ニッポン博士減研究衰退30年」日経新聞, 2022年5月2日.

9) 文部科学省「大学入学者数等の推移」
https://www.mext.go.jp/content/20201126-mxt_daigakuc02-000011142_9.pdf

10) 教育未来創造会議「我が国の未来をけん引する大学等と社会の在り方について」2022（令和4）年5月10日（第一次提言）（内閣官房）

https://www.cas.go.jp/jp/seisaku/kyouikumirai/teigen.html

11）教育未来創造会議「未来を創造する若者の留学促進イニシアティブ」2022（令和5）年4月27日（第二次提言）（内閣官房）

https://www.cas.go.jp/jp/seisaku/kyouikumirai/pdf/230427honbun.pdf

12）旺文社 教育情報センター 2022 年6月21日.

https://eic.obunsha.co.jp/pdf/educational_info/2022/0621_1.pdf

13）文部科学省中央教育審議会「2040年に向けた高等教育のグランドデザイン（答申）」2018年11月.

https://www.mext.go.jp/b_menu/shingi/chukyo/chukyo0/toushin/1411360.htm

14）「出生急減, 80万人割れ」日本経済新聞朝刊, 2023年3月1日.

15）「『多様な学生求め早まる入試』総合型・学校推薦型選抜「増やす」3割」朝日新聞, 2022年10月10日.

16）「年内入試で入学半数越国立大でも総合型選抜広がる」朝日新聞, 2024年2月19日.

17）同前書

18）宮田裕章「全国で「大学入試」廃止」（未来空想新聞）, 朝日新聞, 2022年5月5日.

19）文部科学省「令和4年度大学設置基準等の改正に係るQ＆A」

https://www.mext.go.jp/mext_02036.html

20）前掲　文部科学省中央教育審議会, 2018年11月, 27頁

21）前掲　27頁

22）No＋e「巨額寄付金ランキング」https://note.com/nugsuzuki/n/nf6ed1e4be561
「アメリカの大学寄付市場」https://note.com/junya_aizawa/n/n47d62a45561d

23）園山大祐「日欧の大学費事情高等教育をどう捉えている？日本52%『個人の努力』学生負担欧州4%『社会の責任』」朝日新聞, 2024年8月26日

24）尚絅学院大学ウエブサイトより https://www.shokei.jp/faculty/group.html

25）桜美林大学ウエブサイトより https://www.obirin.ac.jp/about/why_obirin.html

26）前掲　教育未来創造会議2022年5月（第一次提言）

27）教育未来会議「奨学金［出世払い］議論対象者や返済方法」讀賣新聞, 2022年4月19日.

28）ひらく日本の大学「大学に大規模支援評価と懸念 院生出世払い［キャリア支援と一体で］」朝日新聞, 2022年12月6日.

29）文部科学省「大学ファンド創設について」2022年3月3日.
https://www.mext.go.jp/content/20210304-mxt_gakkikan-000013198_03.pdf

30）「大学ファンド浮かぶ懸念―国の支援新制度応募前向き5校」朝日新聞, 2022年5月31日.

31）「東工大・医科大統合へ協議ファンド資金獲得視野」朝日新聞, 2022年8月9日.

32）「［卓越大学］応募10校10兆円ファンド世界トップの研究支援」朝日新聞, 2023年」4月5日.

33）「ファンド支援は東北大学初の認定候補東大・京大見送り」朝日新聞, 2023年9月2日.

34）「大学ファンドのリスク」朝日新聞, 2023年12月12日.

35）「国立大に合議体教員ら反発-運営方針決める委員選任文科省の承認必要」朝日新聞, 2023年12月12日.

36）前掲　「『教育不熱心』から健全な姿に」2024年7月30日.

37）朝日新聞 Thinkキャンパス, https://www.asahi.com/thinkcampus/article-110453/

38）「国立大に4割に『女子枠』入試に導入『男女比偏り是正』朝日新聞, 2024年6月14日.

39）「大学入試の『女子枠』どう考える下総合型選抜が奏功ニーズに合致」朝日新聞, 2024年8月5日.

40）東北大学入試センター, https://www.tnc.tohoku.ac.jp/admissionoffice.php

# おわりに

## ［大学の発展と行政の答申］

　1877（明治10）年に東京大学が創設され、1886（明治19）年に帝国大学令により「帝国大学」となった。政府は帝国大学に対して重点的に投資を行い、帝国大学は「国家の須要」に応じた教育・研究を展開する中で、自律性（オートノミー）を巡る議論の中心的な役割を果たしてきた。1918（大正7）年の大学令により、それまで専門学校に位置付けられていた私立大学が制度上「大学」となった。私見であるが、高等教育機関の制度の改革という観点から鑑みると第二の教育改革の位置付けに成り得る。

　戦後、1947（昭和22）年に制定された学校教育法は、様々な旧制高等教育機関を6・3・3・4制の学校制度の中で「大学」に一元化した。旧制大学や師範学校など規模や役割、文化等が異なる高等教育機関が「新制大学」に再編されたが、学士課程は教養教育を担うのか、専門教育を行うかなどその役割について大学全体を通じた合意が必ずしも形成されなかった。主たる理由として、当時の大学院は組織としては未成熟であった。

　1987（昭和62）年に「大学審議会」が創設され、高等教育機関の制度的な種別化を提唱するとともに、国が高等教育の規模等について計画し管理した上で、高等教育に対して財政措置を行うことにより質を確保するよう提言した。1991（平成3）年に大学審から「大綱化答申」が出され、大学教育改善への方向付けが提言された。その後、1998（平成10）年の「21世紀答申」、そして大学審議会は、2000年をもって終了し、2001（平成13）年に中央教育審議会大学分科会に再編された。

　2005（平成17）年中央教育審議会の「将来像答申」、2008（平成20）年の「学士力答申」と続き、この提言は答申の集大成との位置付けである。グローバル化する知識基盤社会において、学士レベルの資質能力を備える人材育成を目指すためのもので、学士課程教育の確立を提言し、大学はFD/SDを通して学位に対する組織的な体制構築に本格的取り組みを開始する。

2012（平成24）年の「未来答申」で学士課程教育の質的転換を提言した。そして、2018（平成30）年、2024年向けた高等教育のグランドデザイン「GD答申」では、人口減少と予測不可能な社会変化の中で、持続可能な大学のあり方を提言している。

## ［行政と大学の関り］

大学の「学問の自由、大学の自治」確立に対して旧文部省は全国大学・高等教育機関の事務局として政府、他省庁、産業界からの不当な干渉を避ける強みを果たしてくれた。2001（平成13）年に文部科学省になってから、政府の政策的干渉が増大しており、特に安倍内閣以降の内閣直属の会議体からの内閣府令は文科省との対立が顕著であったが、文科省直属の審議会を通して、大学の発展に向けリーダシップをいかんなく発揮してくれていることに敬意を表したい。

文科省は教育界の行政機関として実践教育のプロパーである大学の教育職員、事務職員と共同作業へのアドバイスなどを通して、今後も強力なイニシアティブを取って欲しい。大学人は、この30年の大学教育に関する省令、答申などをもう一度読み込むべきである。かなり的確で的を射た問題提起や提言が整理されており、真摯に受け取るべき内容が含まれている。道筋も明確に敷かれていることが確認できるはずである。特に、中教審による「2040年に向けた高等教育のグランドデザイン（答申）」の報告書こそ、21世紀中葉に向けて大学教育に期待される役割や目指すべき姿を提言していことから、それらの知見を謙虚に読み取り大学人の意識改革につなげ、良識や見識の則った「成熟期」に向かうことを信じたい。参考のために、戦後からの文部省、文部科学省からの省令や直属審議会の答申・提言の変遷を時系列に整理し最終頁に記載するので参考にされたい。

2020（令和2）年に内閣府が提唱及び創設した「大学ファンド」（10兆円規模）配分先として、文部科学大臣より「国際卓越研究大学」の認定を受けた大学は決定したが、多くの大学人は戸惑いと同時に異論や懸念を抱いていることから、注視していく必要がある。従来とは異なる制度であることから、特に原資に関する運用が国民負担にならないことを期待したい。

おわりに　341

この大判振る舞いとも言うべき「大学ファンド」の政策浮上に関しては、客観的事実や資料に基づいた論考ではないが、やはり「新型コロナウイルス感染症（COVID-19）」（2019〜2023年）のパンデミック災害時に、技術大国としての陰り、特にIT分野の脆弱性が明白に露呈したことが要因とも推測できる。大学人はこの現実を認識し、精査する姿勢、つまりこの危機感を真摯に受け止め、変革の機会として捉える革新性が求められる。

## ［少子化の問題と大学間の統合について］

文部科学省の発表によると2022（令和4）年で約112万人いる18歳人口は2040年には82万人まで減少し、進学者数は51万人前後となり、大学全体の定員充足率は82％弱になると予測している。18歳人口に依存している大学にとって、2040年以降は、特に私立大学は生き残りをかけた経済的な運営方式の改革が必須となる。一部の国立大と私立大は政府の政策に対応・順応性の公算が高く、資金を獲得して教育研究の持続可能となる。一方、多くの大学は社会の変化や学生のニーズに対応した資格取得などの職業教育に舵を切ることで生き残りを図ることになる。

更なる重要な対策として、社会人教育やリカレント教育に注力することが不可欠である。職業人が新たな知識やスキルを習得することで、キャリアアップ／チェンジが可能になる。2022（平成4）年3月、中央教育審議会大学分科会大学規模・大学経営部会から「大学における社会人の受入れの促進について（論点整理）」と題して、以下のように記述している。

> 18歳人口だけでなく、我が国の人口が減少期を迎えた中，成熟した社会において，社会人や高齢者等の多様な人々のうち，どの程度が大学で学ぶようになるか想定することは，今後，大学として必要とされる量的規模，または政策的に妥当とされる規模を検討していく上で重要な論点である。しかしながら、大学入学者のうち25歳以上の者の割合は，OECD平均では21％であるのに対し，我が国は2％にとどまる。

しかしながら、受講料の問題が大きな障壁となるが、経済的支援としては大

学側から奨学金や授業料等の減免制度拡充、行政側から教育訓練給付制度（指定講座制）の活用、そして企業から法人税額控除の利用を挙げることができる。

　ここで重要な懸念課題の一つとしてあげるならば、現在の人口から推測にするに現時点の大学数は約800校と多すぎると見る向きもある。186校の国公立大学、公立専門職大学、文部省管轄大学校の統合や再編が進んでいる中、私立大学はさらなる大きな影響を受けることは必至である。しかしながら、私立大学、私立専門職大学（607校）も再編・統合の他、吸収合併、単位互換、連携強化などを通して、差別化を構築することは喫緊の検討課題・作業となることは確かである。いみじくも、文部科学省は2024（令和6）年度から2028（令和10）年度までの5年間を集中改革期間と位置付け、私立大学の経営改革や定員規模適正化などを支援していく考えを示している。具体的な支援策としては、学校運営面で複数の大学が連携関係を構築する経営改革への支援、学生募集停止を行った学部などの継続的な教育・研究活動への支援などが含まれている。

　今後の最重要課題の一つとして、未来に向けた学士課程教育の理念、つまり原点に戻り本来の「全人教育・人材教育」への大学の役割について再考する時期が到来しているとの意識改革が必要である。竹中亨氏（大学改革支援・学位授与機構特任教授）の言を引く、「全ての大学が幅広く研究や人材育成を一手に担った1980年代までのあり方は、現在は通用しない。基礎研究と応用研究、職業実践教育とリベラルアーツ（教養教育）など、身の丈に応じた大学ごとの役割分担は避けられません。」（「オピニオン＆フォーラム」13版、朝日新聞、2023年12月12日）。個々の大学は社会の変化に対応した変革意識を構築しなければ、大規模、中小規模や伝統の有無にかかわらず自然淘汰によって、競争力のない大学となる可能性があり、最悪の場合は経営的な破綻に追い込まれることになる。


## ［学士課程教育と学士学位、大学院課程の拡充と拡大］

　高等教育・大学研究の分野を牽引してきた多くの優れた研究者から、学部教育や学士課程教育の単位と学位の関連についての批判や論評は決して多くない。不謹慎ながら、戦後の大学・高等教育研究を牽引してこられた先達の方々

おわりに　343

は、意識的にこの問題を避けてきた傾向が見受けられる。推測するに、大学教授であるが、研究者としての自負が強いため、教育者としての自覚が欠如していたと考えられる。当然ながら、教育者としてのスキルを向上させるために、教育・学位プログラムや教授法などに積極的に取り組む意識の共有は学内および学会などで不在であったと言える。

　30年以上にわたり大学教育、特に1991（平成3）年（大綱化）以降、学士課程教育の在り方を探究してきたテーマの根底には、学士学位の適正な水準の確保、つまり適切な科目数、必修と選択科目の整備、単位に適切な学修内容と学修時間確保、単位及び学位の意味とその重みへの確認であった。当然ながら、卒業論文ではなく「学士論文」とすべきで、その基礎専門的能力をもって大学院課程の専門的知見を求めて修士及び博士課程へ導くなど、大学院機能を重視した文理横断的な学士課程と成り得る。さらに、質の保証に応えるべく方途として、学士課程こそ学位資格取得試験の実施を強調したい。これらの課程を段階的に進めることで、本来の学位授与機関としての「成熟期」に到達するだけでなく、国際的に高い評価と信頼を得ることができると確信している。

　大学院を擁する大学は、先ず学内の修士・博士課程への進学路線を構築する必要がある。学外からの人材を確保するためには、特に博士課程の発展・拡充策として、教育・研究に専念できる環境を整備し、研究費の支援を充実させ、多様なキャリアパスを支援し、博士学位取得者の活躍の場を拡大することが重要である。特に、政官財が博士学位取得者、特に人文社会科学系の人材の採用・活用から得られるメリットを認識してもらうための課程構築と広報活動が必要となる。

　さらに、博士課程生の国際的な交流や協働を促進することで、グローバルな視野と競争力を高めることが肝要である。同時に、英文論文の作成を支援するシステムを構築することも重要である。そのための喫緊の課題は、教育研究環境の改善を図り、学修・研究の質の向上を目指すことである。つまり、博士課程というからには博士論文の指導だけでなく、専攻分野の講義科目も適宜に設置し、3年から4年で「課程博士」を取得可能にする課程プログラムの構築が求められる。

## ［入学試験（選抜）の功罪、入口文化から出口主義文化へ］

　欧米先進国の学位の質は、国内外から高い評価を得ている。信頼されている大学の共通点は、一様に出口主義文化を教育・研究理念としていることである。つまり学士課程卒業（学士号）、修士課程修了（修士号）、博士課程終了（博士号）という学位取得に意味があるとの価値観を共有する社会なのである。日本もそのような価値観を共有できる社会に成長することを期待したい。学年度末になると「あの大学に入学できたのか、おめでとう！」が一般的で世俗的に通用する表現であり、「あの大学から学術学士号や実務学士号を取得できたのか、すごい！頑張ったんだね」との表現が飛び交う社会ではないことは確かである。21世紀中葉以降、後者の表現が世俗的に認知され、通用する時代になることを切に望む。

　もう一点、大学の入口主義文化から学位の質保証及び国際的信頼の確立、つまり出口主義文化への変革のため、現時点では大学で存在していない部署の設置を提案したい。学位の授与は学部、学科、学群、学類、専攻科教授会の審議に委ねられてきたが、学士修了試験、学士論文、特にラーニング・ポートフォリオなどを審議資料として「学務部学位授与課」（仮称）へ提出し、最終決定をする。常勤の教育職員の負担は増大し、労力を要するが、学内で専門家または第三者を擁した専門部門（局）となることを願う。

　大学教育は「出口主義文化」への回帰ではなく、本来の大学文化再構築こそ、国内外から学位に対する信頼を得るための鍵である。21世紀の中枢に向けて少子化がさらに加速すると予想される中、大学人（教職員）主導で本来あるべき学士課程教育の原点に立ち返り、抜本的な改編・改革を行うこと、そして修士・博士課程へ繋げる制度設計への意識改革が必要である。これによって、将来の持続可能な大学教育・研究機関として成熟し、発展することを確信し、また切に願っている。

　学士課程教育に焦点を絞って結論を述べることにする。大学入試といえば選抜（合否）という「負」のイメージがつきまとい、学習の楽しさ、喜びを奪っている文化であると言っても過言ではないだろう。21世紀中葉、特に2040年前後には入口主義文化は大きな転換期を迎えることになる。つまり、少子化によ

おわりに　　345

る全入時代到来どころか大学教育・研究機関としての存亡にかかってくることから、遠隔教育の普及や、国際の不安定化情勢への見識的貢献、研究力の低下からの脱却など、高等教育を取り巻く環境の変化が進むことから、新しい対策を講じる必要がある。対応策として、文系理系分野の横断的な教育プログラム、実践的な技術・技能養成、リカレント教育など一層重要視した改革を進める。更に複数の大学が連携し個々の大学の看板学部・学群の充実を図り、共同学位を授与する。産業界と連携を構築し、共同研究や実践教育を促進する。高等教育の質の保証と情報公開、多様性を根底にした教育・研究体制の構築こそ、本来あるべき出口主義文化へ移行できる。もちろん、国公私立の設置者別等の役割分担の明確化、更に、高等教育の改革を支える支援方策及び社会的認知、特に企業や産業界の意識改革などが必須条件となる。

　年度ごとに、多くの大学が年内に合否が出る総合型選抜と推薦型選抜で入学者を確保することに汲々としている状況である。今後も「入口主義文化」が続くならば大学数と少子化のバランスが崩壊することは明らかであることから、大学の未来像として「衰退期」への一途を辿ること必至である。大学の未来は述べてきたような大学の存亡にかかわる諸問題が山積しているが、これらの元凶はやはり「入口主義文化」に固執してきたあまりの結果ともいえる。大学の教育・研究理念や学位の意味を明確にし、それに基づいて学士課程のミッションに則った「教育・研究・社会貢献」の目標や方針を再構築が重要となる。そのためには大学の現状と課題、そして可能性について、常に考え続けることが必要であるといえるだろう。大学人（教育職員・事務職員の協働作業）の英知を結集して何とか乗り越えて、社会の変化に対応し、自ら変革し、社会の発展に貢献する本来の大学になることを熱望したい。そのためには、ゆっくりと検討課題として先送りする時間の余裕はない。


　本書は、長年にわたり大学教育および研究に携わる中で抱いた疑問や課題について、私なりの考察をまとめたものです。多くの部分で私見が強く反映されていることは自覚しておりますが、これが読者の皆様にとって有益な議論の出発点となれば幸いです。ご意見やご批判をいただければ、今後の研究や執筆活

動の糧とさせていただきます。

　最後に、桜美林大学叢書として出版にあたり、同出版会の皆様には企画段階から校正に至るまで、細やかなご指導と励ましをいただきましたこと、心より感謝申し上げます。

# 資　料

## 【審議会等変遷（大学改革）1946（昭和21）年～2023（令和5）年】

1.　1946年　　　教育刷新委員会（審議会）【旧日本側教育家委員会】首相直属諮問機関

2.　1946年　　　大学設立基準設定に関する協議会→1947年大学基準協会

3.　1951年　　　政令改正諮問委員会吉田首相の諮問委員会（戦後教育改革の転換）

4.　1952年　　　文部省：中央教育審議会「以下，「中教審」という。」発足【政令改正諮問委員会への批判と教育刷新委員会の終了を意味する】経済力の培いと国力の充実をねらう．

5.　1956年　　　大学設置基準を制定（産業界の意見・要望を補完）文部省令（大学基準認可協会1949実質的な権限喪失）

6.　1963年　　　中教審「大学教育の改善について」[38答申]

　　　　　　　　＊産業界からの要望に応えると同時に，社会の変化と大衆化（マスプロ化）に対応できうる高等教育機関として大学院大学，大学，短期大学，高等専門学校，芸術大学の5種別機構を提示．

　　　　　　　　＊一般教育と基礎教育との分界と関連が明確にする．

　　　　　　　　＊一般教育，外国語，保健体育，基礎，専門5課程，一般教育36単位から24単位に減少．

　　　　　　　　（ICUは全学を教養学部で構成し，各学科の一般教育科目は4年を通して履修できる，くさび型を採用）．

7.　1971年　　　中教審「今後の学校教育の総合的な拡充整備のための基本的施策について」[46答申]

　　　　　　　　＊生涯教育の立場から，教育体系を総合的に再検討する．人間形成の基礎として必要なものを共通に修得させ，個人の特性の分化に応じて豊かな個性と社会性の発達を助

長する.

＊大学：教育と研究に関する要請に応じた適当な役割の分担と機能が必要.

＊一般教育と専門教育とを積み重ねる方法をとってきたが, 両者が遊離して専門化にも総合化にも効果を納めていない.

＊閉鎖的な独占に陥る開講が見られ, 開かれた大学として, 教育・研究活動が内部から衰退しないような制度上の工夫が必要.

＊多様化を前提とした, 学部教育から研究院まで5種別の機関を提示.

（46答申に対する評価は産業界以外では高いものではなかった. 1973年に筑波大学が開校され, 教育課程改革として一般教育と専門教育課程の区分を撤廃. 1974年には広島大学に総合科の学部教育と全学の教養課程を受け持つ総合科学部（元教養部）が設置される. つまり東大の教養学部型への改組・拡大である.

8.  1984年  「臨時教育審議会」が中曽根内閣直属の行政機関として設置

（文部省と政府の対立）

「21世紀を展望した教育の在り方」,「社会の教育諸機能の活性化」,「初等中等教育の改革」」,「高等教育の改革」を議論する4つの部会を設置する.

＊教育改革は一文部省の問題ではない. 法改正や財政にしても文部省だけでは心もとない.

＊教育の理念の修正を意図したものとの懸念が強かった. 事実上, 行政改革を目指した.「憲法改正, 軍事大国化への教育を使う」.

＊教育基本法の精神に則って進めることを言明.

＊個性重視（画一性, 硬直性, 閉鎖性, 非国際性を排除す

る).

\* 教育の高度化, 多様性の選択の機会を拡大 (教育行政, 制度も柔軟で分限的な構造を構築し, 規制緩和が必要.

\* 大学設置基準を緩和し, 自らその責務を自覚し, 自己点検と自己改革を促す.

\* 高等教育は, 初等・中等教育行政とは異なった特色を持っているので, 教育政策といっても, 一体的に展開できないことを文部省に確認.

\* 専門的職業人や研究者養成と学術研究の推進の視点から, 展開すべきである.

\* 大学設置基準の大綱化, 簡素化, 単位制重視, 修業年限の弾力化, 単位の累積加算方式, 2学期制, 9月入学, 編入転学, 転学部の可能性拡大.

\* 生涯教育, 単位互換, 学位授与機関の創設.

9. 1987年 　文部省:大学審議会「規制緩和:大綱化による学士教育課程改革はなるか」

\* 各大学が自主的に取り組む.

\* 一般教育の改善, 大学設置基準の見直し (柔軟・多様な教育課程, 教員組織の設計, 学生の学習充実, 生涯学習)

\* 一般教育:科目の開設と区分は大学に依存, 一般・専門別の単位数や必修なども大学に依存, 教養部の改組転換の見直し.

(評論:一般教育とは何かを考え, 専門の前後でも同時に関連させて組んでいってこそ, 自由な教育課程の編成ができる. 戦後改革の原点に戻ったわけで, 大学が明確な理念を持たないと立ち行かなくなる. 教養部の改廃は一般教育の廃止ではない)

10. 1991年2月 　大学審議会「大学教育の改善について」答申 [**大綱化答申**]
\* 大学設置基準の大綱化.

＊大学への自己点検・評価の導入.

＊一般教育と専門教育科目の科目区分や必要専任教員数についての授業科目による区分などは廃止する.

5月

＊画一的なカリキュラム観を取り除き, 個性的なものにする.

＊各大学の自由裁量権を認める.

7月（施行）

＊「改正大学設置基準」一般教育という用語は法令上消滅, 規制緩和であり大綱化として, 各大学学士教育課程改革運動に拍車をかける.

＊大学自体の研究・検討, 努力改善が必須となる.

（一般教育の理念の再確認として：大学の理念は研究, 教授, 教養にあるとし, 一般教育は教養の理念を担当する教育課程であり, 諸学科専門分化が進む中で個々が学んでいる学問の社会生活における位置付けを知ることは, モラトリアム（役割取得猶予期）—人間〔＝社会的な責任や義務を一時 猶予された状態に在る青年期の人〕にある学生にとって有意義なことである）

11. 1995年　　大学審議会「高等教育の一層の改善について」答申

＊大学教員の意識は, 従来の大学教育の概念から必ずしも抜け切れていない.学部教育の位置付けや今後のあり方についての議論が充分ではない.

＊学部教育は幅広い教養や学問の習得方法を身に付けることで, 基礎教育と考えるべきである. 高度の専門教育は大学院で行おうとするのか.

＊カリキュラム改革は学部・学科の教育理念・目的の明確化と学生の視点に立った改革を全学的に組織的な体制を確立することが先決.

＊人間性を培う教養教育の理念・目的が教育全体のなかで実質的に達成されるよう配慮すべきである．教養教育は高等教育の全体の大きな柱であり，全教員の責任において担うべきものである．

（大衆化路線の中で，全人教育の必要性とUndergraduate（Liberal Arts, College of Arts and Sciences）での図式を模索している）

12. 1998年　　大学審議会「21世紀の大学像と今後の改革方策について―競争的環境の中で個性が輝く大学」[**21世紀答申**]

＊高等教育機関の多様な展開：理念・目標の明確化，多様化・個性化．

＊高等教育規模の展望：進学率の上昇，厳格な成績評価と卒業時の質の確保．

＊大学改革の基本理念と個性輝く大学：四つの基本理念

1. 教育研究の質の向上．
2. 教育研究システムの柔構造化による大学の自律性確保．
3. 意思決定と実行を目指した組織運営体制の整備．
4. 多元的な評価システムの確立による大学の個性化と不断の改善．

＊学部教育の再構築：教育内容の在り方（課題探究能力育成）．

教育方法などの改善（授業運営と減額な成績評価）（単位制度の趣旨）．

13. 2000年　　教育改革国民会議「教育を変える17の提案」（森内閣諮問機関）

＊[2001年（平成13年）1月の省庁再編に伴って，大学審議会は中央教育審議会大学分科会に再編された]

14. 2002年2月　中教審大学分科会「新しい時代における教養教育のあり方

について」

8月 「大学院における高度専門職業人養成について」

＊専門職大学院の創設を求める.

＊論文は課さず, 実践的な教育を重視 (企業の法務部門, 金融分野での専門家を育成.

＊国家資格などの職業資格に関連した分野.

＊修業年限は2年を基本とするが, 弾力的に運用.

＊専任教員も相当数を実務家とする.

8月 「大学の質の保証に係る新たなシステムの構築について」

＊設置基準緩和 (学部, 学科の新設) の一方, 事後に「第三者」による評価を義務付けるよう求める.

＊大学間の競争を活発化させ, 教育研究の質を高める狙いで, 法令に違反した大学に対する新たな制裁処置が盛り込まれた.(秋の臨時国会に関連法案を提出し, 設置基準の改定などは来年度から実施する.

＊卒業生に与える学位の種類が変わらない学部・学科の改編は届け出制にし, 認可は不要.

＊経済学部から経営学科に独立させて学部に昇格させる場合などは, 学位は経営なので認可は不要.

＊国が認めた評価機関による第三者評価を受けるよう義務付ける. 低い評価を受けた場合は, 教育内容を自ら改善する努力を求める.

15. 2003年1月 中教審大学分科会「大学設置基準等の改正について」[**設置基準答申**]

◆大学・学部の設置認可制の見直しと届出制の導入.

＊教員構成が特定の年齢層に著しく偏ることのないよう配慮する.

＊大学院課程：修士課程, 博士課程に加え専門職学位を位置付ける.

資　料　353

＊専門職大学院設置基準要綱.

＊法科大学院に関する事項.

8月　「薬学教育の改善・充実について」(中間まとめ)

16. 2004年1月　「薬学教育の改善・充実について」(中間報告)

2月　中教審大学分科会「大学設置基準の改正について」(答申)

＊自己点検・評価に関する規定の削除.

8月　「大学院部会における審議経過の概要—国際的に魅力ある大学院教育の展開に向けて—」

9月　「我が国の高等教育の将来像」[**将来像答申**]

＊21世紀初頭の社会像.

＊新時代の高等教育と社会.

＊我が国高等教育の中期的展望.

＊新しい高等教育システムに向けて.

17. 2005年2月　中教審大学分科会「我が国の高等教育の将来像」答申[**将来像答申**]

9月　「新時代の大学院教育—国際的に魅力ある大学院教育の構築に向けて」

＊大学院教育の実質化について.

＊人材養成機能, 博士, 修士, 専門職学位課程の目的・役割の焦点化.

＊知識基盤社会にふさわしい大学院教育の規模の確保.

＊新時代の大学院教育の展開方策, 等.

18. 2005年9月　中教審大学分科会大学院部会「新時代の大学院教育—国際的に魅力ある大学院教育の構築に向けて—」

＊円滑な博士の学位授与の促進.

19. 2006年10月　教育再生会議設置(安倍内閣直属の行政機関として設置)

20. 2006年　中教審大学分科会大学院部会, 2006, 『大学院教育振興プラン』

21. 2007年4月　「制度・教育部会学士課程教育のあり方に関する小委員会」

＊学士課程教育の再構築に向けた審議.

22. 2008年3月 中央教育審議会大学分科会制度・教育部会「学士課程教育の構築に向けて」（審議のまとめ）

23. 2008年12月 「同上」（答申）[**学士力答申**]

＊<u>答申の集大成.</u>

＊学士課程教育.

＊学位授与, 学修の評価.

＊教育方法（学習時間の確保など単位制度の実質化）.

＊大学の取り組み：自己点検・評価活動.

＊教職員の職能開発.

◆ 2008年大学設置基準[**FD義務化**]

24. 2011年11月 中教審大学分科会大学院部会「グローバル化社会の大学院教育～世界の多様な分野で大学院修了者が活躍するために～」

25. 2012年8月 「教職生活の全体を通じた教育の資質能力の総合的な向上方策について」（中教審）

26. 2012年8月 中教審大学分科会「新たな未来を築くための大学教育の質的転換に向けて～生涯学び続け, 主体的に考える力を育成する大学へ～」答申〔**未来答申**〕

＊学士課程教育の現状と学習／修時間（1単位45時間）.

＊学士課程教育の質的転換への方策.

＊質的転換に向けた更なる課題.

＊今後の具体的な改革方策.

27. 2013年12月 中教審大学分科会「専門職大学院設置基準の改正について」

28. 2014年6月 中教審大学分科会「大学設置基準の改正について」

＊学部等連係課程に関する改正, 他.

29. 2014年7月 教育再生実行会議「今後の学制等の在り方について」（第五次提言）（第2時安倍内閣諮問機関）

30. 2015年 中教審大学分科会「三つのポリシー」

＊「卒業認定・学位授与の方針」（ディプロマ・ポリシー），「教育課程編成・実施の方針」（カリキュラム・ポリシー）及び「入学者受け入れの方針」（アドミッション・ポリシー）の策定及び運用に関するガイドラインを提言．

31. 2015年9月　中教審大学分科会「未来を牽引する大学院教育改革～社会と協働した「知のプロフェッショナル」の育成～」

32. 2018年11月　中教審大学分科会「2040年に向けた高等教育のグランドデザイン」答申 [GD答申]

＊めざすべき姿，組織変革の促進，教学改革の推進，経営改革の支援．

＊課題の提示．

33. 2019年1月　中教審議大学分科会大学院部会「2040年を見据えた大学院教育のあるべき姿～社会を先導する人材の育成に向けた体質改善の方策～」（審議まとめ）

34. 2021年2月　中教審大学分科会「教育と研究を両輪とする高等教育の在り方について～教育研究機能の高度化を支える教職員と組織マネジメント～」（審議まとめ）

35. 2021年12月　教育未来創造会議（菅→岸田首相閣議設置：教育再生実行会議の後継）

＊イノベーションを創出する官民の人材育成．

＊高等教育の新たな可能性，ハイブリッド型教育．

＊世界と伍する研究大学の実現，大学法人のガバナンス強化，大学の経営改革．

36. 2022年3月　中教審大学分科会質保証システム部会「新たな時代を見据えた質保証システムの改善・充実について」（審議まとめ）

＊「学修者本位の教育の実現」の考え方を質保証システムへと反映．

＊「社会に開かれた質保証」を図ることとする方針に基づき提言．

37. 2022年5月　内閣官房教育未来創造会議「我が国の未来をけん引きする大学等と社会の在り方について」[第一次提言]

＊自然科学分野の学生の割合.

[学部段階：OECD平均27%, 日本17%・女性：OECD平均15%, 日本7%]

＊デジタル・グリーン等の大学等再編規制緩和.

＊高校・大学・大学院を通じた文理横断教育の推進.

[諸外国に比べ少ない修士・博士号の取得者：100万人当たり修士号取得者：英4,216人, 独2,610人, 米2,550人, 日588人・博士号取得者：英375人, 独336人, 韓296人, 日120人]

＊給付型奨学金・授業料減免拡大, 出世払い創設.

＊産業界を巻き込んだリカレント教育強化, 大学等組織整備.

38. 2022年10月　文部科学省「大学設置基準等の一部を改正する省令等の公布について」[〜学修者本位の大学教育の実現に向けて〜](省令)

＊総則等理念規定の明確化：3つのポリシーに基づく不断の見直し.

＊教育研究実施組織等について.

＊基幹教員制度について.

＊単位数の算定方法について.

39. 2023年2月　中教審大学分科会「学修者本位の大学教育の実現に向けた今後の振興方策について」(審議まとめ)

40. 2023年4月　内閣官房教育未来創造会議「未来を創造する若者の留学促進イニシアティブ」, 略称「J—MIRAI (ジェイーミライ)」」[第二次提言]

＊日本人学生の派遣.

＊外国人留学生の受入れ.

＊教育の国際化.

資　料　357

41. 2023年4月　文部科学省 科学技術・学術政策局人材政策課「女性理工系進学者等をめぐる状況調査（委託）」
42. 2023年12月　中教審大学分科会「人文科学・社会科学系における大学院教育の振興方策について」（審議まとめ）
43. 2024年3月　文部科学省文部科学大臣を座長とする（博士人材の社会における活躍促進に向けたタスクフォース）「博士人材活躍プラン〜博士をとろう〜」

## ◎桜美林大学叢書の刊行にあたって

「隣人に寄り添える心を持つ国際人を育てたい」と希求した創立者・清水安三が一九二一年に本学を開校して、一〇〇周年の佳節を迎えようとしている。

この間、本学は時代の要請に応えて一万人の生徒・学生を擁する規模の発展を成し遂げた。一方で、哲学不在といわれる現代にあって次なる一〇〇年を展望するとき、創立者が好んで口にした「学而事人」（学びて人に仕える）の精神は今なお光を放ち、次代に繋いでいくことも急務だと考える。

一粒の種が万花を咲かせるように、一冊の書は万人の心を打つ。願わくば、高度な知性と見識を有する教育者・研究者の発信源として、現代教養の宝庫として、さらには若き学生達が困難に遇ってなお希望を失わないための指針として、新たな地平を拓きたい。

この目的を果たすため、満を持して桜美林大学叢書を刊行する次第である。

　　　　二〇二〇年七月　学校法人桜美林学園理事長　佐藤　東洋士

## 武村 秀雄
（たけむら・ひでお）

米国ピッツバーグ大学大学院博士課程修了（Ph.D.）。博士（教育学）。桜美林大学名誉教授。桜美林大学大学院で国際学研究科前期課程主任教授、博士後期課程教授、大学院次長を経て四ツ谷キャンパス長、教務部長を歴任。専門は高等教育論、日米大学制度論、大学理念研究、大学制度の国際比較。

執筆書に『A New Approach to Creative Writing of English』（中央大学出版部、1992）、『国際化時代のまちづくり』（中央経済社、1993）、『英語と比較ができる和製カタカナ語事典』（創藝社、1995）、『大学カリキュラムの再編成　これからの学士教育』（玉川大学出版部、1997）他、論文多数。

高等教育国際交流協会専務理事（〜1990年）、日本英語検定協会1級検定面接委員（〜2000年）、日本教育学会（〜2017年）、大学英語教育学会（〜2000年）、大学教育学会事務局長（2009年）、大学教育学会（〜2017年）。

### 大学教育に未来はあるか　歴史的経緯から考察する再生への方途

2024年12月20日　初版第1刷発行

| 著　者 | 武村秀雄 |
|---|---|
| 発行所 | 桜美林大学出版会 |
| | 〒194-0294　東京都町田市常盤町3758 |
| 発売元 | 論創社 |
| | 〒101-0051　東京都千代田区神田神保町2-23　北井ビル |
| | tel. 03（3264）5254　fax. 03（3264）5232　https://ronso.co.jp |
| | 振替口座　00160-1-155266 |
| 装釘 | 宗利淳一 |
| 組版 | 桃青社 |
| 印刷・製本 | 中央精版印刷 |

© 2024 TAKEMURA Hideo, printed in Japan
ISBN978-4-8460-2475-8

落丁・乱丁本はお取り替えいたします。